四大聖地

ケダルナート（Kedarnath）　バドリナート（Badarinath）

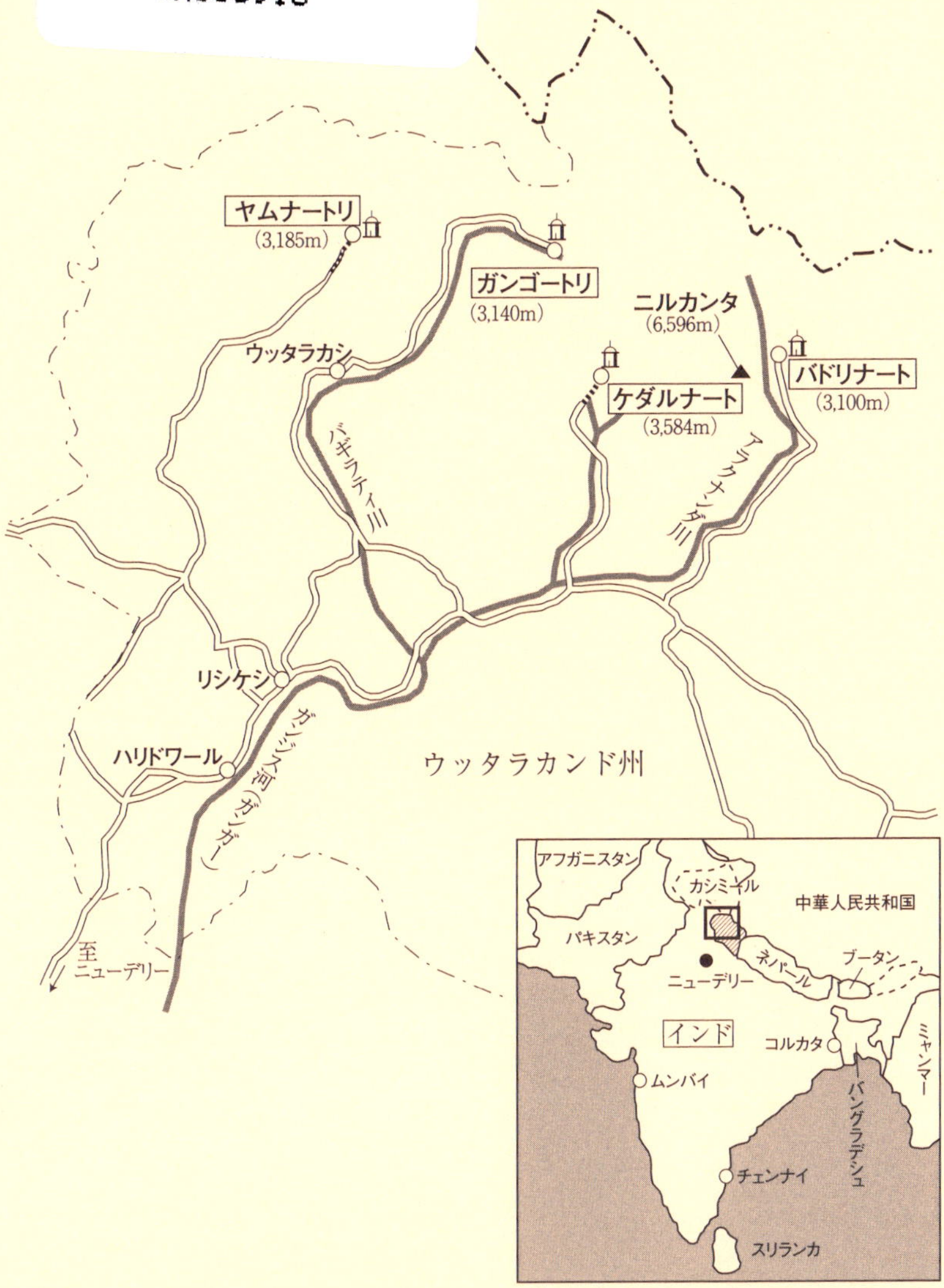

ヨーガと空《くう》の科学

スワミは答える——幸せは心の内に

スワミ・シバナンダ著
小山芙美子訳・編

東宣出版

Thought Power　　May I Answer That ?

Thought Power & May I Answer That ?
by
Swami Sivananda

▲ガンガー河畔のスワミ・シバナンダ（1887－1963）

▲スワミ・シバナンダは見守る
（シバナンダ・アシュラムのサマディーホール奥室）

▲サットサンガでキルタンを唄う（サマディーホールにて）

ハリドワール

▲リシケシに近い聖地ハリドワール。ガンガーで沐浴する人々でにぎわう

リシケシ

▲聖地リシケシ。ラムジュラ（通称シバナンダ・ブリッジ）と向こう岸のシバナンダ・アシュラム

◀ヨーガの良きパートナー故 小山 博とリシケシ滞在のとき

聖地バドリナート

◀朝日に輝く名峰ニルカンタ（標高6,596m）

▶『マハーバーラタ』の最後の場面「天国への道」。籠でも登れる。山の向こうはチベット

▶太陽神ナラヤンを祭るバドリナート寺院

▶ヴィヤーサ洞窟の前で

聖地ガンゴートリ

▲ガンゴートリのシバナンダ・アシュラム

▲ガンガー・プージャ

▶ガンゴートリ寺院

ウッタラカシ

◀スワミ・プレマナンダと小山

リシケシ

▲ガンガーに昇る朝日

▲ガンガーに捧げる早朝の太陽礼拝

リシケシ

▶この門からアシュラムの寺院やホールへ

◀アシュラムの食堂（男女別席）

▶屋外でアーサナ（マキ＆グループ）

デラドン

（リシケシの北西）

▲ありし日のスワミ・チダナンダ（1916－2008）
シバナンダ・アシュラム二代目総長

▲サマディーにつかれたシャンティ・ニワスのお部屋

スワミ・シバナンダのプロフィール

クップスワミ（後のスワミ・シバナンダ）は一八八七年九月八日、聖者アッパヤ・ディクシタールの家系に生まれる。幼少の頃から、ヴェーダーンタの勉学と実践に対して献身的に打ち込んだ。生まれながらにして無私の奉仕精神を具え「あらゆるものがひとつである」ことを信じる高い霊性の持ち主であったと伝えられている。

まず医者になるという形で、シバナンダの奉仕への情熱は実現された。自分の医療サービスが最も必要とされているところ、当時のマラヤ（マレーシア）へ赴任した。医療のかたわら、ヘルス・ジャーナルを編集・発行し、読者から寄せられた病気や健康管理の相談にもきめこまかく回答した。そのうち、人々には宇宙の真理、宇宙の大いなる神についての知識が欠けているために、悩みや苦しみが生じることに気づかされる。やがて「神の存在」についての知識を正しく広め、人々に心の平和と安らぎをもたらす、これが自分の使命であることを知るようになる。

一九二三年（三十六歳）のクップスワミは、肉体と心を治療する医者という仕事を返上し、スワミ（出家者）への道を宣言する。人の魂を癒し、導く伝道者をめざしたのである。

一九二四年にリシケシに落ち着き、ヒマラヤでの厳しい浄化修行の日々を送る。長い霊的修行の末に、生前解脱をなし、ヨーギ、聖者として再び人々の前に現われた。

一九三二年、まわりからの懇願により「シバナンダ・アシュラム」が生まれる。さらに一九三六年、「ディバイン・ライフ・ソサエティー」が設立された。一九四八年にはヨーガ・ヴェーダーンタ・フォレスト・アカデミーが立ちあげられた。この学士院はヨーガとヴェーダーンタの知識を教え、実践する場を与えるものである。一九五〇年、スワミ・シバナンダはインドとセイロン（スリランカ）へ布教講演の旅にでる。さらに一九五三年、「世界宗教会議」をリシケシで主催する。

その生涯において三〇〇冊以上の著書を残し、世界の多くの国々で異なった宗教の人々の中にも、あまたの弟子を残した。スワミジの本を読むということは、至高の叡知の泉から聖水を飲むかのように、全身に心地よくいきわたる。その代表作とされるのは、『マインド』MIND, Its Mysteries and Control（ヨーガとこころの科学）、『ブリス・ディバイン』Bliss Divine（大いなる神の祝福）、『シュア　ウェイ　フォア　サクセス　イン　ライフ　アンド　ゴッド　リアライゼーション』Sure ways for Success in Life and God Realization（幸福な人生と神に目覚める方法）などである。

一九六三年七月十四日、スワミ・シバナンダは、最後にガンガーの水を所望して、七十六歳にてマハー・サマディー（大涅槃）につかれた。

スワミ・シバナンダの三十一の教え（生誕百年記念の小冊子より）

一　信仰心（Faith）

大いなる神を完全に信じなさい。聖典や聖者の言葉を信じ、自分自身を信じなさい。大いなる神の愛と神の名の下に発揮される力を信じなさい。純粋に信じる心は素晴らしい働きをする。

二　素直さ（Obedience）

あなたの両親、導師の教えに従いなさい。あなたの兄弟姉妹に従いなさい。敬意よりも、素直で従順な方がさらによい。素直であれば、偉大な人として輝きを発揮でき、なすべき物事に成功できる。

三　良い仲間を持つ（Keep good company）

良い仲間を持とう。悪い仲間との付き合いはやめにしよう。タバコ、賭け事はしないように努める。注意しないとあなたの人格をゆがめるもとになる。大いなる神を求める仲間を探そう。静かに坐り、出家者の言葉に耳を傾け、学びを実行に移そう。

四　真実を語る（Speech）

真実を語ろう。優しく、ソフトに話そう。愛に満ちた話し方で語ろう。沈黙の価値に気づけ。他人の悪口を言わず、語る前に注意深く考えよう。そうすれば平和で幸福でいられる。

五　受け入れる（Adopt）

たとえ面白くなくても、他人の話をよく聞こう。決してイライラしたりプリプリしないように。根気よく人の話をきいていると、あなたの意志が強くなり、他人の心の動きが分かってくる。人の持ち味をよく理解しなさい。

六　合わせる（Adjust）

ガンコであってはいけない。常に柔軟であれ。他人に心地よい自分になれるよう、自分を合わせ、常に調和した行動をとるように。常に人に奉仕し、人を愛そう。

七　清潔さ（Cleanliness）

常にスッキリと清潔なたたずまいでいること。清潔は神聖さの次に重要である。着る物はこざっぱりとしたものを身につけ、毎日沐浴で体を清めなさい。あちこちに衣類や本を散らかさないように。日々スッキリとした生き方は、あなたの強い意志と素晴らしい鍛錬をしめす。それによってその人の洗練さの度合が読める。

八　正直さ（Sincerity）

言葉と考えを一致させるように。言葉と行動を一致させるように。言葉、行動、思考がすべて調和しているように努めなさい。

九　命を尊ぶ心（Reverence for life）

動物、小鳥など生きとし生けるものに親切であり、かわいがるように。慈悲の心を持つように。美しい花や植物を、不必要に手折らないように。そう心掛ければ、豊かで有意義な人生が送れよう。

十　快活さ（Cheerfulness）

一日一回笑うと医者知らずだ。どんな困難なときでも、常に明るくあれ。明るさのない心は病んだ心だ。明るい心でいれば、力が湧いてきて、失敗も成功に転じてくれよう。

十一　常に忙しくあれ（Be ever busy）

いつも働き蜂のように忙しくあれ。常に有益な仕事で心が満たされているように。良い友達と付き合う。怠けた脳は悪魔の仕事場となる。怠け者の仲間に入るな。日々の決まったことをしっかり行う。

十二　時（Time）

時間は大変貴重だ。お金よりも大切である。お金はなくなっても再び儲けられるが、過ぎ去った時は取り戻せない。人生とは、過ぎ去った小さな瞬間の寄せ集めのことだ。時間を有効に使う人は、偉大な人になれる。

十三　行為（Conduct）

深く考え、正しく判断し、注意して行動する。真実を語り、素早く動き回り、まじめに働く。優しく話し、正しい行いをする。いくつかの言葉や話題を混同してはいけない。ずるいことや不正なことは避けよ。

十四　慈善（Charity）

与えよ、与えよ、さらに与えよ。これが豊かになる秘訣だ。喜んで奉仕をしよう。他人に自分の持ち物を与えよう。あなたの心を浄め、あなたを神の目に近づける最善の方法だ。そうすれば、永遠不滅の神の恩寵がえられるだろう。

十五　健康（Health）

早寝早起きを実行すれば、健康で強くなる。体に良いものだけを食べるように。そして、食べ過ぎないように。日々体を鍛え、運動し、大自然に治癒をゆだねなさい。すべての病は心から始まる。常に明るい気持ちでいること。健康はすべての持ち物（財）の中でも一番の宝だ。

十六　理想的な神の子であれ（Be an ideal child）

シンプルで、簡潔で、優しくあれ。誠実で、まじめで、勇敢で、楽しくあれ。前向きな生き方であれば、どんな仕事でも成功する。否定的なアプローチでは、常に失敗する。聖者のように輝け。

十七　自己分析（Self-analysis）

夜、眠りに就くまえに、その日自分がした間違いを考えてみよう。そして、神の許しを乞う。ベンジャミン・フランクリンは欠かさず日記と、自分の誤りを記録に残した。あなたもそうすると良い。そうすれば自分の短所がなくなり、星のように輝ける。

十八　学習（Study）

日々の勉強とともに、ギーター、バイブル、コーラン、ウパニシャッドなどの聖典を学ぶことを忘れないように。次に、読んで学んだことを行動に移そう。そうすれば霊的な意識が進化し、大いなる神の栄光に輝く日がくるであろう。

十九　大いなる神の名（The Divine Name）
大いなる神の名は素晴らしい力を持つ。いつでも神の名を唱えよ。たとえ仕事中でも、遊びの中でも、学習中でも、食事中でも、休憩中でも、心の中で唱えられる。どの神仏の名でもよい。シュリラーム、オームナマシバーヤ、イエス・キリスト、アラー、ブッダなど。繰り返し繰り返し唱えよ。神の名はインスピレーションと感動の源だ。常に唱えよ。病人にとって最良の妙薬となる。
二十　奉仕（Service）
貧しい人や病人に仕えよ。あなたを必要としている人に仕えよ。悲しみ、悲嘆にくれている人を助けよ。小鳥や動物に仕えよ。親切さ、愛、慈悲の心で奉仕せよ。奉仕は神への祈りそのものだ。他人への奉仕を通して神に奉仕を捧げているのだ。これが最高の宗教である。
二十一　神とは（God）
神は愛だ。神は真実だ。神は平和だ。神は叡知だ。神は力だ。神は幸せだ。神は人々の心の中に住んでいる。神は真の友であり、師でもある。神はあなたの魂の父であり、母でもある。大いなる神を知り、永遠に幸せで平和であれ。
二十二　祈り（Prayer）
毎日祈り、瞑想し、神の名を唱えなさい。愛と献身の気持ちで神に祈りなさい。善い人間になれるように神に祈りなさい。神は保護シェルター（避難所）だ。すべてを神にゆだねなさい。
二十三　黄金律（Golden rules）

あらゆる愛と善意の思考で輝きなさい。人の失敗や欠点をあげつらわず、人の善行を誉めなさい。人の欠点は見逃すように。あなたに害をあたえんとする者のために祈りなさい。辱めや危害に耐え、常に善い人間であり、善い行いに努めなさい。

二十四　ヒーロー（英雄）になる（Become Hero）

臆病にならず、勇気を持つこと。常に明るくあれ。ライオンのごとく悠々と歩き、勇敢に話しなさい。シャイ（引っ込み思案）でなく、活動的であれ。神を信じ、すべてをゆだねなさい。神はうまく裁量してくださる。

二十五　節度をもって（Be moderate）

遊びを少なく、学びを多く。眠りを少なく、祈りを多く。お説教は少なく、実行を多く。貯えは少なく、与えることを多く。話は少なく、聞くことを多く。じっと坐ることを少なく、奉仕の活動を多くせよ。

二十六　思慮深くあれ（Be considerate）

道路沿いのゴミやガラスを取り除く。救急、応急手当の方法を習う。人の案内人たれ。台所の母を手伝え。家の掃除を進んでし、洗濯は自分ですること。障害者を助けよ。クラスメイトの勉強を助け、自分の知っていることは何でも友と分かち合え。

二十七　寛容であれ（Be tolerant）

すべての宗教を尊敬しなさい。どの宗教も、ただ一つの大いなる神へと導いてくれる方法だ。あらゆる聖人と預言者を尊敬しなさい。すべては大いなる神からのメッセンジャー（お使い）だ。すべての宗教の真髄は同じ源だ。この原理をしっかり覚えておくように。

二十八　落ち着き（Serenity）

どんな場合でも、静けさに満ち、落ち着いていられるように。何度も何度も心に磨きをかけなさい。心の静寂は岩のように堅固だ。イライラした心の波が岩に打ち付けることはあっても、岩を壊すことはできない。

二十九　ただ一つの大いなる神（Only one God）

大いなる神は一つだ。しかし、時として名前や形は変わる。自分に合った名前で神の名を呼び、どんな形の神に祈ろうとも、神の恩寵を受けられれば、それでよい。

三十　あらゆる物に神を見よ（See God in All）

自分の父親は目に見える神だ。母親も目に見える神だ。師も目に見える神だ。お客様も目に見える神だ。貧しい者も目に見える神だ。この世に生きとし生けるもの、すべては大いなる神の化身にほかならない。だから、神を愛し、奉仕し、崇拝せよ。

三十一　ゆだねる（Surrender）

すべてを神にゆだねることは、最高の祈りだ。これまで自分に起こったことはすべて、神の意志によって起こったことだ。今起こっていることも、神の意志の成せる業だ。未来に起こることも神の意志の現れだ。だから心配はいらない。怖がる必要もない。神経質にならなくてもよい。神を信じなさ

い。そうすれば永遠の幸せと心の平和がおとずれるであろう。その時、神の恩寵がシャワーのように
あなたの上に降りそそぐ。

〝Universal Companion by H.H.Swami Sivanandaji〟

凡例

一、本書「ヨーガと空《くう》の科学」はスワミ・シバナンダの著書二冊を一冊にまとめたものです。

一、「第一部　思考の科学」の原題は"Thought Power"です。内容が重複することから原著の十一章と十二章をカットしました。ただし、十二章の最後の節を、本書の十章の終わりに、まとめとして載せています。

一、「第二部　スワミは答える」の原題は"May I Answer That ?"です。この一冊は、スワミ・シバナンダの数多い著作をもとに編纂された問答集です。スワミジの若き時代から晩年までのやりとりが網羅されています。すべてのスピリチュアルな求道者が感じた、霊的修行ゆえの多くの疑問——一般的な疑問にも、進化した魂の質問にも、丁寧に答えられています。

一、本文中にスワミ・シバナンダの著作名がたくさん出てきますが、日本語の書名は読者の便宜のため訳者がつけたものです。原題は邦題のあとに付してあります。

一、巻末に用語解説を付してあります。カタカナ書きのサンスクリット語と一部英語、発音と意味を理解いただく手助けになるでしょう。できれば用語解説に目を通してから本文をお読みいただくと、わかりやすさが違うでしょう。また、本文を読んでいる時も、いつでもご参照ください。

一、本文中には一部不適切な表現がありますが、原著が書かれた時代のインドの情況をそのままお伝えすることを諒とし、当時の表現のまま掲載しました。

前見返し　インドの四大聖地
後見返し　スワミ・シバナンダの御足

ヨーガと空《くう》の科学〈目次〉

第二部　スワミは答える　111

第一部　思考の科学

第一章　思考の力―その物理特性と哲学

思考は光より速く飛ぶ

光は秒速三十万キロの速さで飛ぶが、人の考え、思考力（ソート・パワー）の伝達は瞬時で時間がかからない。思考は、電磁気の媒体とされるエーテル体よりも精妙である。ラジオでは、歌手がカルカッタ（現コルカタ）で美しい声で歌い、それをデリーの家のラジオで聞くことができる。情報は無線の電波で送信されている。人の心とその思考は無線機の送受信と同じだと考えて良い。

安心、平静、調和、神聖な波動を持つヨーギは、世界中に、調和（ハーモニー）と平和（ピース）の思考の波動（バイブレーション）を送り続ける。この波動は、電光石火の速さで全方向に伝わり、人々の心に入り、同じように調和の取れた平和な思いを人々の心の中に植え付ける。これがヨーギの奉仕であり、社会貢献である。

他方、反対の思考、嫉妬、憎しみ、不安に満ちた心の人々は、不調和で不安な思考を発信する。残念ながら、その思考もまた何千万の人々の心に入り込む。そして、憎しみと不調和の思いを作り出し、地域や世界平和を乱す元となる。

思考は何を媒体にして伝わるのか

一個の石を池の中に放り込むと、石が落ちた場所から次々と同心円の波紋が起き、周りに広がっていく。ろうそくの火も同様に、ろうそくの炎から全方向に向かってエーテル波の波動が起きる。良い考えであろうと、悪い考えであろうと、心の中に思考が生じると、それはメンタル体の心（マナス）に振動を引き起こし、すべての方向にあまねく伝わる。

一つの心から他の心へと伝わる、思考の媒体とは一体何だろうか。一番分かりやすい説明は、メンタル体レベルの空間に、心という物質が満ち満ちており、それが思考伝達の媒体の役目を果たしているということ。生命エネルギー（プラーナ）は感情の媒体をする。あたかも、エーテル体が熱、光、電気などの媒体となり、空気が音の媒体であるのと同様である。

エーテル空間に思考は記録される

あなたは、思考の力、思い念じることで世界を動かすことができる。思考はそれほど大きな力を持っている。思考は、人から人へと伝えることができる。昔の偉人や聖人のパワフルな思考は、宇宙空間（アカーシャ）に記録されている。透視能力のあるヨーギは、この思考のイメージを見ることができ、霊的な空間の思考を読み取ることができるのである。

あなたは毎日、思考の海に囲まれて漂っている。ある考えは受け止め、ある考えは追い払って暮らしている。誰もが自分自身の「思考の世界」を持っている。

思考は生きものである

思考は生きている。思考は石のように確固とした存在で、わたしたちが死んでも決して消えない。思考が変われば、メンタル体の振動に変化が生じる。思考が力として働くために、ある特別に微細な物質が媒体として働いている。

思いが強ければ強いほど、それは早く実現化する。思考がまとまって一定の方向に集約されるほど、その度合に応じて、思考の目的はさらに効果的に成就される。思考は、大変精妙な力である。

思考は純粋で精密な科学である

思考の力は食物によって作られる。食べ物が純粋であれば、思考も純粋になる。純粋な思考に溢れる人は、大変力強いスピーカーであり、聞く人の心に深い印象を残す。純粋な思考は幾千もの人々に強い影響を与える。純粋な思考は、カミソリの刃よりも鋭い。いつも純粋で崇高な思考を抱きなさい。純粋な思考を持つための修行（ソート・カルチャー）は、精密な科学そのものである。

無線通信のできる思考

憎しみ、嫉妬、恨み、悪意の思いを抱く人々は危険な存在である。彼らは不安や悪意を他の人々の中に引き起こす。その思考や感情は、エーテル物質の中に放たれた無線通信のようであり、この種の振動に呼応する心を持つ人々に受け入れられ、人々は朱に染まる。

思考はとても早い速度で発信され伝達される。崇高で敬虔な考えを持つ人たちは、その思考によって身近な人、遠く離れた人たちをも助けることができる。

思考はとても巨大な力を持つ

思考はとても大きな力である。思考は病気を癒す。思考は人の心の状態を変える。思考でほとんど何でもできる。思考は奇跡を行う。思考の飛ぶ速さは想像もできないほど速い。

思考はダイナミックな力である。思考とは、メンタル物質に働くサイキック・プラーナ、あるいは微細なプラーナの波動によって起こる。思考は地球の引力、粘着力、反発力のような力である。思考は動き回るし、旅をする。

思考の波と思考の伝わり方

この世界は、つまるところ何だろうか。この世界は大いなる神、宇宙の純粋真理が物質化したものである。

近代科学には熱、光、電気などの振動があるが、ヨーガには思考の波動がある。思考は驚くべき力を発揮する。そして誰もが、多かれ少なかれ、無意識の内に思考の力をすでに経験している。

偉大なヨーギであるニューナデヴ、バルトリハリ、パタンジャリらは、マインド・テレパシーや思考の伝達で、遠隔地の人々とやりとりをしていた。テレパシーは、世界で最古の無線電話サービス技術であったといえよう。

人々はテニスなどの運動を行い、肉体の健康を維持しようと努める。我々は精神の健康をも同時に維持しなければならない。そのためには、正しい思考を持ち、調和のとれた考えの波動を送り出す。純粋（サットヴァ）な食べ物を食べること。気分転換を心掛け、有益で清い考えを持って常にリラックスすること。そして、快活であるように習慣づけることが大切である。いつも明るく楽しそうにしている。心の健康を保てば、肉体の病気と縁が遠くなる。

思考の波動とその驚異

あなたが送り出すすべての思考は、決して滅びることのない振動である。思考の波動は、宇宙のすべての粒子を振動させ続ける。もしあなたの思考が、正当で、清らかで、力強ければ、これに共鳴する他の清らかな心に振動を与えて目を覚まさせる。

「類は友を呼ぶ」ということわざをご存じか。似た心を持つ人々は、無意識の内に、あなたが送り出した思考に呼応する。そして能力に応じて、同様の思考の波動を送り返す。その結果、自分で自覚がなくても、利己的でよこしまな人が出す、低く卑しい思考をブロックする能力を発揮する。

思考の波動と多様性

だれもが、自分自身の精神世界、考え方、事物のとらえ方、行動パターンを持っている。人は顔や声がそれぞれ異なるように、考えや理解も異なっている。このために友人同士でも、簡単に誤解が生じる。人には他人の見解を正確に理解することは難しい。だから、親しい友人の間柄でも、次の瞬間不和やけんかが起きるのである。そのため友情は長続きしにくい。

他の人の思考に調和するように努める。そうすると、他人を容易に理解することができる。情欲に満ちた思考、憎しみ、嫉妬、利己的な考えは、心の働きを歪め、理解力を曇らし、知性をゆがめ、記憶の喪失や心の混乱を引き起こす。

思考力の温存

物理学では「力の方向性」を教える。エネルギーの塊、たとえば発電をしても、それだけではエネルギーは流れない。磁石につながると陰と陽の極の方向に従い電流は動き出して流れるものだ。無益な世俗の考えに翻弄され、方向を誤ったメンタル・エネルギーは、正しい霊的、スピリチュアルな方向に訂正されるべきである。無益な情報を頭の中に保存してはいけない。心であれこれ考えないようにすることを学ぶ。役に立たないことは何でも忘れる。そこで初めて、神聖な考えで心を満たすことが可能になる。分散された心が再び集約された時、新しいメンタルなパワーが得られる。

体の細胞と思考力の関係

細胞は、核を持つ細胞質の塊である。細胞には知性が備わっている。ある細胞には分泌機能があり、ある細胞には排泄作用がある。睾丸は精液を分泌する。腎臓の細胞は尿を排泄する。白血球細胞は兵士の役をする。外部からの有毒物質や菌の侵入攻撃から体を防御する。侵入物を消化し体外に追い出す。ある細胞は栄養素を組織や器官へ効率よく運ぶ。

宿主のあなたが意識してもしなくても、細胞は自分の仕事を黙々と行う。細胞の活動は交感神経に支配されている。細胞は脳にある心と直接コミュニケーションを取って働く。

心の衝撃（インパルス）は、すべて思考として細胞に伝えられる。細胞は心の変化や状態に大いに影響される。混乱、憂鬱などのネガティブな感情や思考が心の中にあると、神経を通じて体の全細胞に伝達される。白血球細胞はパニックになり、疲れ果て、その役割を十分に果たせず、効率よく働けない。

ある人は、非常に肉体を意識し、精神世界のアートマン（真我）の考えを持たない。彼らは不規則で規律のない生活をし、甘いお菓子などで腹を満たす。消化器官や排泄器官に休息する暇を与えない。やがて体力が落ち病気に悩む。体の中の原子・分子・細胞は互いに不調和な振動を起こす。希望、自信、信念、冷静、快活さはない。不幸である。生命力が正しく働いていないのである。活力は低迷している。恐怖、絶望、心配、不安で心は満ちてしまう。殆どの病気はネガティブな考えから出発している。

天地創造の思考と近代科学

思考は地上で最も古く、最も偉大な力である。思考は、ヨーギのツールの中でも一番強力である。肯定的な考えは、変化、再生、創造の力を持つ。この遠大な可能性は、古来の聖人によって丁寧に開発され、完成され、最大限に利用されてきた。

思考は、天地創造のバックボーンであり、原初のパワーでもある。そもそもこの世の創造の起源は、コスミック・マインド（宇宙意識の心）の中に生じた思考に端を発している。世界は、思考が顕現して形をなしたものである。この世は永遠の静寂、大いなる神の沈黙から発せられた最初の振動、言葉から形作られた。この振動は、我々が知る粒子の物理学的な振動のやりとりとは異なり、非常に微細である。その超微細さゆえに、普通の知性では理解できないほどである。しかし近代科学は、地球上の物質の特性を長年研究した末に、ヨーガと同じ結論に達している。

稀な元素ラジウムと同じくらい稀なヨーギ

ラジウムはこの世で稀な物質である。自分の思考をコントロールしたヨーギもまた、非常に稀に存在する。線香から絶え間なく甘い香りが漂うように、自分の考えを制御し、常にブラフマンと永遠不滅の世界に留まるヨーギからは、神聖な香りや、神聖な輝きが放たれている。このヨーギの顔の輝きと香りは、ブラフマンの輝きそのものである。ジャスミン、バラ、チャムパカなどの花束を手に持っていると、部屋全体に甘い香りが広がり、居並ぶ人々を同じように刺激するのに似ている。

そのように、自分の思考を制御したヨーギの香りや名声は広く遠くまで伝わる。このヨーギは宇宙の、コスミック・パワーそのものである。

思考の重さ、サイズ、形

すべての思考には、重さ、形、サイズ、姿、色、質、力がある。解脱を成したヨーギは、内なるヨーギの目でもって、思考を直接見ることができる。思考は物体に似ている。たとえば友人にオレンジを渡し、また、受け戻すことができるように、あなたは有益で力強い思考を友人に与えることができ、受け取ることもできる。

思考は偉大な力である。思考はダイナミックで物事を創造することができる。思考の力で奇跡を行うこともできる。しかし、いかに思考を取り扱い、利用するか。正しいテクニックを習得しなければならない。

思考の形、名称、色

心（マインド）からある考えがなくなり、完全に心静かになったとしても、次の考えが生じ始めると、心はその名称と形をすぐに形成してしまう性質を持つ。

すべての思考には、名称と形と色がある。だから、人が何かを考え始めると、それに対応する言葉や対象につながる。思考が実現する場合、目に見える粗雑な状態が形であり、目に見えない微細な状態が名称と色である。だがこの三つ、形、名称、色は実は一つである。一つ存在すれば、他の二つも一緒に付いてくる。

神聖な思考は、黄色である。怒りと憎しみに満ちた思考は、赤黒い色である。利己的な考えは茶色である。このように色で識別できる。ヨーギにはその色がみえる。

思考はダイナミック・パワーだ

思考は生きた、ダイナミック・パワーである。宇宙空間に存在し、何物も抵抗しがたい究極のパワーを持つ。

人は思考を通じて、創造力を得る。思考は人から人へと伝わり人々に影響を及ぼす。パワフルな考えを持った人は、弱い考えを持った人を容易に感化することができる。

最近では、心の修行、思考の力、想念の力学に関する本が多く出されている。このような本を読んで学ぶと思考そのもの、思考の力、思考の働き、思考の活用を全般的に理解できるであろう。

果てしない思考の世界に我々はいる

考えだけが全世界であると思う人には、苦しみ、老い、病気、死、罪などの不安が押し寄せてくる。地上にはパンチャ・ブータ（地、水、火、風、空の五大元素）が存在する。思考は人を束縛する。自分の思考を完全にコントロールした人は、この地上において宇宙の真我と融合できる。あなたは思考の世界に住んでおり、言葉の器官である口を通じて考えを表現する。考えと言葉は密接につながっている。怒り、恨み、敵意の思考は他人を害する。すべての思考の源である心が止まると、外の事象も同時に消える。

我々の周りにある思考は、心の形または心の物質化したものでしかない。考えは創造し、破壊する。甘い苦いなどは、対象そのものの中にはない。甘い苦いは心の中、自分の中、自分で思考することの中にのみ存在する。すべて思考が作り出した産物である。

心や思考が対象へ働きかけることによって、近くが遠くに思えたり、遠くが近くに感じられたりする。この世界の事物の間に、直接つながりはない。思考によって、あなたの心の想像によって、初めて物と物はつながり、関係性を持つ。事物に色、形、性質を与えるのは心である。心が強烈に思うと、どんな事物でも具現化する。オレンジを思えば心はオレンジの形となる。

友と敵、美徳と悪徳は心の中にのみ存在する。誰もが自分の想像から、善・悪・苦・楽の世界を創造している。事物そのものから生じるのではない。心の持ち方から発生する。この世界には善も楽もない。あなたの想像力がそうさせるのである。

思考、電気・哲学

思考は巨大な力である。思考は電気よりもパワフルである。思考はあなたの人生を支配し、人格を作り上げ、運命を定める。

短時間に、一つの思考が多くの思考に発展することに注目して欲しい。友人たちとティー・パーティーを計画したと仮定しよう。紅茶という一つの考えが、すぐに、砂糖、ミルク、ティーカップ、テーブル、イス、テーブルクロス、ナプキン、スプーン、ケーキ、ビスケットなどの考えに発展する。かように、この世界は思考の発展でしかない。対象に向かって、心の思考が発展することは、束縛である。そして、そういう思考を捨て去ることは、自由解放である。

思考を蕾のうちに摘み取る場合は、とても注意深くしなくてはならない。しかし、摘み取った時あなたは幸福になれる。心は騙し、いたずらをする。心の性質、働き方、習慣をよく理解すること。そうすれば心は容易に制御できる

実用的インド哲学の理想を述べた本、世界で最も驚くべき本は、『ヨーガ・ヴァシスタ』である。聖仙ヴァシスタからラーマ王子へ教えを説くこの本の要点は次の通りだ。「不二一元のブラフマンすなわち、永遠の魂だけが存在する。この世の宇宙としての宇宙は存在しない。大いなる神（真我）の認識のみが、人を生死の繰り返し、輪廻転生から解放してくれる。思考や潜在意識の欲望の滅却は解放である。心が発展して思考となり、思考の識別する力を通じてこの宇宙を作りあげている。この世界は、心が演じる舞台である。この小さな「私」でしかない潜在意識の欲望、印象、思考などを滅却し、真我に瞑想して悟りに至れ。

外の世界は思考の中に前もって存在する

すべての思考にはイメージがある。目の前のテーブルとは、心のイメージに事物の印象が付け加わった結果である。外界で見えるものは何でも、心の中にそれを反射するものが存在する。瞳孔は目の中の小さな丸いものである。網膜も小さな組織である。大きな山が、小さな瞳孔や網膜組織を通じて、どのように心に映像を作りあげるのだろうか。

山のイメージは心の中にすでに存在している。心は大きなキャンバスのようなもので、外界に見える事物のあらゆる絵や映像を含蓄している。

世界は思考の投影である

注意深く内省すると、全宇宙は人間の心の投影そのものである。「マノマットラム・ジャガート」（宇宙は心のみ）。心の浄化と制御が、あらゆるヨーガの目的である。心自体は、印象の記録でしかないが、衝動や思考として絶え間なく出現する。思考は行動へと駆り立てる。行動は新しい印象を心の中に登録する。

ヨーガは、効果的に心の働きを抑制する方法で、悪循環の根本原因である心をチェックし、ストップしてくれる。ヨーガは心の根本的な働きである思考を押さえ、制御し、停止させる。思考を超越すると、その時直感が働き、宇宙意識が啓発される。

思考には、一瞬のうちに世界を創造、破壊できる潜在的能力がある。心は、自分の思考（サンカルパ）に従って、世界を創造する。この宇宙を創造したのは心である（宇宙は心のみ、宇宙は心がつくる）。心の働きで、一つの時代は一瞬に思え、一瞬は一時代にも思える。たとえば夢の中で別の夢を見るように、目に見えない心が、目に見える物をつくりだす。

思考、その世界と時空を超えた実在

輪廻（サムサーラ）の木の根元は心である。何千もの茂る若枝、枝、柔らかい葉、果実を持つ。あなたが考えることをやめれば、輪廻の木を即座に止滅することができる。

思考が生じたら、すぐにうち壊す。思考がなくなれば、輪廻の根は干上がり、じきに枯れてしまう。しかしこのためには、大変忍耐強く頑張らなければならない。すべての考えが止滅すると、あなたは至福の大海に浸れる。この状態は言葉では言い表すことができない。それは自分自身で感じ取らなければならない。

燃料が尽きた時、火は元の姿に戻り消え去る。考えが止滅すると、心はその源であるアートマン＝ブラフマンに戻る。最高神、宇宙の純粋意識と融合して、物質から離れた状態に達する。時空を超えた「その実在」を経験する——魂が完全に解放された状態である。

第二章　思考の力―法則と作用

思考が人生を左右する

心がある決まった軌道の思考を続けると、自動的に考えがそれに沿って動くように思考の溝ができる。このような思考の習性は、死後も続く。この習性は自我意識（エゴ）からくるため、次に生まれ変わる時にも持ち越され、引き続いて思考の傾向や能力となる。

忘れてならないのは、思考はそれ自体で心のイメージを持っていることである。ある特定の肉体で形成されたさまざまなメンタル・イメージの要素は、精神（メンタル）領域で対処され、次の肉体に生まれ変わる基礎となる。来生で新しい肉体がつくられるように、新しい心と新しい知性（ブッディ）も形成される。

思考と運命の相互作用、その詳しい関係を説明することは容易ではない。すべての原因（カルマ）は二重の結果をもたらす。一つは、個人の心に対して、もう一つは、世界の心に対してである。人は他人に対する自分の行動と結果から、自分の来生の環境をつくっている。

すべての原因行動には、その行動に導いた過去がある。また、すべての行動には、その行動から起きる未来がある。行動には、行動に駆り立てた欲望があり、行動を具体化した思考がある。

それぞれの思考は、原因と結果の果てしない連鎖の一環である。結果は原因となり、原因は過去の結果である。果てしのない鎖の環の一つ一つが、三つの成分—欲望、思考、行動で結合されている。欲望は思考を刺激する。思考は行動として具体化し、その行動が運命を紡ぎだす。

他人の持ち物をむやみに欲しがれば、実際にだまし取らなくても、後の地上の生まれ変わりで泥棒になる。憎しみや恨みを内に抱えれば、殺人の元になる。さらに言えば、純粋無私の愛情は、博愛家や聖者を作りだす。慈悲の思考は、人間に備わる優しさや情け深さをつくり、すべての生き物の友となる。

聖者ヴァシスタは、ラーマに自助努力するように告げる。運命論者になってはいけない。運命論は人を怠惰にする。偉大な思考の力を知るべきである。努力せよ。正しく思考すれば、偉大な運命を切り開ける。

前生の自己の努力が、今生の運命である。行動の種を蒔けば、習慣という収穫を得る。習慣という種を蒔けば、人格という収穫を得る。人格の種を蒔けば、運命という収穫を得る。

人は、自分の運命の主人公である。自分自身の思考の力で、自分の運命をつくり出せる。もしそうしたければ、あなたは運命を取り消すことさえできる。すべての能力とパワーはあなたの中に潜んでいる。この力を呼び起こし、解放されて偉大になれ。

思考は顔に表情を刻む

あなたの顔はレコード盤のようなものである。考えたことは何でもすぐ顔に刻まれる。悪い思考の一つ一つが彫刻刀か針のように働き、顔の表情に考えを書き込むのである。憎しみ、怒り、情欲、嫉妬、恨みなどの悪い考えでつくられた顔面は、傷やあばたで覆われている。顔の傷の具合から心の状態がすぐに読み取れる。心の病の診断もすぐにできる。

自分の考えを隠せると考える人は、最大の愚か者である。猟師に追われて砂の中に頭だけ隠して、誰にも見つからないと信じているダチョウのようなものである。

顔は心の黙示録である。顔は心の鋳型であり、石膏の型のようなものである。思考の一つ一つが、顔に刻まれる。神聖な考えは、顔を明るくし、悪い考えは顔を暗くする。神聖な考えを続けていると、輝くオーラが増えていく。

悪い考えを続けていると、暗い印象がより深くなる。ちょうど、井戸水を汲み上げる時、桶を井戸の縁に何度もこすりつけ、桶に深いへこみをつくるようなものである。顔の表情は内なる心の状態、もしくは心の本当の内容を如実に表している。

顔は広告塔のようなものである。心の中で何が起きているかを確実に宣伝している。あなたの思考、感情、気分は顔の表情に強く表れる。

顔から自分の考えを隠すことは、ほとんどできない。自分の考えを隠せていると考えるのは大間違いである。情欲、貪欲、嫉妬、怒り、恨み、憎しみなどの考えはすぐさま、顔に深く刻印される。

顔は、心の中にあるすべての思考を忠実に記録する精密なレコーダーである。顔は磨かれた鏡のように心の性質や中身を刻々と映し出す。

思考は体に表れる

心は肉体の目に見えない形であり、肉体は心の思考が外部に表れた姿である。心がつくられると同時に肉体もつくられる。

傍若無人な態度の人は、他人からの愛や情けを得られない。同様に思いやりの心を持たない人は、誰からも愛や慈悲を受けられない。

心は、その時その時の状態をはっきりと顔に表し、知性のある人は容易にこれを読み取るものだ。体は心に従う。高所から落ちるかもしれないと心が考えれば、体は直ちにこれに反応し、その準備の徴候が体に表れる。恐怖、心配、悲しみ、快活、陽気、怒りはすべて顔の表情に表われる。

目は心の鏡

目は心と魂の窓であり、心の状態をつぶさに物語る。目には裏切り、憂うつ、陰気、憎しみ、快活、平安、調和、健康、力、美などの考えを伝える機能が備わっている。

あなたに人の目を読み取る能力があれば、その人の心を直ちに読むことができる。顔の表情、話し方、立ち居振る舞いを注意して観察すれば、その人が一番思っていることを大部分読み取れる。これには、少し胆力と洞察力と、訓練、知性、経験が必要である。

否定的な思考は人生をだめにする

不安と恐怖の思考は、我々の中に存在する恐ろしい魔力である。生命の泉を中毒させ、調和を乱し、活力、体力を壊す元になる。これとは反対に快活、喜び、勇気は、安心、癒し、平安をもたらす。結果、大いに能力や精神力を高める。いつも快活でありなさい。微笑み、時には笑うこと（ラフター）で前向きになれる。

精神と肉体の不調和

思考は肉体に大いに影響をおよぼす。心の悲しみは体を弱める。体もまた、心に影響する。健康な体は、心を健康にする。体が病気であれば、心も病気になる。体が強く健康であれば、心も強く健康になる。

激しい怒りの発作は、脳細胞に重大な害を与え、血液の中に有毒な化学物質を流し、体全体にショックを与え、機能低下を招き、胃液、胆汁など消化液の分泌を押さえ、活力を消耗させ、老いを早め、寿命を縮める。

怒った時、心は乱れる。同様に心が乱れると、肉体も乱調になる。全神経組織が動揺し、無気力になる。怒りの対処方法は、愛で包み込む。怒りは世俗の知性（ブッディ）には抑えられない強力なエネルギーであるが、純粋な知性（サットヴァ・ブッディ）では押さえられる。

思考のクリエイティブ・パワー

思考は世界を創造する。思考は事物を具現化する。思考は欲望を増長させ情熱をかき立てる。欲望をなくしたいならば、以前の欲望を満たした時の考えを否定することである。その人を自分の良き友であると考えれば、現実に良き友となる。敵だと考えれば、心はこの考えを実現して敵とみなす。心の働きを良く知り、修行で心を制御した人は、真に幸福である。

似た考えは引き合う—類は友を呼ぶ—

思考の世界でも、「似たものは引き合う」の大原則が働く。似た考えを持つ人々は、寄り集まる。次のような格言がある。「類は友を呼ぶ」、「人は交わる友によって、その人となりがわかる」。医者は医者に引き付けられる。詩人は詩人に魅力を感じる。歌手は、歌手を好む。哲学者は哲学者を好む。放浪者は放浪者を好む。心には「引き付ける力」が備わっている。

人は自分自身の思考や方向に最も良く似た考え、影響、状況を絶えず自分に引き付けている。たとえそれが目に見える世界でも、見えない微細な生命エネルギーの世界でも同じである。

思考の領域でも、似た考えを持った人たちが引き付け合う。この普遍の法則はあなたが意識する、しないにかかわらず、絶え間なく働いている。

どんなに好き勝手な考えを持とうとも、ある考えを抱いている限り、たとえ陸、海、空を動き回っても、自分が意識する、しないにかかわらず、自分の主な考えに適したものだけを選ぶ。その傾向を変えたければ、人には修正できる能力が備わっている。あなたが選ぶ考えは自分の手中にある。どういう思考を引き付けるかは、自分が意図的に選ばなければ、風にゆれる柳の枝の如く周りに翻弄されるだけである。

インフルエンザに似た思考の伝染

心の活動は現実の活動であり、思考もまた現実の活動である。思考はダイナミックなパワーである。思考はとても伝染しやすいことを忘れてはならない。インフルエンザよりも伝染力は強い。

好意的な思考は会う人に好ましい思いを起こす。怒りの思考は、その周辺に怒りの振動を引き起こす。思考は一人の脳から遠隔地の人々の脳に入り込んで人々を刺激する。

楽しい思考は他の人々の中にも楽しい考えを引き起こす。陽気にはしゃぎ、喜びに踊り出す子供たちを見れば、あなたも歓喜に包まれる。

喜びの思考は共鳴して、他の人々の中に喜びの思いを引き起こす。崇高な思考もまた共鳴する。

泥棒のそばに正直な人を置けば、この善人は盗みを働き出す。飲んだくれの中に下戸を置けば、酒を飲み出す。考えは、とても伝染しやすい。朱に交われば赤くなる。常に気をつけよう。

心理学の法則を当てはめる

気持ちを若く保つこと。「年を取った」などと考えてはならない。「年を取った」と考えるのは、悪い癖である。六十歳なら、「十六歳だ」と考える。心理学の大原則「人は、自分で思うように成る」。これは偉大な真理であって、自明の理である。「自分は強い」と思えば、強くなる。「自分は馬鹿だ」と思えば馬鹿になる。「聖者だ、神だ」と思えば聖者や神にもなれる。

思考が人格を形成する。人は思考の世界に常に住み、自分の思考の世界を持っている。思考は時々奇跡を行う。思考には巨大な力がある。前にも言ったように、思考は固体である。現在は、過去の思考の結果であり、未来は今の思考に応じて形成される。正しい思考を持てば、正しく語れ、正しく行動できる。言葉や行為は、単に思考に従っているだけである。

思考の法則を理解する

誰もが思考の法則とその働きを良く理解するべきである。そこで初めて、この世で問題なく幸せに生きられる。役に立つこのパワーを、自分の目的に合わせて、最大限に利用することだ。

人は悪条件のカルマを中和することができる。魚が流れに逆らって泳ぐように、前もって適切な方法で防御すれば、悪影響に逆らって進むことが可能である。

そうでなければ、奴隷になるだけだ。川を漂って流されている板切れに等しい。裕福ですべての物を所有していても、そういう人はいつも不幸でみじめである。

羅針盤を備え、海を知り、航路や潮の流れを知っている船の船長は順調に航海できる。そうでなければ、船は頼りなく漂うだけで、氷山か岩に衝突して難破する。思考と自然界の法則を詳しく知っている賢い船乗りは、人生の大海原を順調に航海し、確実に人生の目標に到達する。

思考の法則を十分理解すれば、好きなように自己の人格を形成できる。「人は考えるように成る」ということわざは、思考の大原則の一つである。純粋だと思えば、純粋になる。高潔だと思えば、高潔になる。

善の性質を体現しすべての人に善を見る。いつも善を為す。サーブ（奉仕する）、ラブ（愛する）、ギブ（与える）。人の喜ぶことをして人を幸せにする。そうすれば、自分も幸福になれる。好ましい境遇、チャンス、恵まれた環境を得ることになるだろう。

人を傷つけたり、スキャンダルを言いふらしたり、危害を加えたり、中傷したり、告げ口したり、人を利用したり、他人の所有物を奪ったり、人に苦痛を与える原因行動（種蒔き）をすれば、あなたは苦しみという結果（収穫）を得る。すなわち逆境、不都合、恵まれない環境になる。これが思考と連動する自然界の法則である。人は高尚な思考、あるいは卑しい思考で自己の人格を形成する。

分別のある人は、いつも快活で、注意深く、慎重である。常に自分の思考に注目して自己反省と内観をする。そういう人はある特定の時に、自分の心、メンタル脳の中で何が行われているかを知っている。どのヴリッティ（作用）とグナ（タマス、ラジャス、サットヴァ特性）の状態かを知っている。悪い考えは自分のメンタル脳の入口から決して入れてはならない。蕾のうちに摘み取ること。

正しい考えを通して思考の性質を見守り内観する。前向きに高尚なことを考えることで、分別のある人は、高い人格を築き、崇高な運命を切り開く。自分の言葉に注意し、口数は少なく、優しい言葉で語りかける。他人の感情を傷つけるような、思いやりのない言葉は決して口にしない。

忍耐、慈悲、博愛を育み、真理を語るように努める。こうして、言葉の感覚器官や話そうとする衝動を自制する。よく考えて言葉を選ぶ。よく考えて手紙を書く。これによって人々の心に、深く、好ましい印象を与える。

思考と言葉と行動の中でアヒムサー（非暴力）とブラフマチャリヤ（禁欲）を実践する。心のバランスを保ち、常に楽しそうにみえる。清潔と正直を実行する。肉体、言葉、精神の三つのタパス（苦行）を行い、自分の行動をコントロールする。

恵まれた環境をいつも得るように、自分の心の準備をする。幸福を広める人は、自分にも幸福をもたらす恵まれた境遇を得る。苦しみを広める人は、自分にも不幸と苦しみの逆境を得る。だから、自らの考え方で、人格を形成し境遇を転換するのである。

正しい思考で、悪い人格を良い人格に変えることができる。正しい行いで、逆境を好ましい境遇に変えることもできる。

高い思考の法則

考えるように物事は成る。あなたの思う通りに人生は設計される。考え方をまず改善すべし。より正しい思考は、より良い行動として表に現れる。この世の対象物を考えるだけでも苦痛は多い。思考の働きが束縛を引き起こす。しかし純粋な考えは電気よりも強力なパワーである。

感覚器官の対象に引かれる心は、束縛に向かい、感覚の対象物に取り込まれない心は永遠の解放に向かう。

自制は心を浄化する手段である。心を清め思考を静止させる。知識を覆っている無知のベールは冷静な心なしには取り除けない。

食物の中でもその精妙な部分が心を形成する。心は食物からつくられる。食べ物の精妙な部分は、心に変えられる。食物とは、ただ単に私達が食べる物だけでなく、五感を通じて取り込む物も含まれる。

すべての中に大いなる神、宇宙の意識を見ることを学ぶ。これが目にとって真の栄養である。純粋な思考は、純粋な食物に由来する。崇高な神の考えを抱けば、よりよく見え、よりよく聞こえ、よりよく味わい、よりよく考えることができる。

緑色や赤色のガラスを通して物を見ると、対象は緑や赤に見える。そのように心の鏡を通じて、事物は欲望で色付けされる。すべて心の状態は一過性のもので、苦しみと悲しみをもたらすだけである。

思考の解放を知れ。偏見の束縛から自由になれ。偏見は知性を鈍らせ考えを曇らせる。永遠不滅のアートマンを考える。これが直接的で、根源的な考え方である。思考が浄化されるとアートマンは自らを現す。欲望もなく、動機もなく、渇望も思考もなく、強制もなく、期待もなく、心が止滅した時、最高のアートマンは光輝く。その時至福を経験する。

思考はブーメランである

自分の思考に気をつけること。自分の心から送り出したものは、すべて自分に戻って来る。考えたことは何でもブーメランの如く、発信者に戻る。

人を憎めば憎しみが戻る。人を愛せば愛で戻る。悪い思考は三重の呪となる。第一に、精神体（メンタル・ボディ）を傷つけて、考えた当人に害を与える。第二に、考えた相手に害を与える。第三に、精神世界全体を傷つけ、全人類に害を与える。

悪い考えは、向けられた相手にとっては刃である。よって、憎しみの考えを抱けば、相手に対して殺人を犯したのも同然。憎しみの思考はリバウンドで自分にはね返るため、これは自殺行為でもある。

悪い考えの住む心は、周囲から似た悪い考えを引き付ける磁石となり、悪を増幅する。

精神世界に送られた悪い思考は、これに呼応する他の心を中毒させる。悪い思考を考え続けると、次第に罪悪感がなくなり、この思考の持ち主は現実的にも簡単に悪い行動を取るようになる。

思考と海の波

思考は海の波のようなものである。波は数え切れない。最初、思考を克服しようとすると絶望的になるかもしれない。一つの思考が静まると、次の思考が奔流のようにあふれ出る。一時的にコントロールされた以前の考えが、しばらくすると再登場する。修行のどの段階でも、意気消沈してはならない。内なる霊的な力が必ず助けてくれる。最後は必ず成功する。あなたが今経験している困難を、昔のヨーギはみな遭遇して克服したのである。

心の働きを止滅させる過程は、長く難しい。一、二日のうちにすべての思考は破壊できない。困難や障害に出会っても、修行を途中で止めてはいけない。修行の最初は欲望や所有欲を減らすこと、離欲である。欲望や欲求を減らせば、思考も自然に減る。

神聖な思考の色と作用

ブッダは言った。「われわれの全存在は、われわれの思考からできている」。輪廻転生の繰り返しの原因は、思考である。だから、常に考えを浄化するように努力しなければならない。

聖者の近くに坐ると、ユニークな静寂さを感じる。だが、悪で利己的な人と同席すると、不安になる。前者は聖者のオーラが発する安心と静寂さの波動であり、後者は利己的な人のオーラが発するネガティブな波動のせいである。善因美果、悪因悪果（良い種を蒔けば良い果実が実る）。

思考の第二の効用は、具体的な形をとることである。思考の質と特性に応じて、色と明るさが決まる。思考は生きた形であり、考えた人の意図を忠実に実行しようとする強い傾向を持つ。

自己放棄した無欲の思考は最も美しい淡い水色で輝く光を放つ。青色の思考は信仰の深さを示す。神聖な思考は黄色。自分本位の思考はグレイがかった茶色、怒りと憎しみの思考は赤黒い色である。

離欲した心のオーラと働き

心はオーラを持つ。オーラのサンスクリット語はテージャスである。心という現象から発する輝き、あるいは光輪を意味する。心を完全に滅却した人のオーラは、非常に輝いている。このオーラは長い距離を伝わり、そのバイブレーションを受信できる高いレベルの人々に、最高の影響力を発揮する。霊的なオーラは、サイキックなオーラ、プラーナのオーラ、メンタルのオーラよりも、さらに強力であることに注目するべし。

思考の力が非常に発達した心の周辺には、特に強力なオーラの出現をみる。発達の低い心は高いレベルの心から明らかに影響を受ける。グルのそばにいて感じるすばらしさは言い表し難い。グルのそばに坐っていると、何も語られなくても、心に受けるインパクトのためにスリルを感じ、新しいインスピレーションの衝撃を体験する。

思考と気分の働き

陰気な人は自分から他の陰気な事物や思考を引きつける。さらにアカシック・レコード、宇宙にある過去の記録からも陰気な思考を引っ張ってくる。

希望に満ち、自信があり、快活な人は、他の似た性質の思考を引き付ける。このような人は、必ず、何をしても成功する。

憂鬱、怒り、憎しみの否定的（ネガティブ）な気分の人は、他の人に有害となる。このような気分は、人に感染し、破壊的な心の働きを引き起こす。かような人は、責められるべきである。

幸福で快活な気分の人は、社会の宝である。前向きな考えは人々に幸福をもたらす。

若く美しいご婦人が、頬か鼻にひどく化膿したはれ物がある時、顔を隠して人前には出ない。同様に憂鬱、憎しみ、嫉妬の気分になった時には、人前に出て友人や他の人と交わるべきではない。これらのネガティブな気分は伝染して社会のマイナスになる。

思考の宇宙的な働き

思考は脳を離れると宙に漂う。良くても悪くても、思考は思った人の心を離れ、メンタルな空間に波動を起こし、あらゆる方向に広く伝わる。

思考は他人の脳にも入り込む。ヒマラヤの洞窟に住む聖者は、アメリカの片田舎へも強力な思考を伝達できる。洞窟の中で自分の浄化に努める人は、世の中を浄化し、世界の救済に貢献する。真に必要としている人々に、この純粋な思考が伝わるのを誰も妨げることはできない。

太陽が、地上のすべての水滴を蒸気に変え、そして、この蒸気がすべて集まって雲となるように、一人一人から放たれた思考は、上昇し、宙を漂い、似た人々の似た思考と呼び合って結集する。ついに、あらゆる清らかな思考は、強大な力となって降り注ぎ、好ましくない力を克服するのである。

第三章　思考の価値と使い方

思考の波動で人に奉仕をする

真の出家者は思考の波動であらゆることができる。出家者やヨーギは、会社の社長になったり、社会政治運動のリーダーになる必要はない。昨今のインドでは、西欧の宗教伝道精神を良しとし、出家者に対して隠遁せずに社会に出て、社会政治活動に参加するように要求している。これは哀れな間違いである。これは愚かで単純な考えである。

説教を通して民衆の心を高揚させ、世界を助ける。しかしそのために出家者や聖者は必ずしも檜舞台に出る必要はない。ある聖者は譬え話をしながら高尚な教えを広める。人々はヨーギの生き方そのものから学びとる。聖者はその存在自体や接見を通して、多くの信者の心を高揚し浄化できる。

聖者はこの世で悟りを得た生き証人である。多くの人々が、聖者に出会って高い霊性を感じ取る。誰も聖者の思考の波動を阻むことはできない。聖者の純粋で強い思考の波動は、とても長い距離を移動する。その結果世界を浄化し、何千何万の人々の心に伝わる。これは疑う余地のない事実である。

医者は暗示で治療する

医者たる者は暗示の科学を完全にマスターすべきである。誠実で思いやりのある医者はまれである。暗示の知識のない医者は、利益よりも損害を与える。時には、患者を不必要に恐怖に陥れて殺してしまう。

普通の咳で患者が来院する。ある医者は言う「あなたは肺結核です。大きな町に行き治療を受けなさい。結核の注射を打たなければ」。可哀想に患者は怯える。肺病の徴候は少しもない。実はこの患者は平凡な病気である。寒気に触れて肺炎か風邪を引いただけだ。医者の勘違いと破壊的な暗示のために、患者は怯える。心配のあまり、本当に肺結核になってしまうケースもある。

医者は「大したことはありませんよ。単純な風邪です。明日までには快復するでしょう。緩下剤を飲んで、少しユーカリ油を吸引してください。食べるものには気をつけて。今日は食事を抜いた方がいいでしょう」と言うべきだったのであり、このような医者は神の使いである。きっと尊敬され賞讃されるであろう。

「そんなことを言ったら、医者の仕事がなくなる。この世界でやって行けなくなる」。そう医者は言うかも知れない。これは間違いである。真理は必ず勝利する。思いやり深く親切な医者のところへは、患者が押し寄せる。仕事はとてもうまく行き繁盛する。

暗示によって治療することもできる。これは薬のいらないヒーリング療法であり、暗示療法とも呼ぶ。善良でパワフルな暗示であれば、どの病気も治療できる。この暗示の科学を学び実行することは重要である。ホメオパシー（同種療法）、アロパシー（逆症療法）、アーユルヴェーダなどの医師はこの暗示の科学を熟知すると良い。それぞれの療法と暗示療法を組み合わせることができる。この幸運なコンビネーションで、治療はとても成功するであろう。

ヨーギは思考の伝達で説法する

無名であっても本物のヨーギは、その霊的な波動と磁石のようなオーラで世界を救う。名声や、壇上から説法するヨーギは、精神世界では二級の人物である。彼らは潜在的超能力を持たないし、実際に能力もない。だから使えないのである。

偉大なグルはテレパシーで、世界中の受けるに値する修行者に教えを伝える。凡人には超能力に見えても、本物のヨーギにとってはごく当り前の行為なのである。

思考で人を感化する

言葉で言わなくても人を感化できる。必要なことは、強い意志を持った思考へ集中することである。これはテレパシーとなって飛ぶ。

ここにテレパシーの練習方法を教えよう。遠くに住む友人または従兄弟・従姉妹のことを考えてみる。心中にはっきりと相手の顔のイメージを思い浮かべる。写真が手元にあれば、その写真を見て声に出して語りかける。就寝前、強烈に精神を集中して写真を思い浮かべる。待ってごらんなさい。二、三日中に相手から、あなたが希望した通りの連絡が届くだろう。自分自身で試してみると良い。疑いは持たないこと。その結果にあなたはきっとびっくりするだろう。

あなたは「テレパシーの科学」に成功し信じるようになる。そうなると時々、書き物をしたり新聞を読んでいる時、突然親しい懐かしい人からメッセージを受け取ることがある。そんな時、急にその人のことを思い浮かべる。それは相手がテレパシーであなたにメッセージを送ったのであり、真剣にあなたのことを考えた結果である。

思考の波動は、光や電気よりも速く伝わる。テレパシーの場合は、潜在意識下の心がメッセージや印象を受け取り、顕在意識下の心にこれを伝達する。

思考のさまざまな使い道

思考力の科学は、とても興味深くかつ精妙である。思考の力はとてつもなく大きい。あなたの思考の一つ一つが、肉体を強靱にし、心の力をそなえ、人生を成功に導びき、つき合う人に喜びを与える。これらはすべてその人の思考の特性や品質からくる。思考の修行法を知り、思考の力を発達させる方法を身につけることを勧める。

思考の力と価値

この思考の力を数千倍も有効に利用できる方法がある。もしあなたが、思考の波動の働きや思考のコントロール方法を知っていたら、もしあなたが遠隔地の人々に有益な思考をイメージして伝達する方法を知っていたら、思考の力は奇跡（ミラクル）を起こす。

間違った思考は呪縛する。正しい思考は自由解放する。正しく考え、自由を得よう。心のパワーを理解すれば、あなたの中に隠れている潜在的な超能力を引き出すことができる。目を閉じて精神をゆっくりと集中させる。遠くの物が見え、遠くの音が聞こえ、地球や他の惑星へもメッセージを送ることができる。何千キロも離れている人々を癒やし、瞬時に遠く離れた場所に行くこともできる。

心の力を信じること。関心、注意、意志の力、精神集中によって望む結果が得られるだろう。心は宇宙の純粋意識であるアートマンの幻影（マーヤ）によって作り出されたことを忘れないように。

思考は多くの仕事を成し遂げる

あなたは今いる場所から動かずに、困っている友人に癒しの思考を送って助けることができる。宇宙の真理を探求する友人には、あなたの学んだ明快な真理の思考を送って助けることもできる。

あなたは質の高い思考を精神（メンタル）界に送ることによって、感受性の高い人を高揚させ、浄化し、激励することができる。

あなたが愛情のこもった有益な思考を人に送ったとする。思考はあなたの脳を離れて、相手の脳に直接入り込む。相手の心に同じような愛の思考を起こさせ、二倍、三倍の力であなたに戻って来る。憎しみの思考を送った時は、相手から二倍三倍の憎しみがあなたへ戻ってくると覚悟するがよい。

自分で思考の法則をよく理解する。慈悲の心、愛情、親切の思考だけを心に抱き、いつも幸福でいるように心掛ける。

他人に役立つ思考を送る時は、これぞと限定した前向きな目的意識を持った思考でなければならない。そこで初めて、期待した効果が得られる。その時、思考の力は正確に使命を果たす。

思考の暗示的効果

暗示と暗示が心に及ぼす影響をはっきりと理解すること。暗示の使い方には十分注意しなければならない。破壊的な結果をもたらす、間違った暗示などは決して発してはならない。相手に大きな迷惑や危害を与えてしまう。暗示はよく考えてから発すること。

教師や教授は、暗示や自己暗示の科学を熟知すべきである。そうすれば、学生を最も効果的に教育し、士気を高めることができる。

南インドでは、子供が泣きわめくと親は「バルよ、イレンドカンナン（一つの目の男）が来るぞ。静かにしないと、お前をこの人に渡してしまうぞ」と言って子供を脅す。「プチヤンディ（お化け）が来るぞ」などの暗示はすべて破壊的である。結果その子は臆病な子になる。

子供の心は柔軟であるが、もろくて影響を受けやすい。この時期に消すことのできない印象（サムスカーラ）がつくられる。成人してからこの印象を変更、消去することは不可能である。こういう印象を持った子供が大人になると、幼少の臆病な印象が出現して臆病な人間になる。

両親は、子供の心に勇気を吹き込む方が良い。これがライオンだ。このライオンの絵を見なさい。ライオンのように吠え、勇気を持ちなさい。シバ神やアルジュナ、クライブの絵を見せて育てる。その子は勇敢な人間に成長するだろう。

西洋では、教師は子供に戦場の絵を見せて言う「ほら、ジェームズ、ナポレオンの絵を見なさい。ナポレオンの武勇を考えてごらん。総司令官か大将になりたいとは思わないかい」。子供の頃から勇気を植え付け強い印象を残す。この子供達が大きくなると、この印象はさらに外からの刺激を受けて強められ、勇敢な人を作る。

思考の伝達の訓練

テレパシーの練習は最初は短い距離で試してみる。初回は夜に練習した方がよい。友人に頼んで、夜十時にテレパシー受け入れの準備をしてもらう。友人には正坐（バジュラ・アーサナ）または蓮華坐（パドマ・アーサナ）で暗い部屋に坐り、目を閉じて精神集中するように伝える。

正確に約束した時間にメッセージを送る。送りたい思考に精神を集中する。強く思考する。その思考はあなたの脳を離れ、友人の脳に入る。

最初は、あちこち行き違いが起こるかも知れない。しかし訓練を積んで熟練してくると、ノウハウの技術が身につく。するとテレパシーの送受信はいつも正確にできるようになる。そうなれば世界のあらゆる人々にメッセージを送ることができる。思考の波動は、その密度や強さに違いがある。送る側も受け取る側も、強烈な精神集中を練習しなければならない。徐々にメッセージを送る力が強くなると、はっきり正確にメッセージを受け取れるようになる。最初のテレパシーは、同じ家の部屋から別の部屋へ送る練習をする。

テレパシーの科学はとても面白く興味深い。しかし忍耐強い練習が必要である。誓いをたてて修行する禁欲行（ブラフマチャリヤ）は大変重要である。

超心理学と潜在意識の思考

神聖なガンガーの流れは、ヒマラヤの奥地ゴーモク（牛の口）氷河を源流とし、河口の聖地ガンガーサガーで入江に止むことなく注ぐ。思考という流れは、潜在欲望（ヴァーサナ）や煩悩が含まれる潜在印象（サムスカーラ）に端を発し、感覚の対象に向かって絶えず流れる。起きている状態も眠って夢を見ている状態でも同じである。機関車は車輪が過熱したら車庫に入って休むが、この不思議な心のエンジンは、一瞬も休まず思考を続ける。

テレパシー、読心術、催眠術、催眠とサイキック・ヒーリングなどは、明らかに心というものが存在することを証明している。高い心は低い心に影響を及ぼす。天の声の自動書記や催眠にかけられた人の経験から、二十四時間休まず働く潜在意識の存在をはっきり推測できる。霊的修行（サダナ）を通して潜在意識の思考と心を変えれば、あなたは新しい存在になれるだろう。

神聖で強力な思考の力

思考は生命である。あなたが思うこと、すなわちあなた自身である。あなたの思考が周囲をつくる。あなたの思考が、あなたの世界を構築する。

健全な思考を抱けば、健康を維持できる。心の中に病的な思考を持ったり、体内の病巣を考えたり、弱った神経を考えたり、内臓や器官の機能不全を考えたりすれば、健全な健康や美と調和は期待できない。体は心の産物であり、心がコントロールしていることを忘れてはならない。

精力旺盛な（ラジャス）の思考を抱けば、肉体は元気に活動する。しかし純粋（サットヴァ）な愛、平和、満足、完全無欠、神聖な思考を抱けば、あなたとあなたの周囲の人々を平和で神聖なものに変える。常に神聖な思考を育むべし。

第四章　思考の作用

思考は輝く健康を増進する

体は内部で心とつながっている。と言うより、肉体は心の片割れでありコピーである。目に見えない微細な姿が心であり、目に見える粗雑な姿が肉体である。体の一部である歯が痛い、胃が痛む、耳が痛いなどは直ちに心に影響する。心は動揺し、掻き乱され正しく思考することをやめる。

心が鬱状態になれば、体も正常に働かなくなる。肉体を悩ます苦痛は、二次的な病気とみなされる。心を悩ます欲望や、潜在意識の欲望はより根本的な病気である。

メンタル・ヘルス（心の健康）は、肉体の健康よりも大切である。心が健康であれば、体は必ず健康になる。心が純粋で、思考が純粋であれば、二次的な肉体の病気や心の病気からも解放される。「健全な体に、健全な精神が宿る」、のことわざは正しい。

思考が人格形成をする

高い思考は、心を高揚させて広くする。低い思考は心を興奮させ、感情を病的に陰気にする。多少でも思考や言葉をコントロールできる人は、もの静かで落ち着きがあり、美しく魅力のある顔立ちをし、やわらかい声で話す。その人の目は光り輝いている。

思考は肉体に作用する

どんな思考や想念、感情、言葉も、肉体のすべての細胞に強いバイブレーションを起こし、強い印象を残す。正反対の思考で対峙する方法を知っていれば、調和のとれた、幸せな人生を送れる。憎しみの思考は、愛の思いで速やかに中和できる。恐怖の思考には、勇気に満ちた思考がパワフルな矯正方法として働く。

思考は運命を変える

人は思考という種を蒔き、行動という収穫を得る。行動という種を蒔き、習慣という収穫を得る。習慣という種を蒔き、人格という収穫を得る。人格という種を蒔き、運命という収穫を得る。

人は自分の思考と行動で、自分自身の運命を創ってきた。運命は変えられる。運命の主人公はその人本人だ。この考えには疑う余地はない。正しい思考と大きな努力で、自分の運命を切り開ける。

無知な人は次のように嘆く。「行動（カルマ）がすべてを決める。すべては運命だ。カルマの法則であれもこれも起きる。原因と結果というカルマの法則で定められているのなら、人が努力する価値はどこにあるか。運命だから仕方ないのさ」。これは悲観的な宿命論である。この考えは惰性、沈滞、不幸のみをもたらす。これは完全にカルマの法則を誤解している。間違った解釈である。知性のある人は、このような考え方はしない。自分自身の行為（原因）とその結果によって、自分の内から自分の運命を紡ぎだしてきたことを知っているからである。

あなたには、何でも自分で選べる自由意志が備わっている。自分の行動は完全に独立（スヴァタントラ）している。悪漢は永遠に悪漢ではない。悪漢を聖者と交わらせれば、良く影響されて変わる。以前とは別な思考をし、以前とは変わった行動をとる。結果その悪漢は自分の運命を変え、徳のある性格に変貌する。もちろん自助努力は必要だが、精神的レベルが向上する。

盗賊のラトナーカラは後に聖者ヴァールミキとなった。ジャガイとマダイも変身した。ジャガイもマダイも、第一級のごろつきだった。あなたも、ヨーギや知識者（ニャーニ）になれる。あなたは、自分の運命を切り開ける。自分で好きなように原因と結果をつくることができる。そのために思考の力を利用すれば良い。正しく清く思考する。その思考に従って行動するだけである。正しく考え、正しく望み、正しく行動すれば、聖者や大富豪にもなれる。正しい思考と行動、正しいカルマで、神々の長、インドラや宇宙の純粋意識であるブラフマンにも到達できる。人間は、救いのない存在ではない。自分で決める自由意志を持って生まれている。

思考は生理的障害を起こす

思考が少しでも変わると、メンタル体に振動が伝わる。これがさらに肉体に伝達され、脳の神経細胞の活動となって現れる。脳の神経細胞の作用は、電気的、化学的変化をもたらす。実は思考の力がこれらの変化を起こしているのである。

激情、憎しみ、長期にわたる激しい嫉妬、募る不安、激怒などは実際に体の細胞を破壊し、心臓、腎臓、脾臓、胃の病気を招く。

心に入るすべての思考によって、体のあらゆる細胞が、成長したり損害を受けたり、生命力を得たり、死に至る刺激を受けたりすることは注目に価する。人は自分が最も考える姿と形になっていくものなのだ。

心が特定の思考に集中して留まると、物理的な一定の振動が起きる。そして、この振動が頻繁に繰り返されると、習性となって自動的に繰り返す。肉体は心に従い、心の変化を真似る。自分の思考に集中すれば、目の動きは固定されて安定する。

思考は周囲の環境をつくる

よく言われることは、「人間とは環境の産物であり、生まれと育ちで作られる」。しかしこれは本当ではない。事実はこれに反するため、これを信じることはできない。世界の偉大な先達の多くは貧困や逆境に生まれついた。スラム街や不潔な周囲の環境に生まれた多くの偉人は、世界の一番高い地位まで上りつめた。名声の栄冠を勝ちとり、政治、文芸、詩作などの分野で功績を残した。輝かしい才能を発揮し、世界のリーダーとなった。これはどのように説明がつくのだろうか。

初代マドラス（現チェンナイ）の最高裁判所長官となった、ムティスワミ・アイヤー氏は、極貧の家に生まれた。夜は街灯の明かりで勉強しなければならなかった。食べ物にも事欠きボロを着ていた。その後懸命に努力をし、偉大な成功を収めた。自己の強い意志と鉄の決心で、環境の影響力に打ち勝った例である。西洋では、靴直し職人や漁師の息子でも高い地位につける。道路わきの靴磨きの少年、酒場でビールを運ぶ少年、ホテルの料理人などが後に有名な詩人や、有能なジャーナリストになった。

サー・ウォールター・スコット（詩人、作家）は、とても貧しく、住む所もなかった。

ジェームズ・ラムセイ・マクドナルド（イギリスの首相）の生涯は、ここで述べるに価する。偉大な努力家（プルシャッタ）であった。貧困と肉体労働の世界から英国の首相に上りつめた。彼の最初の仕事は、一週間一〇シリングの封筒の宛名書きから始まった。あまりに貧しいので、紅茶を飲めずに水を飲んだ。何か月も、毎日の主食は、三ペニーの牛肉の脂のプディングだった。学校で教えて収入を得ながら、さらに勉学を続けた。政治学に非常に興味を持ち、後に、まずジャーナリストになった。自ら努力を続けてさらに出世し、首相の地位にまで就いた人である。

不二一元論者、シャンカラチャリアは宗教界の偉人であり優れた天才であったが、貧しく生まれて逆境の中で育った。

このような例は数多くある。逆境は必ずしも将来その人の潜在的な偉大さや優秀さを阻むものではない。勤勉・忍耐・根気・正直・誠実・目的に忠実・堅固な意志・揺るぎない決心があれば、悪い環境から脱却できるのである。

人は誰もが自分の過去の潜在印象（サムスカーラ）を持って生まれる。心は白紙状態ではない。過去生の行動や思考の印象が含まれており、その人の潜在能力ともなる。良い印象は貴重な財産である。今生は逆境の中に生まれても、過去の良い潜在印象は、外部の敵対する影響からその人を守護し、その人の成長や進歩を助ける働きをする。

どんなチャンスも見逃してはならない。あらゆる好機を役立てよう。すべてのチャンスは、あなたを向上させる第一歩である。道端に病人が弱って横たわっていたら、その病人を担ぐか車に乗せて、近くの病院まで運ぼう。温かいミルクや、紅茶、コーヒーを与えて看病する。大いなる神に仕えるのと同じ態度で病人の足を洗おう。

すべてに遍在する宇宙意識の存在を感じ取る。あまねく物を貫き、あまねく物の中に内在する大いなる神。病人の中に神を感じる。病人の目の輝きに、訴えの中に、その呼吸に、心臓の鼓動に、肺の動きの中に宇宙の神を見る。

神はあなたにチャンスを与えている。今あなたは慈悲の心と愛を育み、ハートを清め、嫌悪感、憎しみ、嫉妬心を除く好機だ。時に神は試される。あなたが臆病であれば、自分の命をかけても、勇気を発揮せざるをえない状況を準備される。立身出世した世界の偉人達は、あらゆる逆境、あらゆるチャンスを最適に活用した。神は人の心の修行のためにさまざまな場面を設定される。

自分の弱点の中に、パワーが隠されていることを忘れてはならない。貧困であることの利点もある。謙遜、内面の強さ、忍耐強さなどを育てるバックグラウンドである。贅沢は、なまけ、高慢、弱さ、惰性などのあらゆる悪い習性を作りやすい。

だから、悪い境遇に不平を言ってはならない。自分自身の精神世界と環境を創造するのがよい。逆境の中で向上しようと努める人は、本当の強者だ。ゆるぎない断固とした素質と度胸が備わっている。

人は環境、境遇の産物ではない。自己の能力・性格・思考・正しい行動・努力で、環境をコントロールできるし、変えることもできる。一心に努力すれば、運命は変わる。このために、聖者ヴァシスタやビーシマは努力を運命の上に位置づけたのである。自然環境を克服し、永遠不滅の純粋意識、サット・チット・アーナンダ・アートマンの中に歓喜せよ。

思考は肉体を形成する

感覚器官を備えた肉体は、思考の形に他ならない。心は体を思い続けて、心は肉体そのものになり、体に縛られ、体に苦しめられる。

この肉体は、さまざまな経験を得るために心が作りあげた雛型である。五つの外部感覚器官（カルマ・インドリア）と五つの内部知覚器官（ニャーナ・インドリア）は、心の楽しみとエネルギーのはけ口として働く。体は、思考、気分、信念、感情が目に見える形として具体化されたものである。体は心の楽しみの道具となっており、すべての体は心で埋め尽くされている。水なしに庭園は存在しうるだろうか？　すべての働きをするのは心であり、さまざまな体の機能の中で一番優位に作用する。この粗雑な肉体が滅びたとしても、微細な心は自分の好みに合わせて、次の新しい肉体を好み通りに作り出せる。心が麻痺すれば、体も知性を示さなくなる。

しかし、多くの場合、思考は肉体に支配されがちである。心が高度に発達していないため、物質的な食物の鞘（アンナマヤ・コーシャ）の世界でほとんど生活している。知識の鞘（ニャーナマヤ・コーシャ、ブッディ）を開発して、粗雑な意識・心の鞘（マノーマヤ・コーシャ）を支配できるようにすること。

この肉体が自分であるという、間違った思考が諸悪の根元である。間違った考えから、自分と体は一体だと思い込む。そこで間違った体についての考えが生まれ、肉体に執着する。これは、エゴであり肉体との一体化（アブヒマナ）である。そこで、私の「もの」という概念が生まれる。私と私の妻、私の子供、私の家などと一体化して考える。束縛、不幸、苦痛をもたらすのはこの執着であり、一体化という間違った認識のせいである。

第五章　思考力の開発

道徳的純粋さで思考力を得る

真実を語り、道徳的に純粋である人は、必ず強力な思考を持っている。長年の修行で、怒りをコントロールできた人は、とてつもなく大きな思考の力を授かる。

強い思考の力を持つヨーギが一言話すと、他の人々の心に強烈な印象を植え付ける。

正直、まじめ、勤勉などの徳は、思考の力を最大にサポートする。純粋さには二種類ある。内なる精神の純粋さと、外なる肉体の純粋さである。メンタルな純粋さを確立すれば、快活、一点集中した心、感覚器官や運動器官の支配、宇宙の純粋意識、アートマンを知る第一歩となる。

精神集中で思考力を高める

人間の思考の力に限界はない。心がより集中すると、より多くの力が一点に集約される。

俗世の人の心は散漫である。さまざまな方向にメンタル・エナジーが浪費されている。精神集中の修行で、この分散した心を内に引き戻し、精神を集中して大いなる神に心を向けなければならない。

注意力を養えば、心はよりよく集中できる。静かな心は、精神集中に適している。いつも穏やかで快活に人と接する。精神を集中し瞑想する時は一人で行う。規則正しく、同じ場所に、同じ時間に坐る。朝の四時（ブラフマ・ムルタ）は瞑想に最もよい時間だ。

禁欲独身を守る。呼吸法（プラーナヤマ）をする。欲望を減らし屋外活動を控えること。離欲、沈黙、隠遁、感覚器官の抑制、ジャパ、怒りのコントロール。小説や新聞を読むのをやめ、映画も見ない。これらはすべて精神集中の助けになる。

瞑想、精神集中の障害となることは、運動のし過ぎ、話し過ぎ、食べ過ぎ、俗人と交流のし過ぎ、過度のセックスと快楽の求め過ぎ、などである。

しっかり考え思考力を得る

手当たり次第に考えることをやめる。一つ主題を選び、そのさまざまな局面や関連性を考える。一つの課題に集中して考える時、ほかの考えを意識の中に入れてはならない。心が他のことに向かったら、すぐさま引き戻すこと。

たとえば、世界的な偉人シャンカラチャリアの生涯と教えを考え始めたとしよう。生誕の地、子供時代、人格、徳、教え、著書、哲学、作品の中の重要な格言、時々示した超能力（シッディ）、四人の弟子、四つの僧院、ギーター、ウパニシャッド、ブラフマ・スートラの解説を考える。一つずつ順序立てて考える。繰り返し行う。心が一点に集約されて全部考え終わったら完了する。それから次の題目に移る。一度に複数のことを考えてはいけない。

このような修行で、まとまった考え方が発達する。心のイメージは強力で明確になる。凡人の心のイメージは、ぼんやりしていて明快でない。

意志の力で思考力を養う

性的な考えを退けた分、誘惑を断った分、思いやりのない言葉を控えた分、気高い大志を励ました分、意志の力や魂の力は発達して大きな目標に近くなる。

強い感情を込めて心で繰り返し唱えよう。「私の意志は強く、純粋であらがいがたい。オーム、オーム、オーム。私は自分の意志の力で何でもできる。オーム、オーム、オーム。私には強力な意志の力がある。オーム、オーム、オーム、オーム」。

意志（ウィル）の力は、ダイナミックな魂の力である。意志が働くと、判断力、記憶力、把握力、言語能力、推理能力、識別能力、反省能力など、すべての機能が直ちに働き出す。

意志は、メンタル・パワーの中の王である。意志が純粋で強力になると、思考と意志は奇跡を行うこともできる。品のない情熱や、欲望・快楽の愛にふけると、意志は不純になり弱くなる。欲望の数が減れば減るほど、思考の力と意志の力は、それだけ強くなる。性的エネルギー、筋骨たくましいエネルギー、怒りのエネルギーなどが意志の力に変換されると、それらのエネルギーはコントロールが可能になる。強い意志の力を持つ人には、この世でできないことは何もない。

コーヒーを飲むという今までの癖をやめた時、自分の味覚の感覚を制御し、潜在意識の欲望（ヴァーサナ）の一つを滅し、コーヒーへの渇望を滅却したことになる。コーヒーを買い、コーヒーを飲む習慣から自由解放され、心が落ち着く。コーヒーに使ったエネルギーは、意志の力に変換される。一つの欲望を克服すると、意志の力は倍増する。十五の欲望を克服すれば、意志力は十五倍に増す。一つの欲望を克服すれば、それだけ意志は強くなり、他の欲望を克服しやすくする。

取り乱さない心、平静、快活、内なる力、困難な仕事をこなす能力、約束は必ず果たす、人々への影響力、人を引き付ける人格、魅力ある顔のオーラ、輝く目、落ち着いた眼差し、パワーのある声、威厳のある歩き方、屈しない性格、大胆不敵さなどは、その人の意志が発達していることを表す。

明確に考える簡単な方法

一般人のメンタル・イメージは、大体歪んでいる。深く考えることを知らない。思考は奔放にふるまい、心に混乱が生じる。

明確な心のイメージを持っているのは、思想家や哲学者、ヨーギだけである。透視でこのことがはっきりわかる。精神集中や瞑想を行う人は、明確な心のイメージを開発できる。

多くの思考はうまく根付かない。考えが来ては抜け去って行く。だから、思考はぼんやりとして明確でない。イメージははっきりとせず、輪郭もくっきりわからず強くもない。

明快で継続的な深い思考でもって心のイメージを強めなければならない。アートマンの探究、熟慮、深い内省、瞑想などで思考を定着させ、結晶化して明確な形にする。そうすれば、哲学的思考はより強くなる。

正しい思考、内観、瞑想を通してアイディアをはっきりさせること。そうすれば、混乱は消えて、思考は定着する。はっきりと考える。自分の考えを何度も確認する。一人になって内省する。思考をできる限り純粋にする。思考の的をしぼる。心を動揺させない。一つの思考が湧き出て、静かに落ち着くのに任せる。それから次の思考を心に入れる。今現在、格闘している思考の主題とは関係のない考えは心に入れず、追い払うこと。この点が重要である。

深く独創的な思考の修行

我々の多くは、何が正しい思考であるのかを知らない。大多数の人の思考は浅い。深く考える人はほとんどいない。この世で深く思考する人は大変少ないのである。

深く思考するには厳しい修行（サダナ）が必要である。正しい心の進化には多くの生まれ変わりが必要である。数多くの輪廻転生を経て初めて、深く正しく思考することができるようになる。

ヴェーダーンタ派は、独特で根源的な考え方をする。ヴェーダーンタの修行である熟考、内省を実行するには、鋭い知性が必要である。

厳格に考えること、忍耐強く考えること、明確に考えること、問題の根源を考えること、状況の根本を考えること、すべての思考や存在の前提条件にまでさかのぼって考えること。これがヴェーダーンタの修行のエッセンスである。

新たに高尚な考えを得たならば、古い考えは、どんなに強く根深くても捨てなければならない。

自分の思考の結果に直面し、思考の出した結論を受け入れる勇気がないのであれば、哲学することは無駄である。

心を向けて一つの思考を継続する瞑想

思考は巨大なパワーを持ち、大きな影響力を秘めている。思考の使い方と最大の効用を手に入れる方法。その近道は、規則正しい瞑想が一番である。

思考を集中させるとは、目標に心を向けることであり、継続して思うということは、心を常にそのことに専念させておくことである。気が散らなくなると、集中して心が進化する。心が喜びで満たされる。

真の瞑想とは、思考が一つの対象に向けて継続してとどまり、恍惚となり、至福を感じる時である。その時宇宙の大いなる存在に目覚める。

クリエイティブな思考を得る

思考とは、宇宙の中で最も生命力にあふれ、重大で精妙で目にみえず、抵抗しがたい力である。

思考は生きものである。思考は変化し、形、姿、色、質、量、力、重量をそなえ持つ。

思考は現実の行動である。思考はダイナミック・フォース（動的生体エネルギー）の転換である。

喜びの考えは、共鳴して人に伝わる。高尚な考えが生じると、悪い考えをやっつけ、矯正する。善でもって悪を変えさせる。

ポジティブ・シンキング（プラス思考）の練習で、クリエイティブな力を得られる。

個性で暗示に対抗する

人の暗示に簡単に乗ってはならない。自分の判断力と個性を持つべきである。強い暗示というものはすぐにその影響が出なくても、そのうち現実となる。暗示は無駄な働きは決してしないものだ。

我々はすべて暗示の世界に住んでいる。我々の性格は、人と交わることによって、無意識のうちに毎日変化している。我々は意識せずに、自分が憧れる人の行動を真似る。日々接する人の暗示を吸収している。実際、人の暗示の上に我々の行動は成り立っている。弱い心を持った人は、強い心を持った人の暗示を受けやすい。

社員は、上司の暗示に影響される。患者は、医者の暗示に左右される。生徒は、先生の暗示に従って行動する。

習性は暗示の産物に他ならない。着ている服、マナー、振舞い、食べる物などすべて暗示の結果に他ならない。

森羅万象はさまざまな方法で暗示する。流れる川、輝く太陽、香る花、成長する木。それぞれの方法で我々に暗示を与えている。

思考の努力と超能力

上手なオカルト秘術者は、精神集中と意志の力で、観客全体に催眠をかけ、ロープのトリックを行う。赤いロープを宙に投げ上げ、そのロープをよじ登り、舞台から一瞬にして消え去る。しかし写真には何も写っていない。これはオカルト的暗示のすぐれた技《わざ》である。

ヨーガでも同じことができる。思考の力をよく理解し、隠れた超能力を開発させる。目を閉じ、精神集中を行う。心の崇高な領域、宇宙の純粋真理を思う。

遠く離れた物を見、遠くの声を聞き、遠くにメッセージを送り、遠くに住む人を癒やし、一瞬のうちに遠くへ移動することもできる。これがヨーギのサイキック・パワーである。

第六章　思考の種類と思考の克服

陰気な考えを打破する

まず自分の考えをすべて注意深く観察する。陰気な考えに襲われると、憂鬱な気分になる。そんな時は小さなカップで、ミルクか紅茶を一杯飲む。静かに坐り、目を閉じる。憂鬱の原因を探し出し、原因を除くように努める。

陰気な考えや、鬱状態に打ち勝つ一番良い方法は、励ましになる人や物、元気になることを考えることである。あらゆる局面で、前向きで、肯定的（ポジティブ）な考えは悲観、否定的（ネガティブ）な考えに打ち勝つことを忘れてはならない。これは、もっとも効果のある、偉大な自然の法則である。

次に、陰気とは正反対のこと、陽気さを強く考える。心を高揚させること、快活でいる心地よさなどを思う。次に自分は本当に陽気だと感じる。これが陰気を退治する方法だ。

「オーム　シャンティ　オーム　シャンティ（オーム・平和）」のマントラを何度も唱える。「私は、とても元気だ」、と感じるようにする。何度か笑顔を作り、笑ってみる。

歌うこと（チャンティング）は陰気さを追い払うのにとても効果がある。何度かオームを大きな声で唱え、戸外を走ると、憂鬱さは間もなく消える。これはラージャ・ヨーガで用いる、正反対の思考を用いる（プラティパクシャ・バーヴァナ）方法である。これが一番やりやすい。

意志の力で「陽気になる」と断言したり、命令する方法は効果はあるが、意志にとても負担がかかる。これには大きな意志の力が要求されるので、並の人では成功できない。否定的感情を正反対の肯定的感情で置き換える方法の方がずっと容易だ。ごく短時間に好ましくない感情は消える。何度か失敗しても、続ける努力が必要である。続けるうちに必ず成功する。実感してみてほしい。

同じやり方で、他の否定的な考えや感情に対抗することができる。怒りの感情には、愛を考える。嫉妬には、慈悲と寛容を考える。陰気な気分には、いつか見たわくわくする景色を考えるか、励ましになる文句を思い浮かべる。

心に思いやりがない時は慈悲を考える。情欲がある時には禁欲の利点を考える。不正直には、正直さと誠実さを考える。欲深さには気前のよさや、気前のよい人のことを考える。

妄想（モハ）が生じた時には、識別とアートマンの探究（アートマ・ヴィチャーラ）に心を専念させる。うぬぼれには、謙遜を考える。偽善には、正直さとその利点を考える。嫉妬には、気高さと寛容を考える。臆病には、勇気を考える。

否定的（ネガティブ）な思考や感情を追い払い、肯定的（ポジティブ）に考えて行動する。最も重要なことは、継続して実行する努力である。誰とつき合うかを注意深く決める。言葉は少なめに、有益なことだけを語ること。

でしゃばりな思考の克服

思考のコントロールを行う時、最初に大きな困難にぶつかる。自分の思考と闘わなければならないのだ。心に起きた思考は自分の存在理由のために全力を尽して反抗してくる。思考はこう反論する、「私にはこの心という宮殿に留まる権利がある。この場所を長年独占して来たのだ。なぜ今ここを立ち退かなければならないのか。既得権を主張する」。

思考は猛烈にあなたに襲いかかるだろう。少し瞑想に坐っただけで、あらゆる類《たぐい》の悪い思考が湧き起こる。制圧しようとすると、倍の力で反撃をしかける。だが、積極性は消極性に必ず打ち勝つことを忘れないように。

闇は、太陽の光に耐えられないように、暗い否定的な考えは、平和の敵であり、純粋で大いなる神に目覚めた思考に対抗できはしない。そこで否定的な思考は自ら消え去る。

有害な思考を追い払う

不必要で、無益で、有害な思考を心から追い払う。無益な思考は精神性の発達を妨げる。有害な考えは、霊性向上の障害となる。

無益な思考を抱いている時、あなたは神からほど遠い。ただちに大いなる神、純粋意識の認識で置き換える。有益な考えだけを抱く。有益な思考は霊性の発達向上の第一歩である。

心を古い軌道に戻らせ、古い習性に勝手気ままに従わせてはならない。注意深く見守ること。

靴の中に小石が入って痛い時には、石を取り出す。靴を脱いで、石を放り出す。このメカニズムがわかれば、有害で悪い思考を心から押し出すのは、靴から小石を放り出すのと同じ位たやすい。全く疑う余地はない。自分で試してみることだ。

世俗的な思考の克服

思考をコントロールする訓練を始めた時は、世俗の思考が数多く邪魔をする。瞑想の実践やスピリチュアルな生き方を始めた時にも、世俗の考えが悩ませる。しかし、規則正しく純粋な考えを養い、規則正しく瞑想を続ければ、世俗の思考は徐々に薄くなって消える。

瞑想とは世俗の思考を焼き尽くす炎である。何も世俗の思考を完全に追い払う必要はない。瞑想の対象で頭と心を一杯にし、純粋で崇高な対象を常に思うだけで良い。

常に注意深く自分の心を見守る。見張りを怠ってはならない。いらいらした波、怒り憎しみの波、欲情の波が心に生じるのを許してはならない。これらの暗い波や世俗的な考えは、瞑想や安心、知性の敵である。

世俗的な思考が起これば、純粋で神聖な思考ですぐさま置き換える。マントラや神の名を繰り返し唱えて良い思考を起こし、それを持続する。神の姿を思い浮かべる。プラーナヤマ（呼吸法）を行い、キルタンを唄う。良い行いをして世俗から生じる不幸を追い払う。

純粋で静寂な心の状態を得れば、心の中に俗世的な考えはもはや起こらない。中世の城では、門前で侵入者や敵を簡単に阻止できた。俗世的な考えが生じたらすぐさま門前で退治すること。蕾のうちに摘み取り、深く根をおろさせてはならない。

不純な思考の克服

毎日の仕事に忙しくしていれば、不純な考えを留まらせる暇はないはずだ。だが一休みし、心が空白になった時、不純な考えは隙間をねらって入り込もうとする。心がリラックスした時には、気をつけなければならない。しっかりと手綱をしめよ。

思考は、反復されることによって強くなる。良い思考でも不純な思考でも、一度抱けば繰り返される傾向が強くなる。

「類は友を呼ぶ」というが、思考も同類が寄り集まる。一つの不純な思いを抱けば、あらゆる類の不純な思いが群がってくる。良い思考を抱けば、良い思考同士が集まって互いに助け合う。

否定的な思考を抑止する

自分の思考をコントロールし、浄化し、命令に従わせることを学ぶ。すべての消極的で懐疑的な思考に対しては断固戦う。崇高で神聖（ディバイン）な思考が、あらゆる方向から流れ込めるように準備する。

憂鬱さ、失敗、弱さ、暗さ、疑い、恐怖などの考えは、否定的な思考である。常にパワー、自信、勇気、陽気さで肯定的な思考を培うこと。そうすれば、否定的な思考は消えていく。

ジャパ、祈り、瞑想、経典の学習で、心を神聖な思いで満たす。否定的で、不純な思考には無関心でいる。無視すれば過ぎ去る。面と向かって争ってはならない。力を与えられるように大いなる神に祈る。聖者の伝記を読む。『バガヴァッド・ギーター』や『ラーマーヤナ』を学習する。これまで、ヨーギ達は同様の試練を乗り越えてきた。だから、あなたも元気を出しなさい。

習慣的思考の克服

習慣的な思考、たとえば容姿、服装、美食などに関する世俗的な心配は、アートマンの探究や自己の意識を神聖な神に向けることで克服できる。真理を知る作業は骨の折れる仕事である。忍耐と継続した修行において自助努力する。これでしっかりした基礎を作る。

「弱者には、永遠不滅のアートマンを知ることはできない」と聖典は強調して述べている。意志の強い修行者は、感覚器官がその対象へ執着することから離欲し、自分のすべてを捧げて瞑想し、永遠不滅の大いなる神を求め続ける。

潜在意識の欲望や習慣的な思考を止滅した人は、信頼・静寂・平等の気持に満ちあふれて、ブラフマンの至福を味わう。すべてのものを平等に見る。一方、パワフルな心は、この世のあらゆる苦しみ、恐怖、多様性、異質性、差別、二元性を産み出し、神聖で霊的な宝を破壊する。この厄介な心を止滅せよ。

見られる者が見る者に溶け込んだ時、至福を経験する。これは、第四の超越状態（トゥーリヤ）と呼ばれて、第一の目覚めた状態、第二の夢を見る眠りの状態、第三の夢の無い深い眠りの状態を超えた超越意識である。この時、無限の知識のアートマンだけを見る。あらゆるものに見られる、差別や二元性は完全に消える。

ここでは愛着と嫌悪、好き嫌いなどの思考は全く消え去る。このとき聖者は体があっても、体の存在を全く意識しない。俗世の幻影のただ中にいても、決して自己のコントロールを失わない。ちょうど、仕事をしていても、心は遠くにいる恋人の元に飛んで行くように、聖者はブラフマンにいつも心を溶け込ませている。

将来の俗世における繁栄を考えることなく、徳行をいつも行いなさい。真理の知識（ニャーナ）を獲得するのに役に立つ。ブラフマンの至福、光り輝くブラフマンの海に溺れなさい。すべての二元性、区別、差別は消滅する。

重要でない思考の克服

重要でない、無関係な思考を追い払おうとしてはいけない。追い払おうとすればするほど、より強力になって仕返しをする。自分のエネルギーと意志を消耗するだけである。

無関心でいる。心を神聖な思考でまんべんなく満たす。すると重要でない考えは次第に消える。規則正しい瞑想で、思考の働かない三昧の境地（ニルヴィカルパ・サマディー）に到達する。

肉体の筋肉の緊張をほぐせば、心に安らぎと静けさが戻る。リラックスすることで、疲れた心や神経、過労した筋肉は休息でき、大いなる安心、体力、活力を得る。しかし全身や心をリラックスさせたいとき、とりとめのない思考で頭を満たしてはならない。怒り、失望、失敗、不快、みじめ、悲しさ、争いは内在するメンタル体に負担をかける。悪しき考えは追い出すこと。

本能的な思考を変える

思考には四種類ある。象徴的な思考、本能的な思考、衝動的な思考、習慣的な思考である。

言葉を通して考えることは、象徴的な思考である。本能的な思考は衝動的な思考よりも強力である。身体、食べ物、飲み物、沐浴などの思考は習慣的思考の一部である。

象徴的な思考は簡単に停止することができる。本能的・習慣的な思考は停止することがなかなか難しいが、メンタルな心配と怒りを一掃すれば、心の平静と均衡を得られる。注意深く思慮深くありなさい。必要以上の心配はやめる。勇気、喜び、至福、楽しさだけを考える。十五分間、楽な姿勢でリラックスして瞑想する。

安楽イスに横になってもかまわない。目を閉じる。外の事物から心を内に向ける。心を静寂にする。湧き上がって来る思考をやり過ごす。そうすれば思考は行く雲のごとく現れては去っていく。

習慣的な思考の回数を減らす

普段修行していない人の場合は、四つか五つの思考が同時に心に浮かぶ。家庭のこと、ビジネスのこと、健康のこと、飲食物のこと、希望や期待、収入を得ること、ある種の仕返し、トイレにいくこと、お風呂のことなど。雑多な考えが心を一挙に占拠する。

午後三時半に興味深い本を読んでいる。しかし午後四時のクリケットの試合を見る楽しみが、時々心をよぎる。一度に一つの思考だけを持ち、いつまでもこの考えを続けられるのは、心が一点に集中したヨーギだけである。

心を注意深く観察してみると、その考えの大部分が一貫性をもたないことがわかる。心はあてもなくさまよう。肉体や肉体の欲求を考え、友達のことを考え、金儲けを考え、食べ物を考え、子供の頃の思い出を考えてさまよう。

心のことを学び、ひとつの課題だけ、一種類の思考だけに集中し、他のことはすべて排除する。そのことを徹底して考える。それができれば大きな進歩であり、思考のコントロールの大きな第一歩となる。気を落とすことはない。ゆっくり確実に進めなさい。

純粋意識の気づきを励ます思考

人生の真の目的は、大いなる神の純粋意識に目覚めることである。この朽ち果てる肉体や、有限で変化する心が真の自分ではない。完全に純粋で絶対的自由であるアートマンが自分の真の姿であると、はっきり知ることが目的である。

宇宙の純粋意識は、生まれることもなく死ぬこともない、永遠不滅、永久の存在である。これがあなたの真の姿である。名前と形にとらわれた小さな、束の間の個性があなたの真の姿ではない。あなたは、ラーマスワミでも、ムケジーでも、メータでも、マシューでも、ガルデでも、アプテでもない。束の間の無知という雲間から、偶然この小さな幻影の世界に落ち込んだだけである。目を覚まし、自分は純粋なアートマンそのものであると自覚することだ。

もう一つ、経典ウパニシャッドの中に気づきを与える素晴らしいヒントがある。宇宙の純粋意識、「大いなる神ですべてを包みこめ」という言葉である。宇宙のすべての存在は、宇宙神の中で脈動している。花や緑の葉に、樹木やシダ、木の枝に微笑む。周辺のすべての生物、犬、猫、牛、人間、木、そしてあらゆる自然界の創造物と親しくなる。そうすれば、完璧で心豊かな人生を送ることができる。

啓蒙的な思考を繰り返す

思考の力を開発し、人格を形成して偉大な人になりたければ、啓蒙する考えを伝え、霊性を高めてくれる本をいつも手元に置くこと。毎日の行動習性や生活の一部となるまで、何度もその本を読み返す。

啓蒙する考えを次にあげておく。

1．汚れのない良心は、広いハートと強い心をつくる。
2．貧困は怠惰と同類で、怠け者の代名詞だ。良く働く人は健康、平和、繁栄、成功を手に入れる。
3．宇宙意識（アートマン）についての認識は最大の宝である。瞑想は認識への扉を開ける。

間違った思考には、正しい思考で対抗

情欲の考えに対して、熱心な禁欲の実行で対抗する。

憎しみや怒りの考えは、愛、許し、慈悲、友情、平和、忍耐、非暴力などの考えで克服する。

高慢やうぬぼれの考えは、謙遜の行いで克服する。

貪欲や所有欲は、正直、公平無私、寛大、満足、無欲を身につけることで追い払う。

狭量、嫉妬、卑劣な考えには、高潔、寛大、満足の心で対応する。

錯覚やのぼせ上がりは、識別力を発達させればうまく克服できる。
虚栄心は、質素さで克服できる。傲慢は礼儀正しさで解決する。

思考のすべての領域

思考にはさまざまな種類がある。本能的な思考、視覚的な思考、聴覚的な思考（聞くことをベースに思考する）や象徴的な思考がそれである。

心とプラーナには密接な関係があるため、思考と呼吸作用は互いに連動している。心が集中すると、呼吸は緩やかになる。早く考えると、呼吸も早くなる。サイコグラフとして知られる心霊写真のカメラがあるが、これは思考のタイプを正しく映し出すことができる。

卑劣な思考と道徳的な向上

きちんとコントロールされていない思考は諸悪の根元である。思考の一つ一つはそれ自体きわめて脆弱である。心は、移り変わる多数の思考でかき乱されるために脆くなる。

思考がコントロールされればされるほど、心は集中し、その結果より多くの力を得る。

卑劣な考えをなくす作業は根気のいる仕事である。それには崇高な考えを抱くことが、最も簡単で、早い方法だ。思考の法則を知らずに世俗に染まった人は、憎しみ、怒り、復讐、情欲などの思考の餌食になる。その結果、意志は弱まり、識別力を欠き、心のたくらみの奴隷になる。

メンタルなパワーを手に入れる一番良い方法は、崇高で良い考えを抱くことである。

悪い考えが心を悩ます時、これを克服する最善の方法は、無視することである。どうしたら、悪い考えを無視できるのか。忘れることである。どうしたら、忘れられるか。悪い考えにふけらないことである。深みにはまらず、くよくよしないことである。

心が再び、悪い考えにふけらないようにする方法。自分に興味のあること、清らかで励ましになることを考える。悪い考えを無視して忘れる。精神的な励ましだけを考える。この三つは、悪い思考を克服するための偉大な修行だ。

第七章　思考コントロールの肯定的な方法

精神集中による思考のコントロール

泡のように湧き上がる考えを鎮める。波立つ感情を鎮める。最初は、具体的な形に精神集中する。花、お釈迦さまの姿、輝くハートの光、聖者の絵、あなたの信じる神の像などに精神統一する。

一日に三回か四回坐る。早朝、午前八時、午後四時、午後八時。信心篤い人はハートに集中、ラージャ・ヨーギはトリクタ（心の中心点）に、ヴェーダーンタ派は絶対純粋真理であるブラフマンに、それぞれ精神集中する。トリクタとは実際には眉間のスポットを指す。

鼻の先、へそ、ムーラダーラ・チャクラ（尾てい骨下、会陰、クンダリーニが眠る場所）などに精神集中しても良い。精神集中の最中に、場違いな思考が心に入った時は、無関心でいる。無関係な考えは去りゆく。無理に追い払ってはならない。無理に追い払おうとすれば、抵抗して居残ろうとする。それでは意志に負担をかける。神聖な思いで置き換える。見当違いの考えは次第に消え去る。精神集中は、ゆっくりと着実に実行すること。

心の働きを止めるために、精神集中を行う。精神集中とは、一つの形または対象に心を長い間留めることである。集中を妨げるような心の動揺や、他の障害を除くためにも、一つのものだけに精神集中することをまず実行する。

精神集中は、感覚器官からくる執着や欲望に対抗できる。幸せな思いは、当惑や心配に対応できる。継続して考える力は、混乱に対応できる。心を専念させていれば、なまけや無気力に対抗できる。歓喜の忘我の気持ちはすべての悪意をものともしない。

外の事物に心を集中させることは容易にできる。心は、自然に外へ向かう傾向を持つ。クリシュナ、ラーマ、ナーラーヤナ、デヴィ、キリスト、ブッダなどの絵や聖像を目の前に置く。まばたきすることなく凝視する。まず頭を見、次に体、そして、足を見つめる。この過程を何度も繰り返す。心が落ち着いたら、特定の部分だけを見つめる。そして、静かに目を閉じて心の中に同じ絵や聖像を思い描く。

実際の絵や聖像がなくても、はっきりと思い描けるようになるまで続ける。いつでもすぐに絵や聖像を思い起こせるようになる。しばらくその絵や聖像を心の中に留めて置く。これを毎日実行する。

集中力を強くしたいのであれば、世俗の欲望や活動を減らさなければならない。毎日何時間か、瞑想して沈黙を守ること。そこで初めて、無理なく簡単に心を集中することができる。

精神集中では、心の湖に、ただ一つ思考という波があるだけである。心全体は、ただ一つの対象の形を取る。心のほかの働きはすべて休止した状態となる。

積極的に思考をコントロールする

心のある特性でもって自分の積極性を開発する。有害で好ましくない考えや、影響力から自分を閉ざす力を獲得する。こうして、内なる個我の働きや、大いなる神、宇宙真理から送られてくる高い次元の力と叡知を受け入れることができる。「私は自分を閉じる。低次元のどんな誘惑をも受けつけない。私は自分を開く。あらゆる高次の叡知だけを受け入れる」と自己暗示を行う。時々意識的に心の態度をチェックすれば、その内これは習慣となり繰り返される。

目に見えるものは、目に見えないものから始まる。低く望ましくない影響は閉ざされ、高次からの叡知が招き寄せられる。その受け入れ体勢の度合に応じて、高次元からのアプローチは強くなる。

心の中に疑問が起こる。「神はいるのかいないのか。ブラフマンを本当に知ることができるのか」。もう一つの声がする。「大宇宙の神、ブラフマンは真実である。手の中の果物のように、確固として具体的な真実である。大いなる神は叡知と歓喜に満ちている。神を知ることは可能だ！」

ある程度は何かをつかんで理解できる。一方、思考はぼんやりして定かでない。来ては去る。思考を訓練し、しっかりと根付かせなければならない。思考を明快にすれば、心の混乱はなくなる。「神はいるのか、いないのか、神を悟ることに成功するのかしないのか」そういう疑問が生じた時には、「大いなる神は本物で真実だ。私は神を知ることに成功する。これに疑いの余地はない」。「私の辞書には、『できない』、『不可能』、『困難』などの言葉はない。お天道さまの元では何事も可能だ」という暗示と確信で、疑いを取り除く。強く意を決すれば、難しいことは何もない。強い断固とした決意で臨めば、世の中の問題は解決可能であり、心の克服にも成功を収められる。

悪い思考に協力しない

思考が悪い方向にさまよったら、思考に協力しないこと。そうすれば次第に心と思考はコントロールされる。心に協力しないための現実的な方法を授けよう。

「今日は甘いものを食べたい」と心が言ったなら、「今日は、お前に協力しない。甘いものは食べない。チャパティとダル豆のスープだけを食べよう」と心に言う。「映画を見に行きたい」と心が言ったら、「スワミ・ラーマーナンダのサットサンガに出席して、ウパニシャッドの講義を聞こう」と主張する。「絹の服を着たい」と心が言ったら、「ずっと木綿の服だけを着る。どんな絹の服も着ない」と言う。これが、心に協力しない方法である。心に協力しないことは、感覚という流れに逆らって泳ぐことを意味する。心は次第に疲れ果て、従順になり、我々が心をコントロールできるようになる。

セルフ・コントロールできた人は、感覚器官の対象の中にいても、愛着も反感もなく安心していられる。心と感覚器管には、執着と反感の二つの流れが本質的に備わっている。このため、心と感覚器管は、ある物を好みある物は嫌う。だが修行した人は、アートマンを知覚し、心と感覚器管、執着と反感から離欲し、誘惑の対象の中にあっても、永遠に心の平和を得る。

修行した個我は強い意志を持っている。だから、感覚器官や心はその意志に従う。個我は愛も憎しみもなく、親元である真我と融合する。体を維持するために必要な食物だけを摂る。

思考を間引く方法

ゴム栽培農園のオーナーは、大きなゴムの木の周辺の小さなゴムの木を間引く。こうすることによって、ゴムの樹液をより多く採取できる。同様に、永遠不滅の甘露を飲むためには、不必要な思考をひとつずつ間引かなければならない。

かごの中の腐った果物を捨て、良い果物だけを残すように、心の中の悪い考えを捨て、良い考えだけを保存する。

トカゲの尻尾が切られた時、尾に少しプラーナが残るため、切られた尾は、しばらくぴくぴく動いている。一、二分後に動きは完全にやむ。同様に、間引いて思考を捨てても、切られたトカゲの尾のように、ある思考は動き回る。だが、大きな害を与えることはない。すでに活力は残っていない。

溺れる者は藁をもつかむように、活力をなくした思考は、以前の活動力と生命力に戻ろうとあがく。しかし毎日規則正しく精神集中や瞑想を実行すれば、油の切れたランプのように、悪い思考は消えてなくなる。

情欲、エゴ、嫉妬、高慢、憎しみはとても根深い。木の枝を切ってもしばらくすると、また、他の枝が伸びる。間引かれた考えも、また現れる機会をうかがう。たゆまない努力、アートマンの探究、瞑想などで根絶しなければならない。

ナポレオン式、思考の制御

ナポレオンは次の方法で思考をコントロールしたという。「より心地よいことを考えたい時には、不快な出来事の収まっている心の戸棚を閉め、心地よい出来事の戸棚を開けた。眠りたい時には、すべての戸棚を閉めた」。

ある一つの課題について考える時、他の考えを入れない。バラの花を考える時、バラとバラの種類だけを考える。慈悲を考える時は、慈悲だけを考える。楽器のギターを習う時には、紅茶やクリケットの試合を考えてはならない。目の前の課題にだけ、心を完全に専念させる。このやり方で心のコントロールが可能になる。

悪い思考の再発を抑える

ある人の場合、心に悪い考えが三日に一度、毎回十二時間起こって留まると仮定しよう。それを毎日の精神集中と瞑想の実行で、七日に一度、滞在時間十時間に抑えることができれば、これは明らかに進歩である。瞑想を続ければ、悪い考えが留まる時間と再発の頻度は徐々に少なくなる。最後に悪い思考は消え去る。今の心の状態と去年や一昨年の状態と比べてみれば、自分の進歩の度合が推し量れる。比較して違いを知ればさらに勇気がわいてくる。

初めはゆっくりしか進歩しない。その時点で自分の向上の度合を知ることは、難しい。がっかりせずに続けなさい。

悪い思考に妥協しない

まず悪い考えが心に忍び込み、そこで強い想像力を動員する。その結果あなたは間違った考えを抱いて楽しいと思ってしまう。

悪い思考が心に留まるのを、抵抗しないで許してしまうと、心の中に定住されてしまう。いったん居据った悪い思考を追い払うのは、とても困難になる。「軒先貸して母屋取られる」のことわざ通りだ。入れないよう、居据らせないよう、くれぐれも気をつけよう。

悪い思考を蕾のうちに摘み取る

犬やロバが室内に入ろうとすると、ドアや門を閉める。同様に悪い考えが心に入り、脳に印象を残す前に心を閉じる。そうすれば分別智が働き、永遠不滅の心の平和と至福が得られる。

煩悩、貪欲、エゴを滅却する。純粋で神聖な考えだけを抱く。これは骨の折れる、難しい仕事である。だが、修行を続けなさい。自助努力は後になって結実する。

一つの悪い思考を破壊すると、他の悪い考えを滅却するパワーを得る。強い意志の力が発達する。悪い考えを撲滅するのに失敗したからといって、落胆してはならない。努力なくして成果なしである。内なる霊性が次第に現れる。あなたはこれを感じ取ることができる。

瞑想で悪い思考を除去する

悪い考えが心に入った時、ぞっと寒気がする。これは、あなたの霊性が進歩する兆しである。過去の間違った行動を考えると、とても苦しく悩んでしまう。これは向上した証しである。二度と同じ過ちを繰り返さないだろう。悪い考えが、従来の習性のため悪い行動をそそのかすと、体は身震いし、心はぞっとする。熱心に瞑想を続けると、悪い行動の記憶、悪い考え、悪魔のそそのかしは自滅する。あなたは純粋な宇宙意識の中に溶け込み、安心と歓喜を得る。

瞑想するために坐るとすぐに心の中にあらゆる悪い考えが湧いてくる。純粋な考えを抱こうと瞑想する時に、なぜこのようなことが起きるのだろうか。

修行者はこういう時、瞑想の修行を一時離れる。山猿を追い払おうとすると、山猿はすごい勢いで襲いかかる。同様に、神聖な考えを呼びさますと、昔の悪い考えが倍の力で抵抗する。しばらく静観して、また瞑想を続けるのが良い。

かつては、あらゆる悪い考えを意識的に抱いたものだ。悪い考えを歓迎して育てた。それを根絶するためには、根気よく修行を続けるしかない。粘り強く努力すれば必ず成功する。二、三年間、ジャパや瞑想を継続して行えば、ゆっくりタイプの修行者にも、素晴らしく変化が現れる。そうなれば、修行はやめられなくなる。一日でも瞑想をしないと、その日は何か物足りない気がする。心は瞑想を求めるようになる。

良くない考えは不倫のはじまり

心が空っぽになると、悪い考えが滑り込む。悪い考えは不倫の始まりである。情欲の思いで異性を見るだけで、すでにその人は心の中で不倫を働いている。心に起こる想念は、すなわち現実の行動と同じである。このことを忘れてはならない。大いなる神は行為の動因で人を判断する。俗人は外見の肉体の行為で人を判断する。常に行動の動因を見きわめなさい。そうすれば間違いはない。

心を完全に満たしておく。そうすれば、悪い考えが入る隙間はない。暇な脳は悪魔の恰好の仕事場となる。常に心を見張ること。

心を満たすとは、目の前の課題に専念することである。仕事、料理、掃除、読書、瞑想、ジャパ、キルタン、祈り、年寄りの世話、病人の看護など。

たわいないおしゃべりやゴシップ話は避ける。ギーター、ウパニシャッド、ヨーガ・ヴァシスタなどの経典を読み、崇高な思考で心を常に満たしておく。清い水で満杯のコップには、それ以上悪い水が入る隙間はない。

毎日の瞑想でストレスを取る

ここに、メンタル・リラクゼーションの練習方法を紹介しよう。霊性と霊力が高まってくる。眼を閉じて何か心地よいことを考える。この方法は心を最高にリラックスさせる。雄大なヒマラヤ、聖なるガンガー、カシミールの息をのむ景色、タージマハール、美しい夕日、広大な海原、無限に広がる青空などを考える。

現実の世界やあなたの体は、この広い自然界の大海に浮かぶ藁のようにはかない。瞑想の中で永遠の存在、大いなる神と接していると感じ取る。あなたを通して、全世界の生命が鼓動している。大海原の広い胸元で、あなたはやさしく揺られていると感じとる。そして、静かに目を開ける。非常に大きな心の平安と活力がみなぎるであろう。これを日々実行すればストレスが消える。

思考とヘビのたとえ

果実はその種からできるように、行動は思考から生まれる。良い思考は良い行動を生み、悪い思考は悪い行動を生む。

たとえば、ヘビの頭を棒で打つと、しばらくの間全く動かなくなる。ヘビは死んだものと我々は勘違いをする。次の瞬間、ヘビは頭を持ち上げて逃げ去っていく。

これと同じように、一度コントロールされたと思った悪い思考は、再び勢力を盛り返そうとたくらむ。悪い思考は、完膚なきまで破壊し尽くさねばならない。

思考の克服、世界の克服

思考をコントロールする。想像や白昼夢をしない。思考をなくすことが解脱への道である。想像しなければ心は働きをやめる。この世は幻影である。それは想像の産物だ。だから想像が完全にやめばこの幻の世界も消える。

思考の克服とは、あらゆる有限、脆弱、無知、死滅などの克服を意味する。内なる心との闘いは、マシンガンを手にした戦場の戦いよりもすさまじい。思考の克服は、武力による世界の制覇よりも遙かに難しい。反対に、自分の思考を征服すれば世界を征服したも同然である。

神の叡知が流れるチャンネル

心は外の事物に向かって容易に流れる。心に起こる思考は、従来できあがった古い溝、古い通路に沿って流れる。心が宇宙の神を考えるのは非常に難しい。世俗の心にとっては坂道を登るように苦しい作業である。世俗的な考えや対象物から心を引き離し、宇宙の大いなる神に集中することには大きな努力を要する。

ガンガーがヒマラヤから流れ出てベンガル湾に注ぐ代わりに、河口から上流のガンゴートリに向かって遡上する行為に似ている。ヤムナー河の流れに逆らって、ボートをこぐようなものである。

しかし、この世の生と死から解放されたければ、自己放棄と離欲をすることが必要だ。それは、従来の心の性質に逆らって、神のチャンネルに向けて心を流す訓練だ。

この世の不幸や苦しみから解放されたければ、無執着を心掛けなさい。その時大いなる神の叡知があなたに向かって流れはじめる。

バラの花だけを考える—思考のコントロール

瞑想を始めた時は一つの思考に心を集中することはとても難しい。思考の数を減らし、徐々に一つの主題だけを考えるようにする。

瞑想中バラのことを考える時は、バラに関連したことなら考えてもよい。世界中のあらゆる地域で栽培されている、多種類のバラを考える。バラやローズ・エッセンスから作られる製品やその用途を考えるのも良い。最初は他の花でも、花ならば良い。しかし、果物や野菜のことは考えてはならない。

目的もなくさまよう心の状態をチェックする。バラのことを考える時は、他のことを移り気に考えてはならない。一度に一つ（one at a time）を守りなさい。

思考をチェックし、宇宙意識へ向ける

思考を見張る。思考をコントロールする。思考の傍観者となる。思考のない、宇宙の純粋意識に目覚める。潜在意識にひそむ潜在印象、傾向、欲望、情欲は、顕在意識の現実の生活に大きく影響する。めでたいことを聞く。前途明るいものを見る。幸せなことを話す。幸運なことを瞑想する。

恐怖、強い嫌悪、隠れた憎しみ、偏見、怒り、色欲は潜在意識下の心を乱す。善行の徳を養って潜在意識の欲望を浄化する。

第八章　思考修行のパターン

識別智で欲望を退ける

心に欲望が生じた時、欲望を満たそうとしてはならない。識別し、正しいアートマンの探求、離欲で欲望を退ける。不断の修行で心の平安とメンタルなパワーを得る。

欲望が消えると思考も自然になくなり、心はさまざまな感覚器官の対象から離れる。常にアートマンに集中する。

心の平等観を実行すれば、五つの感覚器管である耳・皮膚・目・舌・鼻はコントロールされる。絶えず五感の欲望を退ければ、心の平静が得られる。

不健康な思考と自己を見つめること

悪い思考のもたらす重大で破滅的な結果をよく知ること。それを納得すれば、悪い考えが生じた時に、自分を守ることができる。悪い思考が生じたらすぐ、神聖な像や、祈り、ジャパに心を向ける努力をする。準備する心があれば、敵が現われても素早く対応できる。

精神的に早く進歩したいのであれば、それぞれの思考を見張ること。暇な心は、いつも憂鬱であり、悪魔が仕事場にしたがる。一つ一つの衝動や思考をていねいに監視すること。

本能を昇華し、精神的に崇高なものにする。悪い思考は危険な泥棒である。知恵の刀でこの泥棒を退治せよ。神聖な波動を心に起こす。思考を純粋で強く、崇高で確かなものにする。結果、大変大きな霊的なパワーと心の平安を得る。すべての思考は建設的で高尚でなければならない。

すべての習慣は見えない潜在意識の領域から発生する。潜在意識の生活は、日常の物の対象を意識する生活よりも強力である。ヨーガの修行をすることで、潜在意識の深い層をコントロールし、影響を及ぼすことができる。朝には徳を瞑想する。日中にこの徳を実行する。悪い習慣は消える。慈悲を朝に瞑想し、日中実行する。間もなく、慈悲が発達する。

悪い思考が心の中に生じる頻度を減らす。週に三回の代わりに週一回、そして週一回の代わりに、月一回だけ怒りを覚えたとしたら、これは進歩のしるしであり、意志が強くなっている証しであり、神聖な力が増してくる。喜んでよい。精神的進歩をたどる日記をつけることを勧める。

ヨーガ的修行と超常現象

ヨーガの修行中に起きる超常現象や、修行者の神秘体験は、多くの場合疑いの目で見られる。東洋の魔術などと言う人もいる。しかしヨーガは空想でもなければ、異常なものでもない。

ヨーガは、人間の全能力のインテグラルな発達を目指している。ヨーガとは、長い歴史の中ですでに証明された合理的な方法であり、より完全で幸せに満ちた人生を送るための処方箋でもある。明日の世界では、この方法を取り入れる人が増え、いずれすべての人が実行することになるだろう。

すべてのヨーガの修行は、倫理的訓練と道徳的完成を土台にしている。ヨーガの過程では、罪の絶滅と徳の発達、人の嫌がることをしない、人の歓ぶことをするのが第一歩である。

次の段階は、正しい習慣と規則的な日々の修行で、純粋な人格を形成することである。浄化された人格というしっかりした土台に基づいて、さらにヨーガの上の段階へ進むことができる。

置き換える方法

悪い思考を滅するには、置き換える方法が簡単でかつ効果的である。憎しみ、色欲、立腹、貪欲、高慢などのマイナス思考は、慈悲、愛情、純粋、寛容、誠実、寛大、謙譲などのプラス思考で置き換える。

マイナス思考を直接攻撃して、取り除くことは難しい。意志のエネルギーを疲れさせ、消耗するだけである。プラス思考で置き換えるやり方を実行すること。

アハーン・ブラフマ・アスミ（梵我一如）

不純なことを何度も考えると、不純な考えは力を増して勢いがつく。直ちに不純な考えを追い払わなければならない。追い払うことが難しければ、逆に、宇宙の真理、大いなる神のことを考える。心を高めて、高尚な思考を培う。悪い思考は自然に減る。不純な思考に対抗する強力な矯正方法は、高尚な思考を抱くことである。毎日神の名を数千回唱えると、良い考えは新たな力を得る。「アハーン・ブラフマ・アスミ（私はブラフマンである）」、と毎日千回唱えると、自分は真我、ブラフマンの一部であると強く思える。自分は肉体であるという考えは弱まって行く。

心に悪い考えが入ったとしても、意志の力で追い払ってはならない。自分の力を浪費するだけ、意志を疲れさせるだけである。追い払おうとすればするほど、悪い考えはより力を増して戻って来る。無関心の振りをして静観すると良い。そのうち悪い考えは立ち去る。あるいは、正反対で置き換える。神の名やマントラを何度も強く唱えて祈る。

心の中は動物園

心の中は全くの動物園状態である。あらゆる快楽の思考が心に入ろうと先を争う。目は視覚的快楽を持って来る。見て歓びたがる。耳は低次の色欲、憎しみ・嫉妬・恐怖の思考を歓迎する。多くの人は、高尚で神聖な一つの考えを一秒でも持ち続けることができない。心の成り立ちとして、メンタル・エネルギーは外部の五感に沿って流れるようにできている。

思考の修行は重要な課題であるが、このヨーガの科学と方法を知る人はまれである。高等教育を受けた人でも、この根本的な教えを認識していない。

ほとんどの人は、気ままな思考に悩まされている。あらゆるルーズな思考が心の工房に自由に出入りする。規則も道理もない。調和も規律もない。全くの混乱、カオス状態である。

一つの主題を二分間でさえ集中して考えることもできない。思考の法則やメンタル領域の法則を少しも理解していない。だから心の中は動物園のように多種多様で落ち着きがない。

思考間の争い

思考の修行を始めた当初は、純粋な思考と不純な思考との内輪もめが生じる。不純な考えは、何度も心に押し入ろうとする。不純な考えは主張する、「あなたはつまらない人。以前は私を歓迎して暖かく受け入れた。なぜ今は私に冷たく当たるのか。レストランやホテル、映画館、劇場、バーで刺激を楽しんだ。私を通していろいろな快楽を得たではないか。今はなぜ私をいじめるのか。粘り強く何度も戻ってくるぞ」。そこであなたは答える。「どうぞ好きなようにするが良い。しかしお前はもう古い習慣だけの弱虫だ。私の純粋な思考に抵抗する力は残っていない」。ついに、純粋な思考だけが勝利を収める。サットヴァ（純粋）はラジャス（動的）、タマス（鈍性）よりも大きな力である。

良い思考―最初の達成

思考は道具である。思考を上手に、適切に利用しなければならない。思考を制御することが、幸福になる不可欠の条件である。

あなたの思考は顔に印刷される。思考は人と神を結ぶかけ橋である。肉体、仕事、家庭――これらはすべて、あなたの心の中の思考である。思考はダイナミックな力だ。良い思考は美徳の始まりだ。良い思考こそが真の財宝だ。

思考を訓練してブッダ（覚者）になる

心の中にある無用で不愉快な思考を全部追い払う。無用な考えは精神の発達を妨げる。不愉快な考えは、精神の向上の障害である。無用な考えを抱けば、そのぶん大いなる神の存在から遠ざかる。その場合、有益な考えで置き換える方法をすでに説明した。

有益な考えだけを抱く。有益な考えは、霊性の発達向上への飛び石である。心が古い習慣に陥り、好き勝手なことをするがままにさせてはならない。

内観を行い、つまらない考え、不必要な考え、くだらない考え、不純な考え、性的欲望、嫉妬や憎しみ、わがままな考えを根絶する。破壊的で、不調和な考えは消去する。純粋で、善意に満ち、愛情深く、崇高、神聖な考えをいつも育むこと。建設的に物事を考える。

心のイメージは明快で、人々に平和と安堵をもたらすものでなければならない。ちょっとした苦痛も不幸も、人に与えてはならない。そうすれば、あなたは地上で祝福された魂となる。あなたはキリストやブッダのように、多くの人を助け、癒し、人々の霊的レベルを引き上げることができる。

自分の庭にジャスミンやバラ、百合、ブーゲンビリアを育てるように、心の内的器官（アンターカラナ）の大きな庭に愛、慈悲、親切、純粋さにあふれた花を育てる。内観を通して、庭に水やりをする。瞑想と神聖な思いで心を満たし、不調和な雑草は取り除く。

他人の欠点を考えない

心には強く思うものに成るという習性がある。だから、人の悪徳や欠点を思えば、少なくともその瞬間、心は悪徳や欠点で一杯になる。

この心理学の法則を知っている人は、決して他人をとがめたり、あら捜しをしたりはしない。いつも他人の長所を見、他人を褒める。この実践は、ヨーガ修行、精神集中や霊性のレベル向上に大いに役立つ。

臨終の思いが生まれ変わりを決める

死の直前、臨終に考えたことが未来の生まれ変わりを決める。クリシュナ神は『バガヴァッド・ギーター』の中で言う、「おおアルジュナよ、誰もが肉体を脱ぎ捨てるとき、心で思うものに必ず成る。これが自然の法則だ」（第八章六）。

アジャミラは修行生活をやめ、悪の深みに落ち込み、盗みや強盗を行うようになった。売春婦のとりこになったが、十人の子供の父親となり、一番下の子供の名前をナーラーヤナと名づけた。アジャミラは死に際し、下の子のことを深く心配した。三人の恐ろしい死の使いが近寄った時、彼はあまりの苦しさに、「ナーラーヤナ」とこの子の名前を大きく叫んだ。

「ナーラーヤナ」という神の名前を声に出しただけで神の使者ハリがすぐに現れ、死の使者を退けて彼を神の元へと連れて行った。

クリシュナ神は、『ギーター』の中で言う、「いつも私を熱心に思う忠実なヨーギにとって、私は容易に現れる。私を知り、私に溶けこんだ時、この悲しみと不幸で満ちた世に再び生まれ変わることはなくなる。アルジュナよ、創造神ブラフマーが創造した世界には、時間と空間の制限がある。いったん私に到達すれば、現世は消滅し、二度と生まれ変わることはない。宇宙の純粋意識である私にいつも瞑想し、全精神を集中させなさい。そうすれば、必ず私に到達できる」（第八章一四、一五、一六）。

世俗の仕事に従事していても、絶えず神に心を集中する修行を行えば、死の間際に本能的に神を思うことができる。神は言う「何物にも乱されず、不断のヨーガを実践すれば、燦然と輝く最高の宇宙神に到達できる」。

神はさらに言う、「死の間際に、私の真の姿をクリシュナ神または、ナーラーヤナ神と思えば、肉体を離れて私の聖なる領域に招かれる。このことを疑ってはならない。死の間際に私のどの姿を考えても、その姿に到達する。臨終に考える姿は、長い間考え続け、絶えず瞑想してきた成果である」。

神はさらに続ける――「これがブラフマンと合体する道。ここに到達すれば迷いは消える。必ずや無限光明の国に帰入する」（第二章七二）。

かぎタバコをかぐ癖に染まった人は、臨終の無意識状態でも、かぎタバコをかぐようなしぐさで指を動かす。ふらちな男が臨終に考えるのは女性のことだ。酒飲みは最期の一杯が欲しいと思い、高利貸しは自分の財産のことを思う。軍人は最期の時にも、敵を倒すことを考える。一人息子を持つ母親は、息子のことだけを考える。

バラタ王は、慈悲の心から怪我をした鹿を育ててこの鹿に執着した。王が臨終で考えたのはこの鹿のことだった。このため王は来生で、鹿として生まれ変わらなければならなかった。

生涯にわたり不断の修行で神に心を集中した人は、臨終で神のみを考える。臨終の考えが来生を決定する。臨終の考えとは、普段の生活で最も注意を引いたものであり、最期の考えが、来生で得る肉体の性質を決める。

サトヴィック（純粋）な思考のバックグラウンド

多くの人は、すがりつく具体的な思考やアイディアを貯めておく場所を必要としている。それが心の特性である。心を定着させるには、思考のバックグラウンド（背景）が必要である。

純粋な思考の基礎、すなわちバックグラウンドを持つこと。心は強く思えば、どんな対象の形もとることができる。オレンジを思えば、心はオレンジの形をとる。笛を手にしたクリシュナ神を思えば、クリシュナ神の形をとる。心を正しく訓練し、純粋な栄養を心に与えることが大切である。

究極の目標（神の救い）に到達するには、純粋な思考のバックグラウンドを持たなければならない。クリシュナ神を崇拝しているのであれば、クリシュナ神の絵と、よく知られたマントラ「オー

ム　ナモー　バガヴァテー　ヴァースデーヴァーヤ」を唱える。これがクリシュナ神の本質（形、姿形のない本質）でありバックグラウンドである。
ヴェーダーンタの修行者は「オーム」というバックグラウンドを持つ。ＯＭの意味は、永遠不滅、光り輝く海、歓喜、サット・チット・アーナンダ、あまねく遍在する、満ち満ちたアートマンである。背景は、有形（サグナ）または、無形（ニルグナ）の大いなる神である。絶えず考えることによって、心の中に習慣ができ、努力なしに、心はバックグラウンドの思考の方向に自ずと向かう。

残念なことに大多数の人間が人生の理想もなく計画も持たない。純粋な宗教的バックグラウンドの思考もない。それでは失敗する運命でも仕方あるまい。年配の母親の背景は、常に息子や孫への愛情だ。多くの人々の考えの基盤は、憎しみと嫉妬だ。大学卒業の資格を持ち、アカデミックな知識も豊富な、いわゆる教育のある人々でさえも、人生の理想も計画も、バックグラウンドの思考もない。学識は、宗教的経験で得る知識に比べれば、単にもみ殻同然の無用のものである。この俗世への陶酔、世事の魅惑、現世の幻想などにつける唯一の特効薬は、サットサンガで聖なる人々と集う、聖者や修行者、偉大なグルと交わることである。

人は一人になって、しっかりしたバックグラウンドの思考を培い、哲学を学習し宇宙の神を思うべきである。無用な古い思考の習慣は、新しい良い思考で取り換えなければならない。まず、良い思考をする傾向が形づくられる。実践するに従って、徳のある役に立つ明確なプラス思考に変わっていく。しかし簡単ではない。それには大きな努力が必要だ。

至福、無分別三昧（ニルヴィカルパ・サマディー）の状態では、輪廻転生を生み出す潜在印象（サムスカーラ）をすべて焼きつくす。執着はすなわち死だ。快楽を与える肉体、行動、妻、子供、資産、自宅や家具などの物体に執着する。執着あるところに、怒り、恐怖、潜在欲望（ヴァーサナ）がある。執着は束縛につながる。宇宙の純粋意識の神に到達したいのであれば、あらゆる執着を捨てなければならない。

無執着の最初の段階は、これが自分だと信じている肉体に執着しないことである。宇宙の純粋意識をサンスクリット語ではアートマンと呼ぶ。アートマンは、語幹アートから由来して、「常に行く」を意味する。こうして、アートマンは、常に世の中の名前と形となって現れる。真の意味で絶対的な歓喜であるアートマンの存在を人々に悟らせるためである。

純粋意識と思考の波

ヨーガの実践と知識（ニャーナ）の修行を集中して行うことによって、心の波である思考は消える。心の波を止滅したヨーギは、壇上で説法する人よりも遙かに世界を助けられる。平凡な人々には、この点が理解できない。心の波を止滅したヨーギは、宇宙のすべての分子、原子に浸透し、あらゆる場所に遍在できる。その力でもって世界全体を浄化し、霊性を高めることができる。

感覚器官の欲望から解放された時、初めて神の叡智に到達できる。感覚の対象である肉体に無関心であり、不道徳な心に無関心でいることが、叡智を得るために必要だ。そこで初めて、神の輝く光が降り注ぐ。客人を家に迎える時、前もって家を掃除し、庭の雑草を除いて準備を整える。あなたは神聖なブラフマンを迎える前に、心の宮殿から罪や欲望、不道徳な思考を取り除かなければならない。思考することから、時間、空間などの制限が生じる。離欲と自助努力で思考を停止し、大いなる神に溶け込む。思考がなくなれば、ジヴァムクタ（生前解脱）に至る。

第九章　思考と思考の超越

思考と執着と生活

人は感覚器官の対象を思い、五感の対象に執着する。果物は体にとても良いと考える。そして果物を得ようと努力する。実際に果物を手に入れ、果物を食べて楽しむ。果物に執着して離れられなくなる。果物を食べる習慣になり、一日でも果物が手に入らないと苦痛に感じる。

考えることから、執着が始まる。執着から欲望が生じる。欲望が実現できないと、怒りを覚える。怒りから錯覚が生じる。錯覚から記憶が混乱する。記憶の混乱から知性が失われる。知性が失われて人は完全に破滅する。未来永劫の平安を得たいのであれば、五感の対象を考えるのではなく、永遠不滅の、歓喜に満ちたアートマンだけを考えるのだ。

欲望それ自体は無害である。欲望は思考の助けで駆り立てられる。そして初めて破壊力を持つ。人は感覚の対象を思い、とても楽しいものだと想像する。このような想像が欲望を刺激する。この想像力と欲望が助け合う。欲望はさらに強大になる。こうして欲望は、個我（ジヴァ）を激しく攻撃する。

思考と人格

人は環境が作りあげたものではない。人の思考が環境を構築したのだ。人格の備わった人は環境から良い人生を築き上げる。着実に、こつこつ働き続ける。後ろを振り向かず、勇敢に前進する。目前の問題を恐れず、いらいらせず、怒りを爆発させることもない。くじけることなく、がっかりもしない。いつも元気でエネルギーとやる気に満ちている。嫉妬などせず熱狂的にもならない。

思考は人格を築く土台のレンガだ。人格は自然には生まれない。人格は積み上げるものだ。人生で確かな人格を形成しようという固い決意が必要だ。この決意を実行するには、粘り強い努力という裏方が必要である。

人格は勝ち負け、成功と失敗、そして人生のさまざまな局面を左右する要因である。人格者は、現生でも来生でも生活を楽しめる。

小さな親切、ちょっとした礼儀正しさ、さりげない思いやり、なにげない善行を日常の付き合いの中で習慣的に示すことは、演台からの講義、才能の披露などよりも、遥かに大きな人格の魅力を人に感じさせる。

強い人格は強く気高い思考から生まれる。立派な人格は努力のたまものだ。自己の努力の結集だ。世界を支配するのは、富や権力、そして単に知性だけでもない。全宇宙を真に支配できるのは、高い徳を備えた人格そのものである。

人格なしには、富や名声、勝利は全く何の価値もない。高徳の人格がすべての土台になるべきだ。そして、人格は良い思考の上に築かれる。

思考と言葉

口から発する言葉の一つ一つにパワーがあり、二つの働きがある。言葉の意味と音である。

ウパニシャッドは、言葉で表現されている。「ヴェーダ・スワルー・ボーハム」（ヴェーダが私の本質だ）という言葉は、ヴェーダの具現という意味ではない。ウパニシャッドの学習を通して到達する「ブラフマン」を表すものだ。

言葉の威力を考えてみよう。誰かが相手に馬鹿と言えば、言われた人はすぐに腹を立て、けんかになる。しかし誰かが相手をグル、大師と呼べば、呼ばれた人は、嬉しく感じる。言葉の持つ威力だ。

思考と行動の種子

思考とは、行動が眠る種子である。肉体の行為ではなく、心の行為が真の行為である。業または行動（カルマ）と呼ばれる原因（種子）と結果（収穫）の法則は、心の行動に端を発する。思考と行動は相互に依存している。思考のない心はありえない。

言葉は、感覚で知ることのできない思考が、外に表現されたものである。行動は、欲望と好き嫌いの感情によって引き起こされる。それが快適か苦痛かを対象の責任にすることから起きる。思考には限度がある。この有限の世界のことさえ十分表現できないのだから、ましてや無限の神の世界は言葉で表しえない。感覚器官を備えた肉体はそれだけ粗雑で制限されている。

考えることを減らせば、幸せが増える

欲望が少なければ少ないほど、思考も少なくなる。完全に無欲になれば、心という車輪は完全に停止する。欲望を減らせば、一分間当たりの思考の現れる回数も減る。思考が少なければ少ないほど、より大きな安心を得る。このことを片時も忘れてはならない。

都会に住む裕福な株の投資家は、忙しく考えをめぐらし、その快適な生活にもかかわらず、心が落ち着かない。一方、ヒマラヤの洞窟に住み、心のコントロールを習得した聖人は、その貧しさにもかかわらず、とても幸せに暮らしている。

考えることが少なければ少ないだけ、精神力も精神集中力も大きくなる。脳の中を通り過ぎる考えが、一時間に一〇〇回だとして、これを九〇回に減らせれば、精神集中力が一〇%増したことになる。

考えることが少しでも減れば、それだけ心の安心は増す。初めは知性が発達していないため、感じ取れないかもしれないが、考えが減少すると、人の霊性の中に目盛りがあり、一つ減っても必ずカウントしてくれる。考えを一つ減らせば、そこから得た精神力が、次の考えを減らす作業を手伝う。

思考、エネルギー、神聖な思い

思考はダイナミックである。思考は働き、思考で将来は決まる。人は考えるように成るのだ。思考次第で聖者にも、罪人にもなる。思考が人を形成する。自分がブラフマンだと思えれば、ブラフマンに成る。

神聖な考えは、さらに神聖な考えを支え続ける。憎しみは心の調和を乱す。無用な考えは、エネルギーの無駄使いだ。無益な考えは霊的向上の障害となる。人は明確な目的を持って思考するべし。

ネガティブな考えでは恐怖を克服できない。忍耐強さは怒りや短気を克服する。愛は憎しみを克服する。純潔さは欲情を克服する。心は日毎に作られるのではなく、一分毎にその色と形を変えている。

束縛する考え

五感の対象に思考が引っ張られることは、束縛となる。思考を捨て去ることが、自由解放につながる。心は最初に体と感覚器官の対象に執着し、この執着で人を束縛する。執着は心の活動性（ラジャス・グナ）のために起こる。

心の善性・純粋さ（サットヴァ・グナ）は、無執着を生み、心に識別と離欲をもたらす。

「私」と「私のもの」という考え、そして、肉体、宗教、皮膚の色、地位などの違いの原因は、活動的（ラジャス）な心からくる。

この世は大いなる神の幻影（マーヤ）である。マーヤという有毒な木の種子は、世の中の多様な快楽という土壌に植えられる。その種子とは、感覚の対象へと魅惑される心のことであり、心が不純であればあるほど、幻影マーヤの有毒な木はどんどん大きく育っていく。

純粋な考えと超越意識三昧

考えには二種類ある。純粋な考えと不純な考えだ。良いことをする願望、ジャパ、瞑想、経典の学習などは、純粋な考えだ。娯楽映画を見たり、人に害を与えたり、性的関係を求めたりする考えは、不純な考えだ。

不純な考えの破壊は、純粋な考えを強めて行う。人は肉欲の快楽を繰り返すことによって、心に微細な潜在印象（サムスカーラ）を残す。これは無数の転生で積み重ねられ、さらに来生まで引きついでいくものである。

心の本来の性質はサットヴァだけである。ラジャスやタマスは途中で偶然にサットヴァと結び付いたものだ。浄化修行の苦行（タパス）、無私の奉仕（セヴァ）、節制（ダマ）、平静（サマ）、ジャパ、祈り、などでラジャス性やタマス性を減らすことができる。霊性を発達させれば、ラジャス（落ち着きがない）やタマス（鈍性・暗い）はなくなる。そして心は、純粋で精妙になり一点に集中する。そこで心は、唯一のブラフマンに溶け込む。ミルクがミルクに、水が水に、油が油に溶け合うように、心はブラフマンと溶け合う。無分別三昧（ニルヴィカルパ・サマディー）がこの後に訪れる。

ラージャ・ヨーガの思考超越方法

不純な思考を純粋な思考で置き換える。この置き換えることで、悪い考えを追い出す。これがラージャ・ヨーガのやり方である。しかし、意志の力で「悪い考えよ、出て行け」と無理やり追い出す方法は、大きな負担だ。一般人には、この方法は向いていない。強大な意志力と精神力が必要である。それより純粋な考えで置き換えることを勧める。

純粋な思考をさらに越えると、思考もない超越の状態に達する。その時、自分の本来の姿である神聖さと出会う。そして、ブラフマンが顕現する。

ヴェーダーンタの思考超越方法

あらゆる無用な思考や感情で悩まされる時には、無関心（ウダーシーナ）でいることだ。「私は誰か」と自問自答する。「私は体ではない、心でもない。私は、すべてに満ちわたるアートマン、純粋意識、サット・チット・アーナンダだ。感情に左右されない。私は無執着だ。私は感情の観察者だ。何物にも乱されることはない」と思うことだ。ヴェーダーンタ式の内省で、ある暗示を繰り返せば、思考や感情は自然消滅する。

心の中に思考が生じたら、次のように問いかける。「なぜこの思考が起きたのか。誰に関わることなのか。私は誰か」。考えは次第に消滅する。すべての心の活動は停止する。外に向いていた心は内に向き、アートマンに留まる。これがヴェーダーンタの修行である。

気まぐれな思考が生じたときは、「私は誰か」と問う。その答えが世俗的な考えをすべて滅ぼす。この思考さえも自然に消滅する。エゴも消える。最後に残るのは、「その存在」だけだ。名前も形もなく、世界もなく、生も死もなく、活動もなく、部分もなく、マーンドゥキャ・ウパニシャッドの静寂、至福、不二一元論の純粋意識だけだ。それがアートマンだ。それを知るために人は修行を重ねる。

第十章　思考の力と理論

すべては必然で起こる

今の世の中、人々はますます悪くなっていく。必要な行為の中に全力を尽くさない。だから、知恵からくる豊かな恵みを手に入れられない。人は不完全さに悩まされる。生活が正しいエネルギーに沿って営まれないために、心の中に不平不満が生じる。

「私」への愛着心から、自分以外の他に責任を転嫁する。客観的な世界において、事物は心地よい苦悩の元だ。それでも「私」の感情にしがみつく。自分の感情に駆り立てられ、他人と正しい調和の取れた関係が持てない。どんな状況下でも、自分の幸せを優先する。

頑な心、冷酷さ、自己主張、偏屈さ、利己心は供物として祭壇に供えられねばならない。純粋真理は、不公平なし、性別なし。永遠不滅に向かって自らを訓練する。お互いに自分の間違った思考から、他人が厄介なものとして映る。

血縁、誇り、恐怖、期待、金銭、欲情、憎しみ、憧れなどに応じて人々は結びついてはいるが、精神的、霊的な愛で結びつくことはない。これは誤った考えのために起こるのである。

花の香りは風向きに逆らっては漂わない。だが、賢者の香りは、風下からでも漂ってくる。賢者は思考によって、あらゆる場所に遍在できる。雪を頂く山脈が遠くからでも見えるようなものだ。

ランプをただの水で満たせば、辺りを照らすことはできない。正しい思考というオイルをランプに注いでこそ、正しい道を照らす。自己本位のプライドと虚栄心を満足させようとしてはならない。

純粋真理のすぐ近くで、人は惨めにも死んでいく。悪い考えは、ことごとく悪い人相となって顔に刻まれる。だが絶望することはない。光のないところに闇はない。人間の要求に対して、必ず崇高な答えが戻ってくる。可能性を信じる者には、何でも可能になる。

人々よ、視線を上げて、正しい方向を見つめよう。そして、正しい宇宙の法則をうまく使うのだ。プラス思考で物事を考える習慣をつけよう。

真の目的を忘れてはならない。横道にそれるのはたやすいことだ。

神聖な思考もまた声である。舌が黙ったとき崇高な思考は語り出す。あらゆる障害をやすやすと乗り越える力である。地上の何者もこの力を阻止できない。

幸福を捕まえようと手を尽くさないこと。幸福を追い求めれば求めるほど、幸福はそれより早く飛び去って行く。

思考の方向転換をする。自分の考えを詳しく調べる。必要性が満たされると、好奇心が始まる。何もかも満たされると、すぐにわざと次の欲求を考えだす。

思考一つで、自分の世界を築いたり、台無しにしたりする。作用と反作用のカルマの法則は、このように働くのだ。心の奥に抱く思考は何でも、外部の生活に実現される。表面上は、偶然が現実を作っていくように見えるが、深いところで思考という力が働いている。この宇宙の事物や、日常の行動には単なる偶然はない。すべて必然である。だから自分の思考を正すことだ。

真の行動は、静寂の中にある。霊的修行をした思考は、日々の生活を元気にする。

日常の生活にまぎれて、内省して解った内容を忘れてはならない。崇高な思考で常に自分を強くすること。

自らの思考と修行経験以外に、純粋真理の知識に直接触れることはできない。神聖な真理はいつの世でも、常に、今ここにある。神聖な思考だけを抱くこと。

思考を変えれば、現在が変わる

低次の思考を高い思考で洗い流す。すべてきれいに洗い終わったら、何ものにも拘泥するな。あなたの現生での経験は、幾多の過去生の思考、気分、行動の結果である。

思考は行動の始まりだ。行動を改めたいのならば、まず思考を改めることだ。思考の力で自分の運命を決定できる。雲が雨の主な原因であるように、思考が行動の原因だ。自分の思考をコントロールすることは、長持ちする幸せの源だ。自分次第で、己の友ともなり敵ともなる。良い思考で自分を救う気がなければ、他に治療する薬はない。

心だけが物を創造する。すべては心を通して作られている。心は自分の意のままに、世界を作り上げる。心が外界の事物を創造するという意味は、宇宙の純粋意識の心（コスミック・マインド）、すなわち神（イシュワラ・スリシティ）が創造した五大元素（地、水、火、空、風）を指す。

心の、愛や憎しみと言った心理的な作用について述べる時は、個我（ジヴァ）の心のことである。本当の神はあなたのハートの中に存在している。肉体という神殿の中に住む宇宙神を礼拝する唯一の方法は、神聖な考えを抱くことだ。心の作用を止め、神聖な考えだけに価値を見出そう。

周りの事物の性質は、あなたが考えたとおりにできている。あなたの人生は、自分の思った産物なのである。思考は人格という建物を築くレンガだ。思考が運命を決定する。周りの世界は、あなたの考えが反映されたものに過ぎない。

自分の思考の跡をたどって自分で経験する。自分で恐怖の思考を受け入れて、自分で臆病になる。事物のことを考える度合に応じて、その事物の影響を受ける。人は同じ対象を見ても、それぞれに違った価値を見いだす。それは各自のメンタルな傾向に従って考えるから異なるのである。

思考はクリエイティブな道具であり、人は思考したものに成る。人格は思考から形成される。過去生の思考を持って、あなたは生まれてきた。現生の人格は、前生で持った思考の黙示録である。あなたの未来の生まれ変わりは、今生の思考から作られる。清らかに考えれば、崇高な行動がとれる。思考と行動は相互に依存している。注意深く観察して、良い思考だけを受け入れる。

人はその人の自覚に応じて、異なった義務感、価値観、喜び、自由な思考を持っている。自分の理想を目指して努力すること以外に近道はない。

人は長い間に濃縮された思考や信念に従って行動する。自分の欲望が目指すことを達成しようとする。しかし粗雑なレベルの物や形に心を奪われて、心が次第に鈍くなるのを許してはならない。目に見えない抽象的な世界、美徳の思考を大切にして目指すべし。

現在のあなたの生命には、三つの層がある。肉体レベル、メンタル・レベル、スピリチュアル・レベルである。多くの場合、肉体に固執しがちである。しかし人は単に肉体的存在だけではない。肉体レベルの感覚器官の欲求を超えることだ。現生という短い間だけ肉体という屋敷に住んでいることを自覚する。メンタル体の刺激にも執着しない。

すべての創造物に、安定した善意の思考を送り続ける。思考の背後にある原動力は、人への奉仕と友愛でなければならない。

人々は世俗の小細工や、ごまかしには詳しいかもしれないが、うわべの利口さを超越した、壮大な宇宙の法則が働いていることを知らない。この法則は、人をあるがままに見る。その人の思考が語るのは舌からではなく、人格からである。人工的なみせかけの人格を装ってはならない。自分の思考に対して純粋で清らかであらねばならない。

思考は二方向に流れる。善の方向に流れれば、自由解放と叡知に到達する。現生の渦、分別なく下方に向かって流れると、悪に進む。道徳的なルールに従って行動した時、思考の力は光輝く頂上に達する。

あなた自身が、個我の意志、個我の思考、個我の感情の中心である。時間と空間という魔法は、楽園さながらの光景を目の前に繰り広げるが、目の錯覚のように消え去ってしまう。何度もこの魔力に愚弄されてきたではないか。だから、胸はため息にすり切れ、あなたの識別力は乾き切っている。スピリチュアルな目標は目の前だ。目標に向かって早く進むか、ゆっくり向かうかは、あなたの思い方次第である。

高次の思考と繋がり続けよう。聖人が苦労を重ねて到達した高い境地に辿りつける。己の成功や栄光を求める人間にはなるな。不純という思考のネックレスを胸に飾らない限り、死は容易に近づいてはこない。心の修行から得るアートマンは、この世の繁栄や宝石類や高い社会的地位などよりも遙かに貴重な幸福である。

あなたの心は全知全能だ。心には何でもできる能力がある。あなたが心の中で想像すれば、すぐに現実に起こる。心で強烈に思ったことは、必ず物質化されて実現する。

思考には、創造する力が内蔵されている。思考はその中から対象物を作り出す。心と思考以外に創造したり、作り直したりはできない。思考は、事物が作られる根源である。すべての物体は意識が物質化しただけなのである。

すべてが自分の思考の結果である。あなたが手に入れるすべての事象についてあなた以外の責任者はいない。人生の道程で自分に起こることは、すべて自分の内に起因している。自分が希望したのでなければ、他人が便宜をはかることはできない。得たものは何であれ、自分自身の思考と努力の結果にほかならない。あなたの考えが正しい方向に流れていれば、達成できないものは何もない。悲観することも、人間ぎらいになることもない。

創造することは心の特権である。自分で望んで成した努力の数々が運命の縦糸と横糸となる。弱い思考で焦点のずれた心を持ってはならない。表面的な心では、深い洞察力を獲得できない。

思考に一定方向の流れを与えて、移り変わる心をコントロールする。何でも強く思ったことは、その達成のための努力の度合に応じて、遅かれ早かれ現実に起こる。

時間の経過も空間の広がりも、あなたの思考と気持ちに関連している。同じ長さの時間でも、困っているときは長く感じられ楽しいときは短く感じられる。

真剣な思考一つで、甘いものを苦く感じ、苦いものを甘くも感じる。毒をネクターに変えることもできる。

あなたは対立者に囲まれている。だが、あなたの中に、これに応戦するつもりがなければ、彼らの呪いは祝福で返すことができる。祝福で置き換えて、反対する勢力を克服できる。

あなたの周りの世界は、あなたが信じているように成り立っている。思考で知覚器官は色づけされる。偏見という鋼鉄のよろいを貫き、あらゆる対象の中に大いなる神を見るように努めよ。

思考が幻影にまどわされ、輪廻転生を繰り返し、この世界に束縛され、またそこから解放される。

これらすべて思考の仕業である。

天国や地獄での幸不幸は、あなたの思考の結果で実現した。刻々変わるこの思考は、遅かれ早かれ、現生か来生で現実のものとなる。原因を作れば結果を刈り取る。これがカルマの法則だ。

あなたの現在の状況は、ある時あなたが自分で考えて決定したことだ。自分の考えを変えれば、現在を変えられる。自分自身が宇宙の純粋意識から遠いと思えば、そのようになる。自分自身がブラフマンだと思えば、そうなれる。実際には自らの狭い考えで、自分自身を限定しているのだ。

神を考える一つ一つの思いが、目に見えて限定された現実のベールを剥ぎ、永遠不滅の意識の中へ溶け込む。だが、あなたは、あまりにも自分の心の働きに注意を払っていない。

強い思考は必ず実現する

あなたの運命は、自らの思考で準備したものだ。自分で想像した範囲の能力しか、あなたには持てない。自分の周りの世界は、過去に自分で意志決定した世界が現実化したものだ。

無限の力と歓喜の大海原に囲まれているというのに、自分で思い、信じ、想像した分だけしか自分の内に取り入れない。自分の習慣から一つの考えを抱き、この考えがはびこるのを許した。識別の力で見極めていれば、空想に耽るというようなことはなかったのに。

自分の考えの限界が、自分の可能性の限界だ。今の環境や境遇は、あなたの思考が物質化して現実となったものだ。どの思考を選んだかによって、現実の経験は良くも悪くもなる。考えたことはすべて、いつか究極的に現実となる。

純粋な心が強くこうだと信じれば、遅かれ早かれそのようになる。思考の強さ、深さ、熱意の程度に応じて、思考はパワフルになる。何度も何度も心に描けば、考えは強さを増していく。絶えず考え、望み、想像することが、その思考の実現に大いに役立つ。望まないことは考えないことだ。

純粋な心をどんどん発達させれば、どんな事物や世界を望もうとも、それは手に入る。

何でも考えたことは、全身の健康や臓器に影響を及ぼすことは事実だ。瞑想して、肉体が実は精妙な魂だと知れば、肉体が魂になる。魂である肉体を、肉体だと常に思い込むと、単なる肉体に終わる。成功の秘訣は、続けて努力することだ。

強い意志力を育てること。これは、あなたの考えを実現化するのに重要な要因である。あなたの明快で強い決意に対抗することは、誰にもできなくなるだろう。すると、何でもすばらしく実現可能になる。

肉体は、あなたの思考が実現された産物である。思考が変われば、肉体の状態も変わる。心は、思考というツールを使って肉体を形成する。知っているだろうか。思考は、肉体を変えたり、形質転換させたり、少なくとも改善したりできる。

肉体の不調は肉体の病気と呼ばれ、心の不調は精神病だと言われる。両方共に、根本の原因は無知である。宇宙の純粋真理を悟ることで心の調和を取り戻せる。この世の出来事を心配すると、憂鬱な精神的不調が心に起こる。心に波が起こることで、生命エネルギーのプラーナの流れが阻害される。

プラーナの通り道であるナーディに詰まりが生じる。プラーナの流れが多すぎたり少なすぎたりする。その結果肉体の全システムが乱調になる。よってメンタルな不調は肉体の不調を引き起こす。病気を治すためには根本原因から正さないと治癒できない。

脳に入り込む良くない鬱々とした考えは、肉体の各細胞にマイナスの悪影響をもたらす。その結果病気を引き起こす。否定的な思考が病気の先駆けであり、死神からのメッセンジャーでもある。

健康で長生きしたいと望むなら、良い考えを育てよう。プラス思考は、肉体の健康を維持し、病気を治癒する。自分の考えることを常に観察すること。

実際に苦痛を伴う疾患は、異常になった精神的、感情的な状態が肉体に転嫁されたものである。肉体の病気を治癒するには、精神的な調和を取り戻すことが絶対的に不可欠となる。

行動を正し、賢者と交わり、自分の考えを清らかにすること。思考が浄化されれば、プラーナ・エネルギーは正しく流れ、体全体を純粋にして調和のとれた健康を取り戻す。

良い思考は心臓を活性化し、消化器官を改善し、体内の内分泌腺全体の正常な働きを促す。

足るを知ることは、「心の調和」の別名でもある。心があちこちの対象に向かって働かず、自分に満足している時は、独特の歓びに浸っている。自分の内なる心が幸せであれば、すべてが良く働き、楽しく感じられるものだ。

あなたを快活に楽しくする主な源泉は、あなたの思考だ。考えを清らかに保てば、すべての悩みは解決される。

平和に満ちた思考を抱けば、全世界が静寂に見える。ネガティブな考えを抱けば、世界は溶鉱炉の如く辛い場所になる。どんな状況でも、悪い考えを持つのは良くないことだ。運命だから仕方がないと思って、自分を破滅に追いやってはいけない。運命などというものは前もって存在しない。思考は必ず現実となる。賢い人は、正しく考え、最も危険な状況からも脱出する。宇宙の純粋真理はあまねく存在している。だから、どこでも何かを強く願えば、実現が可能となる。

事物の真の姿は思考、思考だ。物質が真の姿だと思うことは、間違った考えだ。

雪が熱で融けるように、正しい見方と肯定的な思考の実践は、粗雑な心を繊細にする。

行動というのは、実は心の現れだ。行為は肉体的なものでなく、心の作用の結果なのだ。肉体の行動は、心の意思のバイブレーションが、外に表れたものに過ぎない。肉体の活動は、心のさまざまな活動の物質化でしかない。

春には木々の美しさが倍増するように、あなたの持っている強み、知性、才能はポジティブ思考に呼応してレベルが上がる。賢人の考えは、凡人の考えとは、全く異なっている。俗事に無関心でいる分に応じて、人は自由で解放されている。

あなたが、清らかな思考の波動を発すると、永遠不滅の法則があなたを擁護し始める。自分の考えたことは自分が知っている。しかし、現実に起こり自分が経験することを通してしか確認はできない。人はそれぞれに、その境遇と気分のタイプ別に、限定された心を持っている。

美は人格の中にあり、美は純粋さの中にある

真の知識とは魂の覚醒、宇宙真理（大いなる神）を知ることである。一般の常識とは、自分や他人を正しく理解し、見極めることである。正しく考えれば、行動も正しくなり、正しい人生を送れる。美は本来、魂のものである。真の美はハートの中にある。美は人格の中にある。美は純粋さの中にある。美は美徳の中に輝きを増す。愛とは、宇宙の純粋真理との合体（ワンネス）である。愛とは自己否定であり、無私の状態を言う。

普遍的な愛は大いなる神の神聖さであり、溢れる善意、慈悲、思いやり、寛容だ。真の愛は官能的なものでは決してない。

肉体がすべてではない。しかし肉体の中には非常に重要なものが潜んでいる。それは魂である。宇宙の魂（真我）が個人の魂（個我）となって存在する。肉体は滅びるが、魂は生き続ける。魂はその人の肉体が存在する限り個別に存在する。死が訪れて肉体が滅びた時、この魂は親元に戻り、宇宙の純粋意識に溶け込む。しかし、カルマの法則から、蒔いた種を刈り取るために、再び別の肉体に生まれ変わることもある。

すべては過ぎ去る。肉体が脱ぎ捨てられた時、宇宙の親元に戻る魂（個我）にはカルマしか同伴しない。だから生きている間は、友好的に、愛と善意を持ち、他人に害を与えず、世俗の富を欲しがらず、多くの親切と慈悲を示し、寛容、無執着、無私を実行するのが良い。一方、すでに作った行動（カルマ）の結果を消化しつつ、良くないカルマを新たに作らないように心掛けて生きる。

困難に直面した時、その原因をまずつきとめる。本当の問題は、原因を無視したことに起因している。原因が対処されれば、困難は少なくなる。現世は学校だと思うが良い。日々の試練は自分をより良く作り直す機会だ。誰も生まれながらにして完全ではない。試練にめげてひがんだり、心狭くなってはいけない。永遠の純粋意識に目覚める絶好のチャンスだ。

グルの弟子に対する愛は無条件だ。同時に、グルの愛を受け入れる弟子には、自己の修行と信仰、純粋さが要求される。グルは弟子の心の中にいる。このことを知る弟子もいるし、知らない弟子もいる。自分の内にグルがいるという実感は、弟子にとって最高の宝だ。

思考の力と近代文明

思考は人をつくる。人は文明をつくる。人生の大きな出来事や、世界の重大な歴史の背景には、強力な思考の力が働いている。すべての背景に思考が働いている。新しい発見や発明、宗教や哲学、人命救助、人殺しなどあらゆる場面においてもしかりである。

思考は言葉で表現し、行動で実行に移される。言葉は思考の助手だ。そして行動は結果だ。だから「考えるように、人は成る」と言われる由縁である。

必要のない仕事や破壊的行為に使われる、無駄なお金や時間。そのほんの一部でも、良い思考に向けたならば、そこから新しい文明文化が始まる。

原子爆弾、水素爆弾、大陸間弾道ミサイル、そして他の兵器類は人類を必ず破滅に追いやる。

兵器はすべて財の浪費だ。同胞を滅ぼし、世界の環境を汚染する。人の心に恐怖、憎しみ、疑いをまき起こし、心の調和を崩す。それが病気を引き起こす。この世界的傾向を今すぐ阻止するべきだ。

宗教の探求と人々の精神レベルの向上、生命にまつわる研究を促進すること。人類の真の恩人である哲学者や聖人を支持する。彼らが聖典や教典を研究することを励まし、その偉大な思考の力を世のため人のために役立ててもらう。

若者たちの心を堕落させる類の書物は禁止する。若い脳を健全な思考や理想やアイディアで満たさねばならない。

殺人者や泥棒や詐欺師は、法律で罰せられる。それらは比較的軽いといえる。それに比べて若者の心に不正な考えを吹き込む、よからぬ知識階級の人間の罪の深さは計りしれない。

あなたの最大の富―智恵―を盗む者は、世の中で起こる多くの殺人事件の共犯者と同じレベルだ。彼らは不老不死の妙薬だと嘘をついて毒を与え、人を欺く。新しい文明の法則は、このような悪魔（アシュラ）的人物の取り締まりを厳しく行うべし。

新しい文明文化では、哲学や宗教、純粋な真理を学習したい人々を多方面で支援する。学校や大学で、これらを必須科目にする。哲学科の学生には奨学金を与える。宗教や哲学を研究する若者たちには、奨励金や資格を与える。人間の深い部分にある欲求―魂を知ること―その目的達成のために最大限の機会を提供するのが良い。

新しい文明文化の結実は、それを育てる人々の努力に十分に報いるものとなるだろう。新しい文明では、人は正義にみちた人生を送りたいと願い、率先して仲間に奉仕し、自分の持物を人々と分かち合う。すべてを愛し、人々の中に真我（パラマ・アートマン）の一部である個我（ジヴァ・アートマン）が存在することを知り、人類の幸福に献身的に努力する。

自分の所有物を他人と分かち合い、人々に奉仕する社会は、なんと素晴らしいことであろうか。お互いに自発的に奉仕する社会では、税金や関税の必要がどこにあるだろう。人々が徳を積んでいる社会に、警察や軍隊の必要性がどこにあるだろう。

今述べたように人々が行動したら、それは理想の社会となる。この目的に向かって、皆さんが思考の力を発信できるよう充分努力されることを心から願う。

皆さんの上に神の恩寵が降り注ぎますように。（May God bless you all !）Sivananda

第二部　スワミは答える

一　人はなぜ神を信じなくてはならないのか、そこが知りたい。［神を信じる根拠が知りたい］

現世であなたの周りを見わたしてみるがよい。苦しみ、悲しみ、痛み、老い、病気などが常に同居している。この世の財力や権力は、我々に本当の幸福をもたらしているだろうか。たとえ全世界を手中に収めたとしても、心の不安、恐れ、失望から解放されることはあるまい。

「悩みや苦しみはどこから来るのか。どうすれば確実に、しかも永遠にそれらから逃れて幸せになれるのか」と考えてみよう。聖典『バガヴァッド・ギーター』に「苦悩に満ちた現世に生まれた人は、私（大いなる神）を信じなさい。それによって救われるであろう」という言葉がある。「自分はどこから来て、どこへ行くのか」と再び考える。その時、宇宙の真理、大いなる神は答える。「人は大いなる根源からきて、大いなる根源へ戻っていくのだ」と。

人はこの世の欲望のサイクルから抜け出したい。心を物で満たすのではなく、幸せで満たしたいと願うことだろう。その唯一の方法が、「宇宙の純粋真理、大いなる神を知る」ことである。世の中には多くの宗教と宗派があるけれど、原理はみな同じである。異なった名前で呼ばれているに過ぎない。真理は一つだ。宇宙は神によって創造され、神によって動かされている。それを知る方法が「自己実現」（セルフ・リアライゼーション）である。

宇宙が一つなら、人も動植物もすべて繋がっている。そこで人や物への思いやり、同情、寛大さ、奉仕の気持ちが生まれる。不満ではなく、感謝の気持ちが湧いてくる。神への敬虔な信愛、瞑想や経典の学習をする。霊的修行を続けると、神の領域を知るようになる。神の愛にふれ、心が幸せで至福を味わう。その時、さまざまな恐れや不安から解放される。

我々は大いなる神を知らないために、苦痛を快楽だと取り違えて毎日を過ごしている。内なる働きである心、知性、エゴ、潜在意識は、執着、憎しみ、怒り、嫉妬に囲まれているために地獄を作りだす。我々には、生と死、老い、病気、悲しみから解放されるための努力が必要である。神への敬虔な信愛で苦悩から切り離され、心に平和と幸せが訪れる。心豊かに、幸せに生きていく上で欠かせない真実である。真実を知れば完全に満たされた状態を手に入れられる。

二　神の存在を信じないとしたら、何か実害があるのでしょうか。［信仰心と輪廻の輪］

永遠不滅の真理（大いなる神）を信じない人は、輪廻転生の輪から抜け出せず、再びこの世に誕生し、苦難に満ちた体験を繰り返すことになる。神の意識に無学で、信仰心をもたず、疑い深い魂は破滅へと向かう。現生でも来生でも、少しも幸福を味わうことができない。神を知らない人たちは、真の善悪を識別することができない。大いなる存在、純粋真理を知らないため、自己中心的である。貪欲、怒り、情欲に負かされやすい。手段を選ばず欲望のままに走り、情緒的にも不安定になる。このような人たちが、暗い罪を犯す。人生の理想を持たず、悪魔の胎内に放り込まれたような状態だ。その深みから抜け出せず、何度も何度も輪廻転生を余儀なくされ、この世の苦痛を繰り返す。束の間の満足だけを積み重ねても、あなたは将来の良くないカルマをふやしているだけだ。自分で蒔いた種子は自分で必ず刈り取ることになる。これがカルマの法則だ。

一五〇年ほど前、南インドに、ニャーナ・ヨーギ（知識のヨーガ行者）のサダシバ・ブラーメンドラという聖者がいた。『ブラフマ・スートラ』などの著者であり、彼はいくつも奇跡を起こしている。コーベリ川のほとりでサマディー（三昧）の境地で瞑想中のブラーメンドラは、ある時洪水で遠くに流され、地中に埋まってしまった。村人は地中より彼を救出したが、掘り起こす時、シャベルで頭を傷つけてしまい血が流れた。しかし彼は依然としてサマディーの境地のままであった。またある時、ある部族の長に片腕を切り落とされたが、痛いとも言わずに立ち去った。これを見て部族の長はびっくり仰天、マハトマ（聖人）に違いないと思い、自分の罪をわびた。すると彼はあっさり許し、自分の残った腕で反対側にそっと触れた。すると新しい腕ができたのである。

わたし（シバナンダ）はこの話を聞いて深く納得したものだ。崇高な神の領域が存在する。それは対象や心や五感の働きの世界とは全く別の領域であると感じ取った。ブラーメンドラ聖人は俗世を全く意識しない境地にいたのである。神の領域で純粋意識と合体していたのだろう。俗人は指に針が刺さっても痛いと騒ぎたてる。この出来事と彼の対応を知り、わたしは強い確信の念を得た。永遠不滅の神が存在する。神のもとではすべての苦痛が溶け出し、すべての欲求は満たされ、超越した至福、平和に浸れる。完全調和の世界である。

三　ブラフマ・ムルタとは何の意味ですか。なぜ聖者はブラフマ・ムルタを賞讃するのか知りたい。［ブラフマ・ムルタとは］

早朝四時のことを、ブラフマ・ムルタ（ブラフマンすなわち大いなる神の時間）と呼ぶ。日の出の一時間半前から始まる純粋な時間帯で、ブラフマンについて瞑想するのに最も適している。早朝のこの時は、心がとても落ち着いていて、穏やかである。世俗的な考えや、心配ごとも少ない。心は世俗的な潜在印象から解放されていて、比較的白紙の状態にある。日常的な考えが心を占拠する前のこの時間は、心の浄化が行いやすい。早朝は、外の騒音もなく、周りがより清らかなエネルギーに溢れている。

四　ヒマラヤの奥地にいるグル、ヨーギについて意見を聞きたい。［グルとヨーギの役割］

ヨーギの中のヨーギ、グルの中のグルは、あなたのハートに内在している。肉体の五感に惑わされることなく、内に意識を向け、内なるグルの教えと愛を求めなさい。間違ってはいけない。グルはあなたの内にいる。遠くヒマラヤのグルを求めるのはやめなさい。

五　ジャパと瞑想の違いを教えてください。[ジャパと瞑想の違い]

ジャパは、神の名を静かに声に出して唱えること、または心の中で繰り返すことをいう。瞑想は、大いなる神のことだけを集中して思い続けることである。「オーム　ナモ　ナーラーヤナ」を繰り返し唱えるのは、ヴィシュヌ神に帰依するマントラ(真言)のジャパである。

ヴィシュヌ神が手に持っている、ほら貝や蓮華、耳飾りや王冠などに心を集中するのは瞑想だ。全能全知、いたるところに存在するなど、神の特質について集中するのも瞑想である。

六　世の中のすべてが神の恩恵によって起きているのであれば、なぜサダナ(霊的修行)をする必要があるのですか。[霊的修行の必要性]

そう考えるのは哲学の間違った解釈である。大いなる神の恩恵は、自助努力する者にのみ与えられることをご存じか。我々に与えられる神の恩恵は、神への敬愛の度合による。神へ帰依する心が強ければ強いほど、多くの恩恵が与えられる。「すべて神が成してくれる」とすがり付き、受身になってはいけない。神を知る努力を最大限におこなってから、神にすべてをゆだねなさい。そうすれば、おのずと神の恩恵がシャワーのようにあなたの上に降り注ぐ。

聖人ミラバイは、神のためにすべてを放棄した。女王としての地位、夫、家族、友、財産を捨て、日夜クリシュナ神のことだけを考え続けた。ミラバイは献身的な愛の涙を流し、一心不乱に神を讃える歌を唄った。食事もとらず、やせ細るまで唄い続けた。そしてついに彼女の心はクリシュナ神に溶け込んでいった。このような彼女だからこそ、クリシュナ神は恩寵のシャワーを惜しみなく降らせ、ミラバイは生前解脱した。

七　魂が存在するという、単純で明快な証拠をお示しください。〔魂が存在する証拠〕

わたしたちは日常、「わたしの身体」「わたしのプラーナ」「わたしの心」「わたしの手足」と言う。「わたしの」という表現から、我々に内在する魂＝個我（ジヴァ・アートマン）が、肉体やプラーナや心とは別ものであることがはっきりとわかる。魂は、肉体や五感や心とは異なった存在である。肉体や心は、あなたの魂の道具でしかない。身の周りにあるタオルや椅子やコップなどと同じように、あなたの外にあるものだ。手で杖を持つように、あなたの魂は自分の体を持っている。その通り、肉体や心は魂の持ち物にすぎない。あなたの魂はあなたの肉体に住み、肉体を専有して使っているのだ。本来の自分の姿、内なる神を知ることで、魂の存在が確認できよう。

八　人間の五感でとらえられないのなら、神は哲学的な空想でしかなく、存在しないに等しい。科学者のわたしには、五感を超えるものなど信じられない。神について科学的な証明をしてほしい。［神の存在の証明］

無限であらゆるものに存在する大いなる神を、あなたは研究所ラボの限られた設備や試験管で証明したいというのか。神は、すべての創造主である。原子、電子、分子など、すべてが存在しうる大前提は神である。神の存在なくしては、エレクトロン（電子）の一個も動かない。神は、すべてに内在する指揮者であり、神の存在なくしては、火は燃えず、太陽も輝かず、空気の流れもありえない。あなたの視力、聴力、そして思考力もすべて神が存在するから可能となる。万有引力や相対性理論など、すべての科学的法則は神によって創造された結果の実証にすぎない。この偉大な神を信じないで何を信じるのか。信じれば、科学の中の科学、神智の科学を知るようになる。そしてあなたも、神の恩恵によって神を悟れるようになるだろう。

九　霊的修行者が、なかなか神を悟れないのはなぜでしょうか。［修行者と悟り］

修行者が、なかなか神の認識に至れないのは、霊的修行が一定のレベルまで到達すると、弟子を取ったり、本を出版する行為にエネルギーを浪費してしまうからである。名声、名誉の奴隷に成りさがる。人生最高の目的、宇宙意識の領域に達するためには、名誉欲を捨て無執着になり、煩悩を捨て去らなければならない。自己放棄と離欲なくして直接ブラフマンを知るサマディー（三昧）の境地には至れない。

一〇　どうすればクンダリーニを覚醒できますか。ジャパ修行だけでも、クンダリーニの上昇は可能でしょうか。［クンダリーニの覚醒］

クンダリーニ（螺旋状の性力で、ムーラ・ダーラ・チャクラに眠っている）は、アーサナ、プラーナヤマ、ムドラ、ジャパ（マントラを繰り返し唱える）、そしてグル（導師）の指導によって覚醒させることができる。わたしの本、『クンダリーニ・ヨーガ』（Kundalini Yoga）を参考にすると良い。ジャパ修行だけでも、クンダリーニを充分覚醒させられる。十七世紀の聖者、ラムダスは、「オーム　シュリ　ラーム　ジャヤ　ラーム　ジャヤ　ジャヤ　ラーム」というマントラによって、クンダリーニを覚醒させた。タクリ村のゴーダヴァリ川の中で百万回×13という回数を唱え続けた結果である。

一一　心の三つのドーシャ（性質）またはフォルト（弱点）について具体的に教えてください。［三つのドーシャ］

三つのドーシャまたは弱点とは、心の汚れ（マラ）、心の動揺（ヴィクシェーパ）、心の無知（アヴァラナ）である。藻で覆われた湖を思い描くとよい。風が強く吹き渡っている。湖は心に譬えられる。藻で覆われた水面は心の汚れをさしている。湖面の水が揺れるのは、心の動揺に譬えられ、プラーナの波動で起こされた心の波を表す。湖面を覆う藻は、神を知らない、無知というベールを象徴している。ヨーガとは心の波を鎮め、神と一体化することである。

一二　心をより精妙に浄化する方法を教えてください。［心の浄化法］

ジャパを繰り返し、無私の奉仕をし、心の底から神に祈りなさい。サットサンガ（清い人々の集い）に参加し、瞑想を行い、『バガヴァッド・ギーター』やウパニシャッドの聖典を読みなさい。静かな独居生活を六か月間送りなさい。サットヴァ（純粋）な食べ物を食べなさい。肉、魚、卵、アルコール、辛い香辛料、オイル、砂糖、タマネギ、ニンニクなどを使った食事は摂らないこと。ピュアな食生活をしなさい。これが霊的修養のはじまりである。

一三　バクティ・ヨーガ（信愛、祈りのヨーガ）とニャーナ・ヨーガ（神知識のヨーガ）の違いが知りたい。［バクティとニャーナの違い］

バクティとは神への信愛と祈りのことで、ニャーナ（神の知識）に到達するための手段である。バクティ・ヨーガは、感情的な気質の人が実践しやすい方法と言えよう。

バクティには自己放棄が必要である。子ネコは、鳴いているだけで、親ネコが口にくわえて運んでくれる。同様に神に対して、祈り、すがって求めることで、神の恩恵がシャワーのように降り注ぐのである。バクティ・ヨーガに必要なことは、神に向けた誠実で強い信愛、信仰だけである。広い学問は不要だ。聖者ツカラームのように、自分の名前すら書けなかった人でも、神を知るに至った。宗教学者である必要はない。神の熱愛者は、常に神のそばにいたいと願い、祈る。

ニャーナ・ヨーガは、自己鍛錬のヨーガである。霊的修行者の、強い自立と自信を必要とする。鋭い識別能力（イッチャー・シャクティ）と論理的な思考力を持つ、知的な気質の人に合うヨーガである。ニャーナは子ザルが自ら親ザルに抱きついて一緒に行動する。バクティの子ネコのように鳴いて親ネコが運ぶのを待たない。ニャーナ・ヨーガは、ヴェーダなど経典の学習、鋭い知性、深い理解力、深い瞑想から直感的に神の叡智を悟る。ニャーナ・ヨーギは、大いなる神との一体化を求めて学ぶ。

一四　バクティ（信愛、祈り）とニャーナ（神知識）のアプローチは、相反するものですか。

［バクティとニャーナは相反するものか］

全くそんなことはない。二つには相互関係があり、お互いに補足し合う存在だ。バクティは決してニャーナと対立するものではない。両者は明らかに、相互依存し、最終的に到達するところは同じである。バクティとニャーナを完全に区別することはできない。バクティ（神への信愛）は、ニャーナ（神知識）へと成熟していく。ニャーナ・ヨーギは、信愛に欠け、理論優先のドライな人だと思っている者がいるが、これは間違いである。ニャーナ・ヨーギも、神を信愛する心を持つ。ハリ、クリシュナ、シバ、ドゥルガー、サラスヴァティ、ラクシュミー、キリスト、ブッダなどを信じる。ヴェーダ（インド最古の経典）哲学者、シャンカラチャリアが書いたキルタンを読めば、ニャーナ（知識）・ヨーギとして知られる彼が、いかに深くバクティ（神への信愛）を持っていたかがわかる。

スワミ・ラムテルスはニャーナ・ヨーギであり、同時にクリシュナ神の熱愛者でもあった。

バクティの重要性を理解しないヴェーダ哲学者は、ヴェーダの教えを深く理解しているとは言えない。ニャーナとバクティは別々のものではない。それどころか、ニャーナはバクティをより強いものにする。ヴェーダの知恵を深く持つ者は、信愛と信仰にもしっかりと根を下ろした人である。

無知な者の中には、バクティの実践者がヴェーダを学ぶと、神への信愛の情が薄れてしまうと考えるが、それは誤りである。バクティとニャーナは、言うなれば、神のもとへと飛んでいくための、両方の翼のようなものである。

一五　夕食の後にも瞑想するべきか。家庭を持ち、仕事をしていると、なかなか夜に瞑想する時間が取れない。どうすればよいでしょう。［瞑想する時間帯］

夕食をお腹いっぱい食べると、どうしても食後に眠くなってしまう。瞑想しているつもりが、坐りながら半分居眠りが起きる。たとえば、夜七時ごろ腹八分目の夕食をとって、夜九時か十時まで瞑想をすれば安全であろう。毎朝の瞑想に加えて、夜二度目の瞑想をすることは、とても重要である。もし、夜充分な時間がとれないのなら、就寝前に十～十五分だけでも瞑想するようにする。そう努めれば、スピリチュアルな潜在能力が増す。また、就寝前に瞑想すれば、睡眠中も瞑想状態が持続されるために、霊的瞑想全体にプラスの影響をもたらす。

一六　性的欲求の抑制ができない。犬のような動物本能に振り回される自分に嫌気がさしている。どうすればよいかお示しください。［性欲の抑制法］

まず、マントラ（真言）のジャパ（詠唱）を一日三時間慣行する。聖典『バガヴァッド・ギーター』を毎日一章ずつ読む。一人の部屋で寝る。セックス以外のことで心を忙しくする。心の方向を高いレベル、純粋意識へ向けるよう努力する。サットサンガの清い集まりに参加する。プラーナヤマの呼吸法をクンバカ（保息）も入れて日々二十回行う。肉体を使う仕事を多くこなす。シンプルな食事をする。アートマンには、性そのものや性的な潜在欲望（ヴァーサナ）はない。アートマンにひたすら祈りなさい。

一七　永遠の真理、大いなる神を悟ったと明言できるグル（導師）を探している。そのような方をご存知か。失礼ですが、あなたは、神を悟った方なのですか。［グルの探し方］

あなたの質問は、熱心な修行者の多くが、ある霊的過程で持つ疑問である。しかし、たとえ「X氏は覚醒し神を悟った人だ」とわたしが教えたとしても、あなたには、わたしの言葉を検証する方法はない。知ったとしても、そのことであなたは何か恩恵を受けられるのだろうか。悟りを開いたグルを探し求めて東奔西走しても無駄である。

神を悟った人間は稀ではないが、無知の心の世人には容易に認識できない。悟った人を知るのは、同様に高いレベルの少数の人たちだけだ。それ以外は、解脱した人のそばにいても恩恵にあずかることもできない。たとえクリシュナ神があなたのすぐそばにいたとしても、あなたが高い精神的、霊的レベルにいなければ、素通りしてしまうだけだ。

まず恩恵を受けるに値する素質を自分の中に育てる。社会奉仕、慈善、瞑想、ジャパ、性的欲求や感覚の誘惑を制御して、自分を浄化することに専念しなさい。グルをテストすることはとても難しいことだ。そんなことに貴重な知的エネルギーを使うのは無駄である。

常に祈りなさい。霊的求道者はこのような質問や疑念に振りまわされたりはしない。わたしの言葉を信じて日々純粋な生き方をしていれば、ある日奇跡のように大いなる神から救いの手がさしのべられるであろう。

一八　ヨーガ指導者として自分の弟子を偉大にすることは望み過ぎか。［弟子の指導法］

質問の内容から、その指導者はある弟子に他の弟子より愛着を感じている様子が見受けられる。その場合は精神的な指導者とは言えない。霊性豊かな指導者の第一義は、物への執着を放棄することである。実際には何百万人の中から傑出した一人がでて、やがて聖人と呼ばれるようになるが、自分は聖人だなどと宣伝するグルはいない。多くの場合、周囲の人々が彼の内在する魅力に惹かれて自然にぞろぞろ集まってくる。しかし、彼の周りに集まる人が聖人の素質を持つかというとそれは違う。普通の人々である。

一九　ある変わった女性の話です。十年間、非常に厳格な何人かのヨーギの元で厳しい弟子修行を重ねた。その結果彼女が到達した結論は、すべてでっちあげの妄想でしかないと言うのですが、スワミジのご意見は。［ある女性修行者の意見］

質問から推測するとその女性のレベルは浅く、たとえ偉大なブッダや悟りを開いた聖人のそばにいても恩恵を受けられない。霊的修行にあたって絶対必要なことは忍耐力である。彼女は多くの教えを詰め込んだのであろう。それぞれの教えには、異なった悟りへの道筋が示されているものだ。

井戸を掘りたいと願う人は、一つの場所を一生懸命掘りさげる。こつこつと水脈を掘り当てるまで忍耐強く掘り続ける。いつか深い井戸はできあがる。

ある人は、あちらこちら一〇〇か所に穴を掘る。それぞれの穴はせいぜい一メートルほどの深さしか掘れず、いつまでたっても深い井戸は完成しない。これがその女性の場合である。そんな彼女の意見に何の価値があるだろうか。

二〇　ヤットラ（聖地巡礼）が重んじられるのはなぜか。普通の観光旅行や仕事の出張とどう違うのか知りたい。［聖地巡礼の意味］

二つの旅行は、あなたが「聖地巡礼」をしようと考えた時点で別れる。巡礼者のあなたの心は精神的に高揚し、純粋な神の教えを受け入れる準備を始める。気持ちが集中して高まる。日頃の仕事人間という心に刻まれた溝をシャットアウトして別の次元へ飛んでいける。

公的な生活という上着は事務所に脱いででかけよう。社会的な束縛の象徴、制服は自分の街に残してでかける。家族と一緒に聖地巡礼をする時も、時間がたてば、家族を巡礼仲間として尊敬するようになる。一人で巡礼しているのならば、あなたは完全に精神世界に浸れ、日頃の家庭生活の心配から解放される。スピリチュアルな波動に包まれたヒマラヤ、ウッタラカンド地方の聖地の恩恵を、すばらしく受けやすくなる。

巡礼者は、霊的な印象や波動を受け止め、そこから大きな祝福を受ける。聖地巡礼から戻った巡礼者は、まるで人が変わったようにスッキリした表情をしている。自分で体験してみたまえ。

二一　聖地巡礼の具体的な恩恵について教えてください。［聖地巡礼の恩恵］

聖地巡礼で得られる恩恵は、巡礼者によってそれぞれ異なる。霊的な恩恵というのは、真の信仰心があってこそ得られるものである。信仰心が、精神的な求道心を支える力となる。誠実なプルシャッタ（自助努力）がなければ、どんな霊的修行も結実はしない。聖地巡礼によって、すべての罪が洗い清められ、解脱でき、輪廻転生のサイクルの輪から解放される。そう強く信じて疑わない熱心な巡礼者に、本当はそれが実現しないと否定する理由はどこにもない。ヒマラヤの聖地バドリナートなどへの巡礼は、巡礼者の不浄を洗い流し、人生の真の目的、神を悟ることへ大きく近づく絶好のチャンスである。ただし、神の叡知をまじめに信じるものだけが恩恵を受ける。

あなたの信仰心が試されるのは、巡礼後の生活の送り方である。聖地を訪れたこと、聖地を流れる川で沐浴したことで、悪いサムスカーラ（潜在印象）が洗い流され、新たな人間として生まれ変わった気分になる。その後の人生が正義にあふれ、誠実で、友愛に満ち、純粋な心で暮らせたら、巡礼の旅はあなたに最高の恩恵をもたらしたことになる。

中には聖地巡礼をしたお陰で霊的修行のレベルが格段に上がる人もいる。だからといって解脱した人は、それを人に吹聴したり宣伝などは決してしない。普通の顔をして普通の暮らしを淡々と続ける。

二三　スワミジの本では「世俗的な人々との付き合いから離れなさい。無駄話は世界を汚染する。心に波が起こる。リシケシのような静寂な場所に早くきなさい。そこでは霊的修行ができる」とあります。スワミジ、お側に伺って修行僧の生活を送らせて頂けますか。〔リシケシと修行〕

急ぐことはない。よく考えるように。飛ぶ前によく見極めることだ。単なる一時の感情だけではスピリチュアルな修行は達成できない。わたしの文章は在家ですでにある程度のサダナ（霊的修行）をなしている人向けのメッセージである。彼らが次の高い段階に昇るために、隠遁生活を送る必要があると説いているのだ。全くビギナーのあなたは、まず在家で離欲してカルマ・ヨーガ（奉仕の行為を通して修行するヨーガ）を二年間実践すること。公平無私の心で、病人や老人の介護に従事すること。

あなたが修行僧としてわたしの元にくる決心をしたと仮定しよう。実の母親が傷心からあなたの前でさめざめと泣いて訴えたら、それでもあなたは家を出る堅い意志を持てるだろうか。父親が気持ちを変えろとあなたを脅したら、それでも修行を選べるだろうか。若い女性が誘惑しても無視して耐えられるか。修行中病気になっても心が揺れ動かないか。今の肉体と命を純粋真理のために捧げられるか。修行僧と隠遁生活の苦難と栄光、その重要性が理解できているか。

修行僧となってから直面する困難の数々を想像できるか。家から家へと托鉢し、施し（ビクシャ）で生きられると思うか。隠遁生活では一人で昼夜丸一日どうして過ごす積もりか。わたしの元へ来る前にこれらの要点の答えを自分で出しなさい。それでも自分が修行僧に向いていると思ったら、わたしを訪ねてきなさい。充分に手助けして差し上げよう。霊的向上の指導も心を込めてしよう。すべてを放棄して出家することほど心地よいことはない。純粋意識の大いなる神を悟るには、一番適した方法である。すべてのサンニャーシン（出家者）に栄光あれ。

二三　ブラフマンは、無限の存在、あまねく遍在、全知全能、大いなる神である。ではなぜプラクリティ（あらゆる現象世界に自らを転変する）がこの世に自ら展開し、投影するのか。人類はなぜプラクリティの法則、時空の制限、輪廻転生に縛られるのか。なぜ進化と輪廻転生にかかわらねばならないのか。［プルシャとプラクリティ］

訳者注：サーンキャ哲学の二元論（ドヴァイタ）に基づく質問。サーンキャでは、プルシャとプラクリティの二元が在ると考える。プルシャはブラフマンと同等で永遠不滅（男性原理ともいう）。もう一方のプラクリティは根本原質（女性原理ともいう）と呼ばれ、この世に自らを作りかえていく存在とされ、三つのグナからなる。それゆえ、プラクリティはこの世と同じ時空の制限や輪廻転生（カルマの法則）に縛られる。一方、不二一元論（アドヴァイタ）は、ブラフマンとアートマンは同じ宇宙真我であり、人間の中にはその一部である個我が存在すると説く。

目で目を見ることはできない。肩は肩の上に立つことはできない。天地創造の根拠なき理由、究極の源についての探求は、無明という恐ろしい壁で遮られている。エゴを滅却し、神の恩恵を得て永遠不滅の王国へ招かれた者には、謎が解き明かされる。この実感は、その間にバリアが存在するため、神を認識できない人に言葉では伝えきれない。それゆえに、古来の聖人は「なぜなぜのなぜなのか」という質問を、トランスセンデンタル（超越した）質問と名付けた。

神がこの世を創造されたのは、人をして進化を進め、神を知らしめるためであるという。これが納得のいく答えである。あらゆる物を神の現れと認め、愛し、奉仕するためにある。

恐ろしい無知は人間をさらって深い森へと連れ去った。森で目覚めた人間は、なぜ森へ来たのか思い出せない。しかし森から脱出したいと願う。熱心な修行者は、輪廻転生という鎖を断ち切って、超越した大いなる神の存在に目覚めようと努力する。

二四　慈悲深い神は、なぜ誠実な人を幸福にしないのか。なぜ過去のカルマから救うことができないのか。［カルマの法則］

カルマは原因と結果というサイクルで回る車輪のようなものである。いったん弓から矢が放たれると、矢を射た本人であっても引き戻せない。同様に原因からくる結果は止められず、後ほど対処しなければならない。プララブーダ・カルマ（前生で作られた原因カルマ）が今生で結果となって現れた場合、取り消すことはできず、経験されなくてはならない。

では、神は帰依者をカルマからいかに救うのか。慈悲深い神はその恩寵で、求道者の意志の力を増強してくれる。明るい笑顔でカルマに耐えられる強い意志を培ってくれる。帰依者は、前生のカルマに翻弄されるままでは決してない。見事に神の恩寵で守られる。

厳しい吹雪の日でも、暖かい服を着て、暖かい家の中にいれば寒さを感じない。たとえ他人の目には、貧困や病気などで厳しい状況に見えても、神への信仰と熱愛によって神から守られた信者は、苦しみを感じない。神に溶け込んで永遠の至福を味わう。

二五　間違った行為をした人は、これは過去のカルマのせいだと言い訳する。その行為をやめようとしない。悪の方が楽しいからだと思うが、やめさせる方法はないのか。［カルマの持つちから」

カルマは無理矢理に間違った行動を促したりはしない。しかしカルマが持つサムスカーラ（潜在印象）はある程度強いものだ。もともと神は自由意志を人間に授けて送り出した。その意志で人は自分のキャリアを作っていく。

人は悪をなすか善をなすかの自由裁量権を持ち合わせている。悪の潜在印象を、自分の意志の力で、善の潜在印象で置き換えることができる。そのまま善の行動を続ければよいのである。すぐさま快楽を与える悪は、善の行いの大きな障害となる。それは経験と識別でのみ取り除くことができる。悪の行動は人の魂と社会全体に大きなダメージを与える。悪の楽しさは一時的、表面的なものであることを知っておくこと。

このカルマの課題は重大なことであり、解決する近道はない。悪はやすやすと道をゆずらない。それゆえに昔の聖者はサットサンガ（清い人との交わり）を大いに勧めた。常に聖者や清い考えの人々と接することで、邪悪な心から悪の観念を取り除けることを知っていたからだ。

二六　わたしはつまらない女ですが、いみ嫌わないでお聞きください。将来スワミジがお話しの至福の時がわたしにも訪れるなら、それはいつか。グルが必要と聞くが、探し方がわか

らない。あなたはグル（導師）を持たれたことはありますか、その人はサットグル（真のグル）ですか。［グルの探し方─女性編］

至福を味わいたいという望みは大切である。日々の修行から精神的な幸せを得られる。わたしは誰も嫌ったりはしない。女性はシャクティ（力）の顕現であり、わたしはドゥルガーやカーリーの女神を崇拝している。ヒンドゥー教徒の女性は生来大変信心深い。心から望むなら、神への目覚めは早く達成できよう。聖者ミラのように悟りたいと思ったら、勇気をもって決心してみよ。神に目覚めれば、神の祝福を楽しめる。

グルは心底から求めれば、自宅のドアの前でも見つけられる。それよりも、心からグルの教えに付いてくる弟子こそ大変稀である。わたしにもグルはいるが、今詳しく説明する余白はない。わたしはグルやサットグルではない。喜んで人に奉仕をしている人間だ。あなたの疑念を晴らす手伝いもするし、スピリチュアルな指導もいたそう。

二七　グルやヨーガの指導者なしに、プラーナヤマ（呼吸法）を実践するのは、危険でしょうか。［プラーナヤマの独習］

基本的なプラーナヤマやアーサナは、グルの指導なしで実践しても問題はない。無理をせず、常識をもって実践すればよい。人々はヨーガを必要以上に危険視している。普段の生活でも不注意に物事を成せば危険と隣り合わせとなる。不注意に階段をおりて段を踏み外せば骨折する。混雑する都会を急いで歩けば、バイクや車に衝突もしよう。駅で切符を買う時にぼんやりしていると、財布まで失くしてしまう。医者が処方箋を間違えれば、患者を殺すことにもなりかねない。何事も行う時はそのことに集中するべし。

プラーナヤマを行う時は、食べ過ぎないように。消化しやすく、栄養のある食事を少量摂る。性的行為も節度を保つこと。息は長く止めてはならない。最初の一、二か月は、吸って吐く呼吸法だけを行う。息を止めるクンバカ（保息）はしない。息を吐くときは、ゆっくりゆっくり吐くことが重要である。リズムが会得できれば、その他のプラーナヤマを行っても大丈夫である。三十秒から一、二分の短いクンバカは、特に危険はない。

プラーナヤマの中でも、長く息を止めてアパーナ（下気）とプラーナ（上気）をつなぐクンバカ（保息）を取り入れる実践には、グルの指導が必要である。適切な指導者がいなければ、プラーナヤマを熟知したヨーギが書いた本を参考にするとよい。できればグルの指導の下で行うのが望ましい、少なくとも経験豊かな先輩に指導してもらうことを勧める。指導者とは常に連絡を保っておくこと。体に変化が生じた時は相談し、解決してから次に進むこと。高度なテクニックの実践には師の適切なアドバイスが不可欠である。

二八　ピュアな食べ物は、心を浄化するか。肉食は、ピュアな食べ物ではないのか。［ピュアな食べ物と肉食の違い］

ピュアな食べ物は、心を清らかにする。お酒を飲んで瞑想するのと、オレンジジュースとでは違いがあることは経験ずみであろう。食べ物の質によって、脳のそれぞれの器官への影響に差がある。お酒や肉類、ニンニクなどは心を刺激し、瞑想しようにも心がざわめく。ミルクとフルーツを摂ると良い瞑想ができる。霊山に住むリシ（神霊的聖人）はフルーツとミルクのみで生きる。『チャンドギャ・ウパニシャッド』にも「ピュアな食べ物が心をピュアにし、解脱を可能にする」と書かれている。良い食事の訓練は重要である。

ノン・ベジタリアンの食事は、サットヴァ（純粋）ではなく、求道者には向かない。一か月間肉、魚類を除いた食事をして感じとってみよ。実際の体験から、動物食は心や瞑想に良くない影響を及ぼすことがわかるであろう。

二九　家庭を持つ修行生活（グリハスタ）と、出家者（サンニャーシン）の隠遁生活とではどちらが良いのでしょうか。［在家での修行と隠遁生活］

いきなり社会生活を放棄してはいけない。社会は、さまざまな経験のできる大学のような場所である。自然は最高の教師である。俗世においては慈悲、寛容、忍耐などを養うことができる。それは洞窟での隠遁生活では経験できない。徐々にあなたの魂が進化してきたら隠遁できる。社会は最高の教育の場である。グル・ナナック（シーク教開祖）は家庭を持ち二人の子供をもうけている。在家で修行することに何の問題もない。祈りの言葉が数々の障害から守ってくれるであろう。

三〇　行者（サドゥー）や出家者（サンニャーシン）と付き合うと、幸せのみならず不幸も呼ぶもとだという噂だ。悟った人の心を傷つけた場合、その呪いが相手に不幸をもたらすとは本当か。［行者とその呪い］

行者や出家者と付き合いたいと、人々は憧れの気持ちを持っている。行者が純粋な人格であれば、尊敬し付き合う価値がある。行者や出家者が人に害を及ぼすことは一切ない。逆に人々の魂の正しい進化を手助けする。サットサンガに参加することや出家者との良い付き合いは、俗人が持つ過去のサムスカーラ（潜在印象）を整理して癒す役目を果たしてくれる。

解脱した聖人は、極限まで挑発されても相手を呪うことは決してしない。神に感謝の祈りをささげるだけだ。あざけりや危険から守られたいなどと決して願わない。聖人は人を傷つけず、単に許し、忘れる。なされた悪事はすぐに忘れる。真に解脱した人は、泥棒、殺人者、蟻、犬、パリア（タミール語で不可触民のこと）、シュードラ（農民）、ヴァイシャ（平民）、クシャトリア（武士）、バラモン

（僧侶）、木、石、サソリなど、すべての中に神をみる。自分も他も一つだと信じるのならば、誰を呪えようか。

ただし、忘れてならないことがある。もし行者、出家者に限らず、敬虔な神の信者などが立腹したり、肉体的な危機を感じたため、よからぬ想念を相手に向けたとしたら、それはただちに相手に作用する。これもまた事実である。

三一　グルの恩恵があっても、心のコントロールができないのはどうしてか。［自助努力と神の恩恵］

自助努力（プルシャッタ）して初めて、神の恩寵・恩恵が得られるのである。入学試験で、教授が答えを教えて合格させてくれるわけではない。『ギーター』に「自分を高めるべし。神の恩恵は自助努力する者を助ける」と記されている。自分を救う道は自分の努力で見つけるしか方法はない。

では「恩寵とはいったい何なのか」と問うかもしれない。たとえば、ある修行者がグルから手紙を受け取り、日頃の疑問が解ける。それが恩寵である。求道者がシバナンダ・アシュラムを訪れ、ガンガーで沐浴し、アシュラムの講義を聴くことができる。それが神の恩寵である。何千何百万ルピーを持った金持たちも、聖なるガンガーで沐浴したいと願っている。しかしすべての願いが叶えられるわけではない。あなたがここに来られたというのはラッキーで、それは大いなる神の愛の成せるわざである。精神を向上させる書物との出会いも恩寵である。健康に恵まれて努力が続けられるのも恩寵である。神が望めば、一瞬にして全世界を救済することも可能であるが、神はそうはしない。努力する者にのみ、神の愛は自然に流れ込む。すべて恩寵である。

三二　神は、なぜこの世を創造されたのか、知りたい。オーム🕉の本当の意味を知りたい。

〔神と天地創造、オームの意味〕

大いなる神に、なぜこの世を創造されたのか尋ねても、それは神のみぞ知ることである。宇宙意識の本質を知れば、なぜ神がこの世を創造したのかがわかるようになる。知力で理解することはできない。直接感じ取ることが必要である。この世は、神の戯れの芝居かもしれない。天地の創造には目的があるはずだ。太陽の光なしに太陽は存在せず、天地創造の過程なしに神は存在しえない。この世は、神の光そのものである。手品師が自由自在に物を取りだしたり、隠したりできるように、神はこの世を創造し、消滅もさせられる。

神はあまねく遍在する。神がなぜこの世を創造したかと問うのは、超越的な（トランスセンデンタル）質問で、誰にも答えることはできない。この世の創造について質問しても時間の無駄である。天地のことを尋ねる前に、「わたしは誰か」と自問自答しなさい。そうすれば、その内すべてが理解できるようになる。

オーム🕉はＡＵＭであり、習慣的にＯＭと書く。この印をよく見かけることであろう。オームはサンスクリット語由来の永遠のシンボルマークである。すべての神聖で崇高な存在を代表する音のシンボルである。あらゆるセレモニーの始めと終わりに唱えられる神聖な音である。宇宙に存在するすべての音を含んだ、宇宙の音の根源。すべての音を含むということは、すべての事物の名前をも含む。この世が創造されて以来、ものの一番根源にあるのがオームである。完全で永遠不滅の宇宙真理そのものを表すオームはブラフマンそのものである。また、それが人間の本来の姿でもある。オームのマークにはこの世の三つの状態と、それを超越した段階、すなわち神の存在が示されている。

三つの状態とは、創造、維持、破壊。サットヴァ、ラジャス、タマスの三つのグナ。目覚めている状態、眠って夢をみている状態、深い眠りの状態。あらゆる三つの状態を超越した状態が四つ目の段階。悟り、神との合体を表している。オームマークの上の線と点で表される。

三三　産業革命による道徳観念の低下とその矯正法を聞きたい。［産業革命と道徳の低下］

産業革命自体が人の道徳観を下げたりはしない。人間が、精神より物質に重きをおいた結果である。改めるのに遅すぎることはない。人の心が利己主義の垢をそぎ落とし、正義を重んじれば、すさまじい産業革命があっても、道徳観は高く保たれるであろう。

三四　人は輪廻転生で生まれ変わった時、なぜ過去生の死や悪行を覚えていないのですか。

〔過去生を覚えていない理由〕

人は唐突に人間として生を享けたのでは決してない。ジヴァ（個我）は初めて世界に登場して以来、数えきれない生まれ変わりの生を経験してきた。それはサムスカーラ（潜在印象）として、最初の誕生から今世の生まで引き継がれている。それぞれの生で消化できなかった潜在印象は、完全に消化されるまで残り続ける。過去生の死を忘れるということは、神への知識不足からくる。大いなる神、純粋真理を知ることを否定する何かが人間の中にでき、それゆえに過去生の死を思い出せない。人が犯す罪は大いなる神に対する無知、無明からきている。善い行いで無知が消滅すればゴールはみえてくる。悪に働く行為は、個人の中にあるジヴァの進化が幼稚でさらに俗世での鍛錬が必要だからである。粗雑な状態からより精妙な状態へ向上するまで、輪廻転生を繰り返す。神を知ると無知という霧が晴れる。

三五　真の偉人を推し量る基準を知りたい。〔人の偉大さと真価〕

人の偉大さと真価は、その持てる資産の量や持ち家の数で推し量れるものではない。偉大さはその人の公平無私の度合、奉仕、エゴのなさ、控えめな品格、異なる物事といかに同化し認め合えるか、慈悲の度合で推し量るものだ。

　真に偉大な人は信心深く、魂が高いレベルで、度量の広い、高潔なハートの持ち主である。その人物は決して自分のことは考えない。常に人類の福祉を最優先する。つまらない、利己的な個人の関心事は放っておく。人類の平和と幸福のみを祈る。オープンで無限に広がる大きなハートがあるところに、偉大な聖者あり。

三六　正義の人とはどういう人ですか。[正義の人とは]

　正義の人とは、思考、言葉、行いにおいてヤマ（禁戒、外部との調和）ニヤマ（勧戒、自分の中の調和）を徹底して実行する人のことである。くだらない利益や利己主義のために軸がぶれることは決してない。常に敬虔で、神へ畏敬の念を抱く人である。宇宙的広い視野で物が見られる。すべてに徳を備えている。たとえば、落ち着いた、忍耐強い、慈善、高潔、誠実、謙虚、自己放棄、静寂、簡素などなど。エゴなし、欲望なし、ゆがんだ心なし、虚栄心なし。人から羨望される存在である。敵にも味方にも平等に愛を注ぐゆえに、敵は存在しない。

三七　若さを保つ秘訣は何ですか。[若さを保つ秘訣]

ヨーガに勝る方法は他にない。どのような健康法よりも効果があり、お金もかからない。真剣にプラーナヤマ（呼吸法）とアーサナ（ヨーガのポーズ）を行いなさい。活力を保存できる。シルシ・アーサナ（頭立）、サルヴァンガ・アーサナ（肩立ち）、マッチャ・アーサナ（魚のポーズ）、ハラ・アーサナ（鋤のポーズ）、パッシモッタ・アーサナ（前屈のポーズ）、ヨーガ・ムドラ（印・意識の集中）、バストリカ・プラーナヤマ（ふいご式呼吸法）は特によい。

また、ケーヴァラ・クンバカ（独立した呼吸停止）が達成できるまでプラーナヤマを行う。吸う息も吐く息も必要なくなった時点でヴェーリャ（生命エネルギー、精子）が安定する。アーユルヴェーダの処方のうち、チャヴァナプラッシュ（Chyavanaprash）は素晴らしい。若さを保つのに長く摂取するとよい。チャヴァナプラッシュとは、インド山岳地帯の種々の薬草と蜂蜜のペースト。甘辛いスパイスなどの味もあり、どろっとした茶色のジャム風。三つのドーシャ（体質）すべてに効く。

三八　ご本に「与えられなかったものを、繰り返し求めてはならない」と書かれている。これは、誤った自己満足、敗北主義を助長することにならないか。説明をお願いしたい。［メンタルな無執着の修行］

わたしは、修行者に向かって「求めたものが与えられなかった場合、再びその物を欲してはならない」と書いた。これは、何度も読み返して熟考して欲しい文章である。「欲することも、拒むこともしない」というのが、霊的修行者のモットーである以上、あるものがいかに貴重で大切であっても、対象を欲しがってはならない。自らは求めず、たまたま巡り合わせた物は持ってもよい。物への執着は、執着する物を失った時、あるいは手に入らなかった時に苦痛を伴う。

物を得るのも失うのも、神の意志であると思うこと。得ようと努力しようがしまいが、与えられるべきものは、期が熟せば、神の判断で自然と与えられる。求道者はメンタルな無執着を修行して、善と悪、幸不幸、愛憎など相反するものを等しく受け止めなければならない。このような平静心は、内観、経典の学習、サットサンガで聖者と交わることによって培われる。献身、知足、禁欲は、スピリチュアルな進化に欠かせない要件である。

霊的修行者が、物へ執着せず、与えられたものに満足するのは、決して敗北主義的な考えではない。修行者は巡り合わせた決まりに満足する。修行者は、イソップ物語にある高い場所のブドウに手が届かずに、「どうせ、あのブドウは酸っぱいんだ」とうそぶいた、キツネではない。自発的な禁欲と、欲しいものが手に入らなくとも冷静さを保つことは、多大な意志の力を蓄積する。要するに、意識のどの状態においても、心の調和を保つことが肝要である。

三九　ナーディ・シュッディ（気道の浄化）のテクニックが知りたい。完全にできると、どういう感じになるのでしょうか。［ナーディ・シュッディの方法］

ナーディ・シュッディとはナーディ（プラーナの通る管）の浄化を意味する。サンスクリット語のナーディは英語でナーブ（神経）と訳されているが、適訳ではなく、適切な英語は見あたらない。ナーディとはサイキックな気の流れる管（重要な三本は、スシュムナー、イダー、ピンガラー）のことを指す。水も食事もとらない完全な断食の行。その間集中してアーサナ、プラーナヤマを正しく行う。これらは体内の脂肪その他の望ましくない物質を排除し、肉体の各システムの点検、確認をする。ナーディ・シュッディを最大限に生かす。正しく実践すれば、アーサナ、プラーナヤマで神経組織も浄化される。

ナーディ・シュッディが完成すると、肉体は軽くなる。便は少なくなる。行動が軽快になり体がよく働く。鈍さやだるさがなくなる。歩行中あたかも体が宙に浮くように感じる。声の調子が、しゃがれ声やどら声から、なめらかな声に変化する。ナーディ・シュッディが成功すると仕事中でも、うきうきとホップやとジャンプをしたくなるほど快活になる。うまく表現できない力がみなぎってきて、人生で大きな物事の達成を後押ししてくれる。

四〇　我々の責任ではなくて受けた悪い行為に対して、報復手段のいい方法、悪い方法を知りたい。［報復という考え］

どのレベルで悪行がなされたかにかかわらず、報復をするべきではない。自分のメンタルな取り乱しや精神的な均衡を失うことなく、なされた悪行に静かに耐えなさい。罪をなした者に親切でありなさい。ののしった者を祝福しなさい。暴言を吐いた者の幸福を祈りなさい。ジャヤ・デヴァ、シャム・タブリエ、イエス・キリスト、ゴーランガなどの聖者の伝記を読みなさい。心から信じ、すべてを神にゆだねるならば、神は信じる者を守られる。ドラウパディやガエンドロのように神に祈りの雨を降らせなさい。

仕返しを考えることは自分の品格をさげるだけだ。低い心の満足のために、考えの中だけでも暴力に執着すれば、あなたはすでに罪を犯している。個の魂の進化を妨げる。

理由なく受けた悪行への仕返し、最善の対処法は、相手に『ギーター』や『ラーマーヤナ』などの聖典を差し出すことである。相手が神の知識を得て、悪行をやめるように祈ること。神の創造物はすべてひとつである、この知識に欠けて無知であるがために起こした罪だ。あなたは感動的な祈りを神へささげ、静寂の中で無関心でいればよい。

四一　高い霊性に達したヨーギの平静な心は、重い病気などでも影響を受けないのか。どう反応するのか知りたい。［ヨーギの絶対的な平静心］

ヨーギは決して外からの影響を受けることはない。もし、病気や肉体的苦痛が心に影響を及ぼすようであれば、それは、真のヨーギあるいは聖者とは言えない。高い霊性のヨーギや聖人とは、自分や周りの世界のことは眼中にない。真我を明確に認識していて、自分の本質が無限で、病気などに影響されない、すべての束縛から解放された存在であることを知る人である。永遠不滅、病苦のないブラフマンと合体している。

真のヨーギや聖人は事物や社会に全く関心がない。病気、朽ちる肉体、世俗の物質などに関心はなく、ひたすら無限で病苦のない、ブラフマンの膝元で融合する。そのため、どんな環境におかれても心のバランスを失うことはない。自分の本質が、無限で絶対的存在であることを信じている。

人間の肉体は他の動物と同じように、いずれは滅びる有限の存在である。六つのウルミ（苦）とは、飢え、渇き、老い、死、悲嘆、迷いであり、人間に共通のことであるが、ヨーギは真の自分は、生死のない永遠不滅の存在であることを信じている。そのため、どんな苦境に直面しても、メンタルな動揺を引き起こさず、心の調和を乱すこともない。

四二　『バガヴァッド・ギーター』にあるクリシュナ神とアルジュナの会話は、戦場で実際あったことなのか。または詩人の想像なのか。［『バガヴァッド・ギーター』の真実］

イエス。疑いもなく、『ギーター』は戦場でクリシュナ神がアルジュナと対話したものである。『ギーター』は、聖人ヴィアーサが単に創作したものではない。『ギーター』は人間が作り出したものではない。知性で質問しないで信じなさい。神の化身であるシュリシャンカラやラマニャは、『ギーター』の解説書を書いた。クリシュナ神はリラバイという女性信者に次のように述べている。「クリシュナとギーターは同一のもので、一方を崇拝することは、同様に他方への崇拝となる。ギーター十八章六八から七一のシュローカ（韻文）を読んで学び、この聖典への信仰と愛を育てなさい」。

第十八章

六八

だが　信仰あつき人々に対して
この秘密の知識を語ることは
わたしへ無上の奉仕をしたことになり
その人は必ずわたしのもとへ来る

六九

その人はこの世界において
わたしの最も愛する奉仕者であり
この世界のなかで
わたしが最も愛する人である

七〇

そしてわたしは宣言する――

わたしたちのこの神聖な対話を学ぶ者は
その秀れた知性《ブッディ》により
必ずわたしを崇め　礼拝するようになる　と

七一

また　反感を抱くことなく
素直に聞いて信じる者も
諸々の悪業報から解脱して
上善人たちの住む吉祥星界に行く

（田中嫺玉訳『神の詩　バガヴァッド・ギーター』より）

四三　性的エネルギーを霊的なエネルギーに昇華、転換する方法が知りたい。［性的エネルギーを昇華・転換するには］

思考、言葉、行動の面において、性欲の我慢をしなさい。くだらない考えならば、考えないようにする。あらゆる環境や状態においても心のバランスを保つこと。神のことを深く考える。

シルシ・アーサナ（頭立）、サルヴァンガ・アーサナ（肩立ち）、ウールドヴァ・パドマ・アーサナ（逆転蓮華坐）、ヴィパリタカラニ・ムドラ（逆転のポーズとムドラ）を行う。神の名を繰り返し唱える、ジャパ、瞑想。『バガヴァッド・ギーター』や『ラーマーヤナ』を学習して、エネルギーを保存する。ヴィヴェーカ（識別智）、ヴァイラーギャ（離欲）、ヴィチャーラ（ブラフマン探求）を行う。冷静さが増すと、生命エネルギーの無駄な漏洩は許さなくなる。ヴァイラーギャが増せば増すほど精子は安全に守られる。精子を保存すればするほど、オージャス（霊的エネルギー）への転換が大きい。それは、肉体的、メンタル的、道徳的、霊的な力が増えて、より早い魂の進化へ導く。

プラーナヤマは肉体の器官と心のコントロールに役立つ。心のコントロールはすなわちプラーナ・シャクティ（生命力）の制御ができ、ヴェーリャ（精子）が失われるのを防ぐ。男性の性的パワーを制御するということは、豊かな霊的エネルギーに恵まれ、求道者が霊的により輝ける。修行に励み、欲望を最低限まで減らす。この方法で性的エネルギーをスピリチュアルなエネルギーに昇華できる。さらに知りたければ、わたしの本『禁欲・ブラフマチャリヤ』（Brahmacharya）を参考にするとよい。質問事項に詳細かつ徹底的に述べている。

四四　避けがたいウソ、絶対必要なウソは真実とどこかで妥協できるか。真実をこのように破ることは正当化されるだろうか。［真実は犯しがたいもの］

真実は真実であり、ウソはウソである。南極と北極の間の距離ほどかけ離れている。霊性を完成したい者、神のためにダルマ（正しい生き方）を守りたい者は、環境がいかに困難でも、状況が苦しくても真実に忠実である。

ハリシャンドラを思え。裁判に際しても真実に忠実で生涯ウソをつかなかった。そして後世に名前が残った。彼は真実が人格化した人物で、サティア（真実）のハリシャンドラとして知られる。これは真実に生きる重要さを示している。たとえ悲惨でおそろしく危機に直面しても真実は曲げない。いかに避けがたい、不可欠なウソであっても、ウソは冷酷なまでに避けるべきである。真実とウソは全くリンクできない。それとこれを結び付けることは非常識なことである。しかし、『バガヴァッド・ギーター』や他の経典の中には、ごく例外的な出来事が述べられている。虚偽を述べることは妥当だという箇所だ。あくまでこれらは例外であり、いつでも誰にでも当てはまる事象ではない。詳しくはわたしの本、『道徳的教え』（Ethical Teachings）に説明してある。

四五　現世の寿命を決めるカルマ（プララブーダ・カルマ）のために、病苦や若くして死ぬ運命の人が、マントラの詠誦によってそれらを克服できるか。［寿命のカルマの克服］

寿命のカルマは、神の恩恵によって克服できる。神の恩恵は、心からの神への信愛、祈りと求道心のある者が自助努力をした時降り注ぐ。優しさ、奉仕、慈善の行為によって心は純粋になる。カルマの法則（因果律）も、神の恩恵のあふれるところでは作用しない。

四六　哲学者の中には、理性や論理性を最重要視する人がいるが、スワミジのご意見は。［理性・論理性の限界と直感力］

理性や論理性が、人間に与えられた最高の能力ではない。人の理性や論理的な思考は、酩酊すれば機能しなくなるし、睡眠不足でも満足に働かない。麻酔下では論理的な思考はどこにあるのか。飲むとすぐに心が働かなくなる薬草のたぐいもある。かように論理的な思考や理性はしばしば停止する。そのような能力を最重要視するわけにはいかない。

人間が持つ最も重要な能力は、直感的に物事を把握する力、洞察力なのだ。この洞察力を進化させて真我、大いなる神、アートマンを知ることが我々の使命である。三昧の境地で得られる神の叡知はなんと素晴らしいことか。

四七　治療法と治療薬の中で、最も効果的で最も害の少ないものはどれか。その理由も知りたい。［アーユルヴェーダ］

すべての治療システムにはメリットとデメリットがある。それぞれが他より優れている点もあり、欠点もある。わたしの今の観点からすると、アーユルヴェーダが一番だと思う。ダンヴァンタリ卿が詳細に解説している。アーユルヴェーダの治療は長期間使えるし、用法に制約が少ない。他のあらゆる医薬の発祥の根元のような治療法である。

即効性を期待するなら、アロパシー（逆症療法、症状とは反対の作用薬で元の症状を制して治療、西洋医学などがそれ）が一番お勧めである。ホメオパシー（同種療法、極度に稀釈した成分を投与することで体の自然治癒力を引き出す）は弊害が少なく、医療費としては最も安い。ゆっくりと効く。

四八　ジャパや瞑想の修行をしているが、気が散って集中できない。どうすれば集中力を養えますか。［集中力を養う方法］

努力を続けることである。そのままジャパと瞑想を続けなさい。夜サットサンガやキルタンに参加することで、無執着と修行への意欲が高まる。気落ちすることはない。努力を続ければ、そのうち大きく進歩するだろう。毎日少しずつ継続することである。継続は力となる。

四九　ウパニシャッドには、「人は一人で生まれ、一人で神に戻る」〝the flight of the alone to the Alone.〟と書かれている。グルやグルの恩恵がなくとも、神の恩寵さえあれば充分なのではないですか。［グルの恩恵］

それは道理だ。しかし、どのように修行をすれば、神の恵みを得ることができるのだろうか。それを知ることは難しい。ゆえに、同じ道を歩み、ゴールまで到達した指導者の元で修行することが必要とされる。グルとは、まさしく、神に至るというゴールに到達した者のことを指す。霊的求道者には、グルの指導、模範、激励、恩恵が不可欠である。アートマンの恩寵、グルの恩寵、神の恩寵も、あなたにはすべて必要である。大いなる道へのチャンネルを教え、導いてくれる。

五〇　バクティ・ヨーガ（信愛、祈りのヨーガ）とニャーナ・ヨーガ（神の知識のヨーガ）、どちらがより重要でしょうか。［バクティとニャーナの比較］

神への信愛と神への知識に本質的な違いはない。バクティとニャーナに違いはない。信愛は知識をもたらし、両者には相乗効果がある。信愛の方が大事だ、いや知識の方が重要だなどと、無用な論議はやめにしよう。神は愛であり、同時に叡智でもある。

五一　わたしは、大都市ラクナウ在住です。とても人工的な街で、静かなリシケシとは環境が大いに異なります。この場所で、どういう修行ができますか。［都市でのヨーガ的修行］

心配はご無用。ラクナウでも素晴らしいヨーガの修行ができる。世間は妨害などしない。あなたは、ヴェーダーンタ哲学の実践と知識をお持ちのようだから、早朝の瞑想クラスを始めてはどうだろうか。ラクナウ市民への大きな奉仕となる。

地区を巡回してヴェーダ哲学の話をするのも良い。勉強会を地区で開催してみなさい。市民とあなた自身への奉仕になる。人々を人生の真の目的に目覚めさせなさい。あなたの意識も高く保てよう。

五二　男性として生まれた魂が、来生では女性に生まれることは可能でしょうか。［男性から女性への生まれ変わりは可能か］

イエス。あなたの魂はこれまでも幾多の生まれ変わりを経験してきた。男性の特徴としては勇敢、力持ちがあり、女性は忍耐、慈悲、寛容の特性をもつ。しかし一〇〇％男性でも女性でもありえない。男性の中に女性的な一面があり、女性の中にも男性的な一面がある。男性の中には動物的特徴が多くみられる。たとえばイヌ、ロバ、ジャッカル、トラ的でもある。魂は、その特質を多く持つ方の性別に来世は生まれ変わる。それゆえ、純粋な特質を養いなさい。魂が早く進化し、宇宙の真理と合体できるように準備しなさい。

五三　輪廻転生について、スワミジの結論を聞きたい。本当に生まれ変わりを信じておられますか。［生まれ変わりの有無］

疑いもなく生まれ変わる。ヒンドゥー教の家に生まれて、偉大な聖者の血があなたの血管に流れているというのに、なぜくだらない疑問が生まれるのか。たとえば、聖典の学習などしたことがないある少女が、突然『ギーター』を暗誦して朗読する。これは彼女が前世で『ギーター』を熟知していたからである。神の恩恵で、少女に過去生の知識がよみがえった。これは生まれ変わりの証拠だとは思わないか。生まれ変わりは魂の進化の過程として必要なのである。一回の生では何事も完璧に消化できない。主要な徳を成すだけでも五、六回の生まれ変わりが必要だ。宇宙の神の意識に到達するには、完全な善を成さねばならない。個我の完全な浄化で宇宙の真理を知る。個我の進化達成のために輪廻転生は必要なことだ。

毛虫が葉から葉へ渡るのを見たことがあるだろう。まず渡る先の葉をみて、「あの葉の先端につかまって渡ろう」と考える。次に実際に葉っぱをつかまえて移る。その時点で初めて元の葉っぱを離れて完全に乗り移る。

神も同じことをなさる。今の肉体を離れる前に、来世の体を準備する。そのあり方はその魂のカルマ次第だ。過去のサムスカーラ（潜在印象）とヴァーサナ（潜在欲望）を携えて魂は新しい体に乗り移る。

五四　今生の死と次の生まれ変わりとの間隔はどれくらいか。その間、魂はどこで待機しているか

るのか。［生まれ変わるまでの間隔］

死と次の生の間隔は人によって異なる。二年の時もあり二百年の時もある。そこに決まりはない。この世への執着が深ければ、個我（ジヴァ・アートマン）は死後すぐに生まれ変わることもある。前の死後四年たって生まれ変わったデラドゥーンの少女は、過去生を覚えていた。

徳行を多く積んだ人は長く天国に留まる。二百年も三百年も留まっている。邪悪な人は違う区域へ行く。人呼んで地獄。好きな対象の快楽が存在しない場所である。アル中の人はお酒のない世界へ、罪人は刑務所のように不自由で労役の義務のあるところへ行く。善行をなした人、博愛主義で公共の井戸を掘った人、慈善病院を建てた人、彼らは天国へ行く。そこで長く安楽に過ごす。

五五　もし魂が永遠なら、スワミジはなぜ肉体の誕生日を祝われるのですか。［誕生日の意味］

わたしは自分の誕生日を祝いはしない。わたしの信者が祝ってくれるのである。求道者にとってグルの崇拝は、ブラフマンの崇拝と同じ意味を持つ。誕生日を祝うことで、気分が精神的に高揚し、毎年誕生日ごとにスピリチュアルな波動が一面に広がる。また、より多くの人がディバイン・ライフ・ソサエティのこと、わたしの教えのことを知るきっかけになる。

誕生日の祝いは霊的修行者が、その目的を再確認する年中行事でもある。祝いに訪れた信心深く、献身的な人たちの心が、グルそして神の恩寵を引き出すのである。誕生日の祝いに集まった人々が発する、平和、神への信愛、献身の念は、国中に安心や調和、心の幸福を広めるのに役立っている。インドではブッダ、シャンカラ、マハーヴィーラなど、多くの宗教指導者や聖者の誕生日を祝う。人々がスピリチュアルな刺激を受け、人生の最終目的である神を知るチャンスを提供しているのだ。このように聖なる祭日が増えれば増えるほど、人々は目覚めはじめ、魂の進化、向上がより速まる。

五六　瞑想のために毎日坐っています。心に雑念があっても、習慣的に唱えているキルタン（賛美歌）を、間違えることなく繰り返せる。しかし、意識的に詠唱しようと試みると、間違えて最初から何度も繰り返す。なぜ、こんなことが起こるのか知りたい。［修行中の慣れという落とし穴］

心が二つあるわけではない。心の統一は少しずつ養われていき、意識的に瞑想が行えるようになる。普段の心の働きは、毎日の雑事を繰り返し考えるために、決まりきった溝に沿って作用する傾向がある。習慣という心の溝のために、キルタンも機械的な繰り返しができるのである。

しかし、集中力が養われてくると、機械的な詠唱の繰り返しではなく、キルタンの意味に瞑想できるようになる。集中力が持続できると、瞑想中でも気が散らなくなる。

不注意な霊的修行の問題点は、慣れだけで行われ、求道者自身に印象を残さず、無意識に行われがちなことである。これではキルタンを唱える意味は少ない。

五七　ヒンドゥー教の経典の予言が的中した例はありますか。あれば事例を教えて欲しい。
［ヒンドゥー教の経典にある予言］

神は常に約束している。ダルマ（正しい行い）が危機にさらされ、アダルマ（悪い行い）がダルマを打ち負かそうとすれば、必ず地上に顕現すると。その約束を果たすために、神は聖者の姿かたちをとって数多く世に現れている。聖者はダルマの衰退を防ぎ、外国からの弾圧や猛攻撃から母国インドを守った。ヒンドゥー教に新たな力と宗教的展望を根付かせた。

そのお陰で、ヒンドゥー教は今日も栄えている。必要なとき、賢者や聖者は現れる。天国からではなく、人々の中から現れる。ヒンドゥー教では必ずしも一人の予言者、聖者を信じるとは限らない。また昔のプラーナ文献の中に記述されている、来たるべき事件の予言は的中してきた。

五八　もしわたしがキリストを敬愛するなら、キリストだけを拝むべきか。その下の位のマリアやイコン（聖像）に祈ってはいけないですか。［キリスト信仰］

キリストへの敬愛は独占的であってはならない。他のキリスト教の聖人が同格でなくても祈って良い。キリストと同じ熱意と敬愛でマリアや聖像を心から崇拝するのであれば歓ばれる。大いなる神のメッセンジャーである聖人たちは、我々の尊敬と敬愛を受けてしかるべき存在である。その中でも特定の聖人に気分的、感情的に近く感じたとしても、それゆえに他を閉め出すことにはならない。唯一の預言者や聖者だけが天国の扉のカギを持っているわけではない。

五九　聖者を神のように敬ったり、祈りをささげるのは間違っていると思う。聖者たちは、神に直接祈って解脱の道を切り開いた。我々も聖者に頼らず、神に祈るべきだと思うのだが間違いか。〔聖者を信仰することの是非〕

大いなる神へつながる道を示してくれるのは聖者、賢者たちである。我々は感謝して彼らを敬い、祈りをささげるべきだ。どの分野でも、見習いの者は、先輩や恩師を敬い、教えを乞う態度を持つべきである。スピリチュアルな世界でも同様である。聖者の教えを尊び、手本とすることであなたは霊的に成長し、より深く神を敬愛し、より適切に宇宙の神に目覚めることができる。良き指導者は賢くあなたを導いてくれる。

六〇　人の話では、ニルヴィカルパ・サマディー（無分別三昧）とは、心が働かない超越意識

で、麻痺を伴う奇妙な神経の状態であるという。ご意見を伺いたい。［ニルヴィカルパ・サマディー］

ニルヴィカルパ・サマディー（無分別三昧）を経験したことのない人物に、そのまっとうさを説明する意味はない。論理的に論破することはできるが、はびこった懐疑論者はさらに真実に立ち向かってくるであろう。哲学的な意味合いと経験からくる神秘的な重要性をよく学んでいない者に対して、このように懐疑的な質問に回答することはできない。

六一　宗教家・哲学者オーロビンド・ゴーシュは、著書『ライフ・ディバイン』（The Life Divine）で、ややこしい弁証法的論議の末に、「結局、言葉では何も説明できないのだ」と書いている。理論的に理解しようとするのは、無駄なことなのでしょうか。［スピリチュアルな本の価値］

究極的に言えば、言葉で真実を説明することはできない。しかし、言葉による説明は、直接体験した修行者からヒントが貰えるという効果がある。頭で理解することが最終目的ではないし、言葉の理解には相対的な価値しかない。自分で純粋真理に目覚めること。真実は言葉では伝え切れない。真実は言葉によらないもので伝えられる。

六二　わたしの印象では、霊的なヨーギは物質世界や世の中の発展には貢献していない。高度に抽象的で内観的なテーマの書物を書いて、少数派の同類の人々を啓蒙しているに過ぎない。至高の書といわれるオーロビンドの書『ライフ・ディバイン』（The Life Divine）は、ほぼ誰も読まないし、理解できない。スワミ・シバナンダの本、『コスミック・ファイア物語』（Treatise on Cosmic Fire）なども難解だ。個人や社会を助けるという意味では、全くかけ離れている。と思うのは間違いでしょうか。［ヨーギは波動で働きかける］

ヨーギは単に本を書くだけで、人類の進化に貢献していないと思うのは正しくない。ヨーギの行う救済は一般人には理解しにくい。また人には、ヨーギに特定の形の救済を期待する権利もない。ヨーギは真に良いことは行うが、人類にとって、物質的に単に都合がよいことなどは実現しない。形而上学的な課題と人生の真の目的を誠実に説き、神を認識する方向へ導く書物は、迷える人類の大きな救済である。ヨーギがそのような書を書くのは、精神的にも実用的な観点からも、世のため人のためになる。さらにもっと多くの仕事を成している。直接的にも間接的にも、目に見えない善の波動で世界平和へ働きかけている。不調和な世の中に調和をもたらす。

六三　ケーヴァラ・クンバカの仕方がはっきりわからない。クンバカ（保息）であるが前もって呼吸はしないという。クンバカの前に必要に応じて吸うか吐くかしなくて良いのか。

［ケーヴァラ・クンバカ］

よくある質問だ。吸気も吐気もなしにクンバカする（息を止める）ことは不可能に思えるのだろう。しかし、ケーヴァラ・クンバカというのは、止息が突然、ひとりでに起きることを指している。意識的なクンバカではなく、心が深く集中した時いつでも起こり得るのである。突然プラーナが止まる。この重要な心理的瞬間は、修行者ヨーギにとって心がダーラナ（凝念）の段階に入ったことを示す。ケーヴァラ・クンバカは次のディヤーナ（静慮）に至る強力なサポートでもある。クンバカではあるが意図的に前もって吸ったり吐いたりはしない。言葉で書き表すとしたら、突然の呼吸停止。ヨーギはその前に特別の呼吸はしない。ケーヴァラ・クンバカが自然に起きた瞬間は、ヨーギの息の状態にかかわらず息がストップする。だから吸っている途中かもしれないし、吐いている途中かもしれない。ケーヴァラは「単独に」を意味し、ひとりでに起きる。起こったらそれに従う。

六四　わたしは現在ハタ・ヨーガを教えていますが、教師へアドバイスを頂きたい。［ヨーガ教師へのアドバイス］

ハタ・ヨーガを教えると同時に、パタンジャリのヨーガの八段階を教えること。生徒の正しい生き方、ヤマ（禁戒―他を傷つけない、誠実である、性的欲求のコントロール、盗まない、物に執着しない）、ニヤマ（勧戒―清潔である、足るを知る、自己鍛錬、聖典など精神的意識を高めるための学習、神への献身）の重要さを強調すること。生徒が、高尚な理想を持てるよう励ましなさい。積極的で献身的な行動ができるように、生徒を励ますこと。心を清め、制御できるようになることの重要性も充分に教えること。

真のヨーガとは、調和をとり人間の本質を高めることである。魂の浄化によって、低い次元の人間性を、徐々に神聖で輝いたものへと昇華していく。生徒のことをよく理解したうえで、明確に理解させなくてはならない。人生の目標は、あくまで神の純粋意識に目覚めることである。ハタ・ヨーガのアーサナ（ヨーガのポーズ）が最終目的ではない。それを忘れないように。

六五　医者が治せなかった病気を、祈りで治すことは可能ですか。我々には考えられないほど多くのことが、祈りによって成し遂げられているというのは本当か。［祈りと治療効果］

医者や薬も、神の手の道具でしかない。神の意志なしには、医者が治療を施したり、患者も癒されたりはできない。我々は、病気を治すためにベストを尽くすべきであるが、後は神の意志にゆだねる。一見不幸に思える苦しみも、それは人を成長させるために大きな助けとなる。神の恩恵としてそれを受け入れる。祈りは、神からすでに授かった個人に内在する超能力を引き出し、奇跡を起こすことがある。

六六　ニヴリッティ・マルガ（自己放棄）した霊的求道者でも、少しは貯えを持つか施しで暮らさねばならないとある。今やわたしにはお金もなく、家から家への物乞いは気が進まない。しかしすぐに出家したい。わたしの魂の渇きを癒す方法を教えてください。［修行者の守るべき心得］

インド中にたくさん素晴らしいアシュラム（僧院）があり、常に誠実で働き者の奉仕労働者を歓迎している。アシュラムに滞在し、アシュラムの活動を手伝いなさい。あなたの物質的な必需品は整えてくれる。しかしアシュラムからアシュラムへ渡り歩くことは良くない。自分に適したアシュラムを選んで、そこにずっと滞在しなさい。

六七　イニシエーション（グルによる伝授の儀式）を受けたが、そのグルの元を離れて新しいグルについた場合、最初のグルにはどう接するのが正しいか教えて欲しい。［グルを変えることの是非］

解脱した聖者に出会うことは、非常に稀なことである。たいていは、家族の属する宗派の僧侶をグルと称している。しかし、そのような僧侶は、経典にでてくる霊的なグルではなく、宗教上の役割を担っただけの人だ。解脱はしておらず、宗教的な地位に就いただけだ。かようなグルにイニシエーション（伝授）を受けて修行を始めた求道者は、そのグルのレベルまでしか精進できない。神の認識にまで至らないグルは、自分のレベル以上に求道者を導くことは不可能だ。もし霊的求道者が、より高い境地のグルに出会ったならば、そのグルの弟子となることに問題はない。最初のグルが誠実なグルであれば、弟子をより高邁なグルへ紹介するはずである。

しかし、最高のレベルに達しているグルからイニシエーションを受けた修行者が、そのグルの元を去ったとしたら、それは修行者の大間違いである。たとえグルを取り替えても、満足できる成果は望めない。気まぐれな心を改めて、同じグルの元で修行を続けるべきである。単にグルを取り替えたいだけなら、その試みはやめなさい。経典にもあるように、真のグルに出会い、解脱したグルとして受け入れた求道者は、そのグルを変えてはいけない。グルと弟子の霊的な繋がりは永遠のものである。グルからグルへと渡り歩く修行者に、霊的な成長は一分たりともありえない。

グルとの関係についてウパニシャッドでは「ウパニシャッドの大いなる神は、神に対して献身的敬愛を持つグルと、同じ敬愛をグルに注ぐ弟子に対して明かされる。神への熱愛、それすなわち、グルへの熱愛である」と説く。真のグルと出会うまでには、多くの補助的なグルに出会うであろう。グルたちは、我々の成長を助けてくれる貴重な存在である。霊性の高いグルは、我々の中に霊的な種子を蒔いてくれる。求道者は「神を知る」という美味な果実を収穫するまで、その種に霊的修行という水をやり続ける義務がある。

六八　自分の睡眠時間を減らせるよう、睡眠のコントロールがしたい。それに適した薬はないでしょうか。［睡眠時間のコントロール］

薬で睡眠を減らすなどもっての外である。全身に悪影響を及ぼすだけだ。睡眠をしっかり取り、肉体には充分な休養を取らせることだ。しかし、規則正しい深い瞑想ができるようになると、次第に多大な安らぎがもたらされる。その結果、自然と睡眠時間は短縮されるが、その場合健康に害はない。睡眠時間を短くする場合、ゆっくり注意深く行うことが大切である。まず一か月間、毎日夜九時半に床に就き、朝四時に起きる。翌月は夜十時に床に就き、朝三時半に目覚める。その翌月には、十時半に床に就き三時に起きる。徐々に減らすやり方で行えば成功する。昼寝のたぐいは避けること。

六九　もし神が全知全能であるのなら、なぜ、すべての人が正しい行いをするようにできないのか。［現世は相対的世界だ］

人はすべて自分の行動を自分にふさわしく行う。泥棒は盗みを働き、悪党は悪の行動をなす。それぞれのカルタヴィヤ（義務）である。覚えているかな。この世はトリグナ（三つの特性）からなる。

サットヴァ（純粋）、ラジャス（動的、落ち着きのない）、タマス（暗い、鈍い）のバランスで成り立っている、相対的存在である。一歩一歩の歩みは、サット・チット・アーナンダ（永遠不滅の絶対的存在）を知ることへ向かう。現世は相対的な世界である。売春婦、聖者、ならず者、物乞い、王様らはそれぞれのお仕事をしているわけだ。善し悪しは相対的な言葉である。悪は善の栄光があるから悪と呼ばれる。愛を称えるために憎しみは存在する。ならず者は永久にならず者ではない。正しく純粋な仲間に加われば、一瞬の内に聖者にもなれる。

七〇　公平で慈悲深い神が、なぜこの世に悲惨な状態を残しておくのか。善人が苦しみ、悪人が楽をする社会。これはどうしてなのか疑問に感じる。［苦痛は姿を変えた神の祝福］

苦しみは、我々の目を開くために存在する。痛み、苦しみがなければ、誰も精神の救済を求めない。苦痛は姿を変えた神の祝福である。

善の人は、苦痛は神を思う心、忍耐力、慈悲を培うために与えられたことを知っている。快楽は神を忘れさせる時であることも知っている。だから彼らは、世俗の快楽や富を求めない。喜んでも苦しんでも、心の調和を失わない。あなたにはまだ理解できないかもしれないが、彼らは苦痛の中に喜びをみつける。今のあなたの魂はまだ若い。

七一　モクシャ（解脱）に達するとすべてが平等に見られると聞く。では、カーストのアンタッチャブル（不可触民）は意味があるのか。わたしは敬虔なヒンドゥー教徒で、戒律に従い、一メートルほど先でも不可触民や掃除人を見ると、すぐに風呂に入って衣服を洗濯する。これらのヤマ（道徳的戒め）ニヤマ（宗教的戒め）はそのまま続けるべきでしょうか。［ヒンドゥー教とヤマ、ニヤマ］

掃除夫とあなたが、喜んで抱擁する日をお与えくださいと神に祈りなさい。ワンネス＝あらゆるものがひとつであることを知る。その日はめでたい日となるであろう。今のあなたは小さな、狭い、窮屈なハートの持ち主だ。心を開いて、ゆっくりと不可触民に対する差別意識を放棄しよう。今の考えは、あなたの霊的な向上に大きな障害となる。時間はかかるだろう。深く根づいた戒律主義があなたの中にはある。この瞬間にきっぱりと、人と人を隔てるバリアを取り除きなさい。そうすれば、表現しがたい歓びと超越した心の平和があなたに訪れよう。

七二　クンダリーニ（尾てい骨の下に眠る力）を覚醒させる方法。それぞれのチャクラを通過してサハスラーラ・チャクラ（頭頂のチャクラ）まで上昇させる方法。それを再び、ムーラダーラ・チャクラ（クンダリーニの定位置）へ降ろす方法を教えて欲しい。［クンダリ

ーニを上昇させる方法〕

クンダリーニをサハスラーラ・チャクラまで上昇させるには、ヨーニ・ムドラの修行が必要である（耳を両親指で、目を人差し指で、中指で鼻を、薬指と小指で口をふさぐ形）。あなたが全く無欲になり、ヴァーサナ（潜在欲望）が滅却されたら、その浄化力で苦労なく、クンダリーニは自然に上昇し始める。昇ったクンダリーニはプララブーダ（現世を決めるカルマ）の力で自然に下へ降りる。それぞれのチャクラにも自動的に立ち寄る。各チャクラに留まる努力は必要ない。

これはヨーギの神秘的な秘伝の、高度なテクニックの一つであるため、熟練したヨーギやグルのガイダンスを仰ぐことを勧める。

クンダリーニをサハスラーラ・チャクラまで上げることを意識する前に、あなたには自己浄化の修行が必要である。真剣に霊的修行の正しい道を歩み、ヨーギのテクニックを伝授された場合は、自ずと方法がわかる。わたしの著書、『クンダリーニ・ヨーガ』（Kundalini Yoga）を参考にするとよい。

七三　この宇宙は、ひしめき合う原子の偶然の集まりなのか。宇宙の進化を説明してください。〔宇宙の進化過程〕

宇宙は原子の偶然の組み合わせなどではない。しかし、進化論については哲学の各学派によって異なった説明をする。最も広く受け入れられている見解は、ヴェーダーンタの進化論であろう。それによると、宇宙は体系的で、有機体のかたまりであり、それを司る全知全能の「その存在」、大いなる神が背後にある。

相対的見地から見る宇宙とは、壮大な原始の根本原理が目に見える物質と化したものであり、この原理はあまねく遍在する純粋意識の神によって動かされている。この結果が、五唯（声、触、形、味、香）であり、五大（地、水、火、風、空）となる。潜在意識、マインド、知性、エゴ、行動と受動の感覚器官、生命エネルギーと肉体。すべての結果は実在するように見える。しかし、真の実在は全知全能の、あまねく遍在する純粋意識そのものだけである。絶対的見地からみると、物質的な宇宙は存在しない。あるのは、内的意識の波動の映像、すなわち、心によって起こされた幻の姿、形だけである。

七四　完全なグルはあらゆる界層に同時に存在する能力を持ち、透視能力と透聴能力もあると聞く。弟子の心を読む力も備わるのか。ラーマクリシュナは、弟子が質問をする前に、その内容を理解していたと言われる。読心術もふくめてこのような能力を有する人を偉大なグルとみるのですか。［透視・透聴能力］

透視、透聴は、必ずしも常時自動的に行われているものではない。グルが状態を知りたいと思う相手に意識を向けた時、透視や透聴が両者の意識なしに自動的に起きる。常に誰かを見聞きし、相手の思いが読めるという状態を想像してみたまえ、それは大変だ。

高い霊性のヨーギは、解脱の境地ですべてを見聞きする。個我の考えや言葉を超えた、至高の意識、真我アートマンを悟ったヨーギだからである。読心術などのパワーが、修行の極致を意味するものではない。逆に、そういう能力なしでも解脱は達成される。しかし、悟ったグルがそう望めば、そういう超常能力は会得できる。しかし他人がヨーギに超能力の発揮を強制することはできない。

七五　アドバイスを頂きたい。事情により、イニシエーション（グルによる伝授の儀式）を二回受けた。それでもグルに尊敬の念を持てない。魅力と反感の複雑な感情の結果である。子供時代の熱心な教えの原則と今の自分の信仰の間で逡巡を繰り返す。もし自分の良心の声が強く拒んだら、どうすればよいのか。［グルを尊敬できない場合］

自分の感情や心の衝動を良心の声と聞き間違えてはならない。しかし長期間自分の思考を鎮める方法をすでにマスターしたのなら、自分の良心の声を聞きたいと願うのもよし。声が聞こえだしたら、その自動口述に従う。そこで、すべての葛藤はなくなる。優柔不断に付ける解毒剤はない。決断あるのみ。しかし、逡巡する心がある間は難しい。自分の意志の力を訓練して、迷う心を切り離しなさい。

七六　マハー・マントラ（偉大な真言）を繰り返し唱えることが、この暗いカリ・ユガ（ヒンドゥー教の宇宙観で今の時代のこと）において罪を洗い清める方法であるという。マハー・マントラには二つの神の名前、ハレ・ラーマとハレ・クリシュナがでてくる。この二つは別物か。信者が二つの神の名を唱えるのは許されるのか。瞑想の時、心の中で唱えるのはどちらの神がいいのか教えてください。［ハレ・ラーマとハレ・クリシュナ］

ハレ・ラーマとハレ・クリシュナの両方を司る上級の神が存在する。それはヴィシュヌ神である。瞑想中、心で唱えるのはラーマでもクリシュナでも、あなたの心が向いた名前の方で良い。

七七　弟子を早く覚醒させる修行方法を教えて欲しい。［弟子を早く覚醒させる方法］

世俗の悪いサムスカーラ（潜在印象）を滅却するための極端な方法として、わたしは弟子に数か月間、時には何年間も奉仕活動をさせている。その期間の長短は弟子の魂の進化の度合によって異なる。まず自分で料理、洗濯をしっかり行い、病人の世話もする。その言動のすべてがサドゥー（行者）として、サンニャーシン（出家者）としての奉仕である。

同時並行して、あらゆるヨーギのテクニックを習う。意識の集中、瞑想、ジャパの唱和など多岐にわたる。「ヨーガと哲学」についてのエッセイを書かせる。キルタンを習って唄い、時々講義もさせる。わたしはこれらすべての点を教えると同時に、よくある病気の治療についても弟子に授業する。五感の制御ができ、瞑想が深くなりサットヴァ（純粋）な質が高まったと判断した時、弟子を涼しい山間地の独居生活に出し、より深い瞑想に集中させる。

七八　なぜ、我々は苦痛、試練に満ちた世界に生まれてくるのか。この世は幻影であり、誰も生まれず誰も死なない、とスワミジは反論されるかもしれない。ではなぜ、幻影やサムスカーラ（潜在印象）に惑わされない、至福の状態でいられないのか。［超越的（トランスセンデンタル）な質問］

このような超越的（トランスセンデンタル）な質問は、何万年も脳みそを絞って考えても、永遠に答えは出てこない。インテリ層は宇宙について「なぜ」と「どうして」の質問をよくする。息子は父親に尋ねる。「パパ、僕はどうして生まれてきたの」。父親は「お前が大人になればわかるよ」とだけ答えるだろう。

この例は、あなたのような初期の修行者に当てはまる。焦ってはならない。荷台は馬の前に置いて走るものではない、馬の後に付いてくるものだ。真我、アートマンを知れば、答えはおのずと解ってくる。今は真剣に忍耐強く霊的修行に打ち込みなさい。不毛な論議には加わるべきではない。誰に聞いても答えは同じである。おわかり頂けたかな。

七九　国の品格として、どうしたらインドの栄光を再び輝かせられるのか。［インドの栄光と教育］

インドという国に関していえば、本質的に大変スピリチュアルな国である。昔はいたるところにアシュラム（僧院）があり、人々は神聖な神の理想へ向けて自助努力し、巷には現実的でしかも悟った人格者のアーチャリャ（導師）が多くいたものだ。シシュヤ（導師の弟子）も精神的にレベルが高く、グルの教えを良く聞いて忠実に実践したものだ。

現代において、国の品格が下がったのは、西洋のマナーや流行モードのサルまねをした結果である。西洋のどこまでがインドの道徳的、肉体的、精神的な成長の助けになるか。モクシャ（魂の自由解放）にプラスかマイナスかを、正義感を持って考えるべきであった。現代人は、他人にとって何がベストであるかを無視しがちだ。結果、道徳的な進化を妨げ、人の品格をおとしめるような事柄を容易に受け入れてしまう。そういう場合の救済方法は、アシュラムが増えて街のあちこちに存在するとよい。特にインドではそうあるべきだ。スピリチュアリティ（霊性）こそがインドの既得権であり、この物質主義がはびこっている世界の隅々を率先して照らすべきである。

二番目に、特定の宗教に偏らず、一般的な宗教・倫理を義務教育の過程に入れるべきだ。宗教的偏狭さゆえに、多くの戦争、家族不和、争いが起きている。教育はすべての人々に無料で、年齢を問わず、少年少女、成人男女を問わず機会が与えられるべきである。サストラ（経典）とダルマ（正しい生き方）を教える。科学と宗教は、近代社会の発展を阻害することなく、双子のように手に手を取って進むべきである。

人々はカルマの法則について知る機会を持つべきである。ダルマ（正しい生き方）に反しなければ、モクシャの妨げにはならない。自由に自分の興味ある分野で輝ける。古い伝統も、魂の進化の邪魔をしなければ、栄光のバラタ・ヴァルシャ（バラタ族すなわち「インドの地」）の昔を思い出す手段として守る方がよい。科学的発展という名の下に、手工芸や伝統的な食べ物をゼロにするべきではない。従来通り継続するのがよい。理想的な智恵の人を作るアシュラムは、人々に周期的なアシュラム訪問、宿泊、巡礼などを通じて、純粋意識についての知識を学ぶ機会を与えるべきである。

宗教会議を定期的に開催し、霊的修行の方法や経験的修行を分かち合うべきである。このような活動を継続すること。インド国内だけでなく、世界中に広がれば、さらによい。

八〇　禁煙ができる方法を知りたい。［禁煙法］

喫煙は悪い習慣である。タバコを、神経の興奮を鎮める効果のある別の物に置き換えなさい。喫煙者と同席しないこと。心を忙しくしておくこと。心を暇で退屈させてはいけない。体の保健衛生の原理について学ぶ。健康と理想的生き方の法則を知る。心に、タバコの弊害を強く印象づける。聖典経典を読み、その意味を理解する。アーサナ、プラーナヤマを行う。常に神の存在を思っていれば、悪い癖はそのうち消える。

八一 『バガヴァッド・ギーター』には、霊的修行者に必要な多くのことが書かれている。しかし、この世が創造された目的については、何も触れていない。なぜ、神はこの世を創造されたのか。[この世が創造された理由]

『ギーター』の中で、神がこの世の創造について沈黙しているのは、それも神の叡知のかたちなのである。この疑問は、さまざまに形を変え、多くの人を悩ませてきた。全知である神の中に、どうして神への無知、無明が生じるのか。カルマの始まりはどこか。形に制限されない普遍的存在が、どのようにして形を持つのか。至高の光の中に、どうして幻影が存在できるのか。誰も、答えることはできない。まず根本原理、人間の知性を超えた普遍的知性、すべての根本的な原因、森羅万象を司る宇宙意識などを理解する必要がある。

アートマン＝ブラフマンのみ宇宙の真我であり、人は解脱して個我が真我と合体した時、言葉や思考が停止する。探求する質問のがわと質問自体が消えうせる。疑念者の中の疑念は消え去り、偉大なアートマンの静寂の中ですべて納得し、謎は解ける。しかし、言葉は人をとまどわせ、質問した言葉は回答を得ないまま残る。

通常の知性を超越した質問ゆえに、『ギーター』の中で神は沈黙を守っている。しかし、一方で全知全能の神はその疑問を解くカギ、つまり方法を与えてくれている。

この世が創造された理由よりも、創造主を知ろうとしなさい。創造はなされたのであってそれを超越するのが智慧である。神の神秘を、人間の知性で証明しようとするのは心理的な悩みを増やすだけだ。超越的なことに「なぜ」という質問は無意味だ。「なぜ」という質問は、世俗のことに使えばよい。理性の力は有限でもろいものだ。すべての「なぜ」は神のみぞ知る。大いなる神である真我を悟り、答えを得なさい。現世のマーヤ（幻影）やすべての現象の本質と由来が分かるであろう。

八二　ガンジーの暗殺について、どう思われるか。〔ガンジーの暗殺〕

すべては神の意志によって起きる。肉体を失うことが人の死ではない。人は肉体の死後も、消化されない願望があるために行動を続ける。真の行為者は肉体ではない、魂だ。真の行為者が無になることは決してない。肉体を殺しても、その人の魂を殺すことはできない。ガンジーは、『バガヴァッド・ギーター』の第二章の教えを堅く信じ、自分の中にある至高の神が始めなく終わりなく永遠不滅であることを信じていた。

ガンジーが片時も手離さなかった『バガヴァッド・ギーター』から

第二章

一九

生物が他を殺す　また殺されると思うのは
彼らが生者の実相を知らないからだ
知識ある者は自己の本体が
殺しも殺されもしないことを知っている

二〇

魂にとっては誕生もなく死もなく
元初より存在して永遠に在りつづけ
肉体は殺され朽ち滅びるとも
かれは常住にして不壊不滅である

二二

人が古くなった衣服を捨てて
新しい別の衣服に着替えるように
魂は使い古した肉体を脱ぎ捨て
次々に新しい肉体を着るのだ

二三

どのような武器を用いても
魂を切ったり破壊《こわ》したりすることはできない
火にも焼けず　水にもぬれず
風にも干涸《ひから》びることはない

二五

それは五官で認識することはできない〔原注：五官とは眼、耳、鼻、舌、皮膚〕
目に見えず人智では想像も及ばぬもので
常に変化しないものと知り
肉体のために嘆き悲しむな

二七

生まれたものは必ず死ぬ
死んだものは必ず生まれる
必然　不可避のことを嘆かずに
自分の義務を遂行しなさい

二八

万物はその初めにおいて色相《かたち》なく

中間の一時期に色相を表し〔原注：肉眼で見えるのは一時的現象である物質体だけ〕
また終わりに滅して無色相となる
この事実のどこに悲しむ理由があるか

（田中嫺玉訳『神の詩　バガヴァッド・ギーター』より）

八三　「超越的存在のアートマン＝ブラフマンが真我であり、我々の本来の姿は普遍的で永遠の存在である」と言われる。一方「一人一人の相対的な自分には、個我がある」とも言われる。有限な個我と永遠の真我の二つが、同時に存在するのですか。〔真我と個我〕

宇宙で本当に実在するのは、大いなる神、真我のみである。相対的な個我というのは、絶対的真我が人間の心という器官を通して体験する結果である。ある物体を見る時、歪んだ色ガラスを通して見ると、元来無色で歪曲していない物体が、歪み、色がついて見える。あなたもそういう経験がおありであろう。それと同様だ。歪んで、色がついているのは、あくまで見かけ上のことである。歪んだ物と歪んでいない本来の物、二つが存在しているわけではない。物の見え方、認識のされ方に違いがあるだけだ。同様に永遠の真我も、「心」という有限で有色のガラス越しに経験すると、時間、空間、有限の命などの相対的な制限を持つ個我となる。

八四　実生活では、善良な行いで損をすることが多い。認められ、報いられなければ、なぜ善人でいる必要があるのか説明してほしい。［善い行いをする理由］

物質的な見返りがなくとも、常に善い行い（do good）、善い人（be good）を心掛けなさい。世俗的な人間は善人を我欲のために利用するかも知れない。気にすることはない。神は常に、正しい行いをする者、真理に従い神に帰依する者の味方である。神を畏敬し信心する心なくしては、善良な人間とは言えない。善い人間とは、社会生活の中でも、スピリチュアルな生き方をしている人を言う。善い人間とは、心を浄化して神へ献身的愛情を深めることを意味する。善い行いは、必ず美味な果実をもたらす。悪い行いの結果は苦い果実を収穫する。好むと好まざるとにかかわらず本人へ戻ってくる。善い行いは他人に認められるか否かにかかわらず、その人の人生のバックボーン（土台）となる。

純粋な生き方が、真我を知ることにつながる。霊的修行者は、善い行い、善い人間であることを通して、人生の最終目的である神の気付きへ導かれる。忘れてはならない。神は善い行いと善い人を常に認知し誉めている。むしろ神は善い行いをする人の中に生きて共に行動している。善い行いをする者は、神の存在を身近に感じ、その存在を疑わない。自分の中や周りに神の気配を感じられない人が、自分は善良な人間だと思うのは、笑止千万である。世間的な見返りなど考えないで善いことをする。人に与えられた権利は、それぞれの瞬間にその義務をまっとうすることだけである。人事を尽くしたら、その結果は我々の手中にはない。後は大いなる神に任せなさい。

八五　政治家がいなくなれば世界平和が訪れると思われるか。［世界平和と政治家］

世界平和は政治家がいてもいなくても変わらない。個人であれ、全体であれ、人々が正義、智慧、真実、公平無私を理解してそれに従って生きるかどうかである。政治家は単に行政管理を担っているだけである。しかし残念ながら、政治家は今後も利己主義と貪欲とに左右され続けるだろう。何千万人もの国民の苦しみや気持ちを非道にも無視し、破壊的な戦争に駆り立て続けることであろう。

八六　過去五年間強烈なタパス（苦行）を行ってきた。その間、わたしのトラブルや困難は倍増し、今は失業して飢えに苦しんでいる。どうすれば良いのか。神の恩恵はわたしの上にないのか。食べ物もない状態でいかに修行を続ければいいか教えてください。［受難は何のためにあるのか］

神は地面に住むカエルにさえ食べ物を与えておられる。神はあなたの場合だけ失念されたのだろうか。それは驚きだ。神は神の任務を怠ったのだろうか。そんなことは考えられない。神は慈愛に満ち、明快である。神はあなたの中に、前向きな素質を育てたいのだ。たとえば、勇気、平静な心、忍耐力、強い意志、不屈の精神、慈悲の心、愛などである。それらを備えて神の園に相応しい人物にするためである。そう、それがあなたの場合に当てはまる。もがき苦しむ誠実な霊的求道者は、より多くのトラブルや困難に直面する。苦しむ者は、より早く至高の神の門に辿りつき、まじり気のない純粋な至福にひたりたくて、いばらの道をばく進しているのである。

ミラ王女は王宮の栄光も栄華も放棄して、熱砂のラジュプタナの地へ行った。ブリンダヴァンの町へ向かう道で飢えそうになった。夜は地べたに眠り、施しで暮らした。『マハーバーラタ』のパンドゥー族はクリシュナ神がついていても、数え切れない艱難辛苦を経験した。ドラウパディは怪力のビーマがいても苦境にたたされ、アルジュナとダルマプトラは対戦した。パンドゥー族の五人兄弟やラーマ神、ミラなどの受けた苦難に比べれば、我々の苦痛は知れたものだ。受難こそ意志の力を養う。苦痛こそが人をスピリチュアルな道程に導く。すべての歩みにシバ神の恩恵と慈悲を感じなさい。夜明けに太陽が昇るとあたりの霧が消えるように、すべての困難は消えうせるであろう。

八七　本物のグル、指導者の資格とはどのようなものか。また、普通の人間に真のグルを見つけることは可能でしょうか。［真のグルを見つけられるか］

真のグルとは、ヴェーダに精通していると同時に、神と一体化している人物である。智慧があり、欲望、罪を滅却した者が、導師またはグルとなれる。グルはその智慧と神聖さ、魅力で人を引き付け、自然とグルの元に人々が集まってくる。グルは自分が導くに値する魂、弟子を引き寄せる。常に平静を保ち、慈悲と高い魂を具現化した聖者、そのような人物に出会えば、その聖者をグルとして受け入れるがよい。

弟子にとって完全で、人生における理想となりうる人物がグルである。つまりグルとは、神の具現化した形であり、その人物の中に神が見えた時、グルとして受け入れることができる。グルと弟子の関係は、神と人間の関係と同じように、純粋で決して壊れることのない関係となる。

この宇宙では、「起こるべき出来事のためには、必要な状況が必ず調えられる」という自然の法則がある。より高い魂の導きを受ける準備が調ったら、天の配剤により、その弟子には必ずふさわしいグルとの出会いが訪れよう。あるグルの弟子として生まれついていれば、必ずその人に出会える。

八八　魂（ソウル）と心（マインド）はどう違うのでしょうか。［魂と心の違い］

魂とは無限であり、永遠ですべてに遍在する意識である。絶対的世界である。心とは、それが相対的世界となって有限化されたもののことである。魂すなわち純粋意識とは、無限で永遠に遍在する絶対の存在をさす。心は欲望の総称ともいえる。よって力はあまりない。あたかもパワフルで意識そのものに見えるのは、内在する魂が反映しているためである。心こそが個人の本質であり、行動の主である。この世界で客観的そしてまた主観的な経験をしているのは心であるが、魂は絶対的存在であり、心の状態に影響されない。心は有限の存在だが、魂は無限、永遠不滅の存在である。

八九　聖者や霊的修行者はよく虎や鹿皮を敷いている。霊的レベルの修行者にとって、動物を殺したり殺させることは罪にならないのか。隠遁者が動物の皮の上に坐って解脱を願うというのは、自殺行為ではないかと思うが。[聖者と虎や鹿皮の敷物の関係]

最も重要な背景を説明しよう。古来、聖者や修行者が坐ったりアーサナを行う時によく鹿や虎の皮が使われてきた。しかし、そのために動物を殺したりはしていない。修行者がタパス（浄化苦行）をした昔の庵やアシュラム（僧院）は森の中にあり、鹿が常に同居したも同然の環境であった。自然死した鹿の皮が付近でよく見つかったものだ。修行者にとってはより簡単に手に入る敷物であった。当時ジャングルの奥で暮らすヨーギにとって、鹿皮や木の皮の方が、織物よりもはるかに身近にあり、簡単に入手できたのである。虎皮も同様だが、鹿皮ほど数は多くはなかったと思われる。

霊的修行者の間では鹿皮が広く使用された。アーサナのミリガ・チャルマのミリガとは鹿のことを指す。スピリチュアルな修行という観点から、古来の聖者は、鹿皮の上に坐して行うサダナ（霊的修行）はシッディ（超能力）に繋がりやすいと記述している。修行や瞑想で発揮されたパワーが、鹿皮によってうまく保存されたためであろう。

九〇　プラーナヤマ（呼吸法）を参考書だけ読んで行っても良いものでしょうか。［参考書だけで行うプラーナヤマ］

よろしい。ただし、参考書を数回詳しく読みこんで、テクニックを完全に頭にいれてから実践すること。何か疑問点があれば、先輩や経験者に相談して解決する。それからまた続ける。規則正しくシステムを組み立てて行うこと。早く進歩したいのであれば、わたしの詳しい解説が載っている著書、『プラーナヤマの科学』（Science of Pranayama）を参考にするとよい。クンバカ（保息）の時間を徐々にのばして二分間行ってもよい。上級のプラーナヤマを実践したい場合は、グルの指導を仰いで行うこと。

九一　既婚の女性です。害なく行えるプラーナヤマ（呼吸法）を知りたい。［女性に適した呼吸法とは］

ヨーガの実践は、どの方法であれバラエティー豊かなやり方がある。男女とも同様に自分に適したように行うことができる。肉体に関わる訓練、たとえば、ハタ・ヨーガやクンダリーニ・ヨーガの場合、女性はきゃしゃで繊細な体格を生まれ持っているため、ある限度をわきまえて実践する必要がある。プラーナヤマは、女性も充分に行って全く害はない。

九二　『バガヴァッド・ギーター』は、なぜ戦場を舞台に教えているのか。〔『バガヴァッド・ギーター』の教えの舞台〕

クリシュナ神が『ギーター』の教えの場として、戦場を選んだのには深い意味がある。武将アルジュナに実地で訓練したかったからである。神の叡知とは肘掛椅子に横たわって論じるものではない。もし神の叡知が戦場の兵士に伴わなかったとしたら、それは真の叡知ではない。夕食のあとの話題として哲学を論じることはやさしい。暖炉のそばでぬくぬくと坐って『ヨーガ・スートラ』の難解な論点を論議するのもたやすい。しかしこれは神の叡知でもなんでもない。単に机上の空論である。ブラフマンの知識、至高の科学についてのリップサービスにすぎない。偽善行為である。こういう人々は、危機に直面し、試練で実践が求められた時、たいがい失敗する。自分の本当の使命がわからない。

「ノーノーそんなものは神の叡知ではない」と『ギーター』の中のクリシュナ神は叫ぶ。本物の叡知は戦場で、危機に面した現場でこそ発揮されるべきものだ。障害を乗り越え、誘惑を退け、試練から立ち上がる。試練を才能発揮のチャンスに変えられる。しばしば、天才は危機に面して作られる。強靱なキャラクターは、どんな試練や誘惑にも屈しない。危機に面した時こそ、その力を発揮する。道徳的に弱いキャラクターは、物事がスムーズに運んでいる時だけ哲学の話をする。

道徳的に高い人物は、平常時には自分の強さについては一切語らない。しかし、危機に直面した時にはおどろくべき頭角を現す。クリシュナがなぜ自分の教えの場として、恐ろしい戦場という舞台を選んだのか。アルジュナを通して全世界に伝えたかったメッセージとは何か。この点を霊的修行者はよく理解するべきである。

九三　シルシ・アーサナ（頭立のポーズ）を三十分必ず練習しているが、夢精を直すことができない。修行の仕方が間違っているのか。自分の性欲の制御法を教えて欲しい。〔性欲の制御法〕

長期間シルシ・アーサナ（頭立）を行うことは、間違いなく性欲の抑制に役立つ。同時にあなたの思考も純粋にする。肉欲の思いを持たないように努める。サットサンガ（清い集い）に参加する。サットヴァ（純粋）な食物を摂る。女性を見ないようにする。ヴァイラーギャ（離欲）を心掛ける。感覚器官のコントロールを心掛ける。

逆に、たとえシルシ・アーサナを毎日三時間行っても、残りの時間で、欲望を心に持ち続け、好色な友人と付き合い続け、サットヴァでない食べ物を摂り、五感の制御にも努力しないならば禁欲は無理である。本当に成功したいと望むなら、わたしの指導をキチンと守ることより他に方法はない。

九四　最近出家しました。巡回托鉢修行（パリウラジャカ）にでるべきか、人里離れた地で隠遁生活をするべきか。［最近出家した初心者の修行法］

新しい出家者にとっては、六年間の厳格な隠遁生活と集中修行が不可欠である。あなたの心の状態にもよるが、遍歴する托鉢生活では規則正しい霊的修行ができない。気の散ることがあちこち存在する。だから最初の数年間は五感を刺激する対象から隔離されていた方がよい。厳格な隠遁生活は計り知れない利点がある。一年に一回、数日間は環境の異なる場所を訪れる。タマス（鈍性）状態に陥ったら、体を使う奉仕作業を組み入れる。初心者は、ニシュカマ・カルマ（成果を期待しない労働）を二、三年間するのも効果があるとされる。その後隠遁生活をする。時たま二、三日托鉢生活を試みて自分の心の強さを試してみるが良い。

九五　結婚している男性です。出家者になりたい。最近子供を亡くして、家庭生活に嫌気がさしている。妻は敬虔な人間です。もしわたしが出家しても自宅に住み続けていいものか知りたい。［出家者と家庭生活］

今のあなたの状態は出家に合わない。子供の死で短期間のヴァイラーギャ（離欲）状態になっただけだ。いったん出家すれば妻と同居はしない。自宅は出る。モハ（妄想）があなたの心の隅に潜み続けて、古い世俗のサムスカーラ（潜在印象）があなたをだまそうと待ち構えている。マーヤ（幻影）はパワフルであることを忘れないように。古い潜在印象とその誘惑に打ち勝つために、ゲリラ戦争を繰り返してすべてのエネルギーを使い果たす結果になるだろう。もはや霊的な修行に使うエネルギーは残らない。

あなた自身高度に離欲しており、妻も信心深い人柄であると述べている。それでも出家したら妻からは遠く離れるべきである。彼女のことを考えることもしない。それが真の出家者である。出家すると言いながら妻や子供たちと一緒に住み続けて、あなたは迷いや過去の潜在印象、潜在欲望を断ち切る修行ができる自信がおありだろうか。

九六　風邪や他の理由で片方の鼻孔が詰まることがある。プラーナヤマ（呼吸法）が大変やりにくい。鼻孔を通す方法が知りたい。[鼻孔の通し方]

ひもの一方を鼻孔に挿入するとくしゃみがでる。これで鼻孔が通りやすい。または右が詰まっている場合、左を下にして五分間横になりなさい。これでも鼻孔は楽になる。バストリカ・プラーナヤマ（ふいご式呼吸法）を五ラウンド行う。こうすることで健康は回復するだろう。

九七　ジヴァ・アートマン（個我）とパラマ・アートマン（真我）の違いを教えてください。

［ジヴァ・アートマンとパラマ・アートマン］

ジヴァは個別、パラマは超越を意味する。超越意識のパラマ・アートマン（真我）が、人間の心に反映した形で存在するとジヴァ・アートマン（個我）と呼ばれる。パラマ・アートマンは無限で永遠不滅の意識であり、ブラフマン（サット・チット・アーナンダ）（実在、純粋意識、歓喜）そのものである。

一方、それぞれの人間の内に存在するジヴァ・アートマン（個我）は宿主の人間と同様に、時間や空間、五大元素などの有限な条件のついた意識でしかない。神認識もベールで覆われている。

しかし、ジヴァ・アートマンの中からアヴィディヤ（神の認識に無知）を学習して、神の知識を得た時、個我は真我と同一の存在になれる。それは大海の水と、その波に譬えられる。どちらも根源は同じである。

九八　なぜ神は、魅力的な女性を創られたのか。正当な理由があるはずに見える。わたしたちは子孫を残すために、子作りに励むべきだと思う。もし、皆が僧侶になって、森で隠遁生活をしたならば、この世はどうなってしまうのか。［皆が僧侶になったとしたら……］

魅力的な女性や財産は、あなたを惑わすマーヤ（幻影）の道具である。もしあなたが、卑しい考え、品性のない欲望を持つ、世俗的な人間でずっといたいのなら、そうすればよろしい。あなたの自由である。何度でも結婚して、好きなだけ子供を作るがよい。誰もそれを止めることはできない。しかし、やがてあなたは、時間と空間そして因果関係に縛られたものから成るこの世が、長続きする満足を与えてくれないことを知ることになる。

この世では、死、病気、老い、喪失、失望、失敗、暑さ、寒さ、地震、事故など、さまざまなことが起こる。心の平安は片時も得られない。あなたの心は情欲と不純で満ちており、物事を正しく理解できない。この世は幻影であり、アートマンは永遠の至福であることを理解できない。すべての男性が出家はできない。妻、家族、子供などの絆から離れられないのだ。あなたの見解は間違っている。

世界中の男が皆出家してこの世が空になった、などという記録を読んだことがあろうか。あなたがなぜこのように極端な意見を述べるのかというと、情熱やセックスを重要だと考えるサタン（悪魔）的哲学を支持したいからだ。人類の将来など思い煩わず、自分のことを心配しなさい。神はあらゆるところに遍在している。たとえすべての男性が森の隠遁生活に行ってしまい、社会が空っぽになったとしても、宇宙の絶対神はすぐさま何万人もの人間を創造される。そう願うだけで一瞬のうちに叶うのだ。あなたの心配することではない。自分の情欲を制御する方法を見つけなさい。

九九　死の時、体のどの部分から魂は抜けるのでしょうか。［死の時、魂が抜け出るところ］

生命エネルギーは、ナーディと呼ばれる管を通して体内を駆け巡っている。プラーナは流れを引き上げ、アパーナは下げる働きをする。この働きが絶え間なく行われているから、我々の生命は維持されているのだ。しかし、どちらか一方が弱くなった瞬間、そこが魂の出口となる。アパーナが譲った時、魂は頭、鼻、耳、口などから抜け出る。プラーナが譲った時は肛門から出る。

一〇〇　アストラル体（幽体）とは何か知りたい。［アストラル体（幽体）とは］

アストラル体とは微細体で、幽体とも呼ばれる。我々の感知できる肉体と相対する形で、非感覚に我々の肉体の中に存在する。その関係は、サッカーボールの表皮（肉体、物質界）と内側に層をなす内袋（アストラル体）に似ている。肉体とアストラル体はそれぞれの部分で正確に呼応している。五つの行為器官（手、足、口、排泄、生殖）、五つの知覚器官（眼、耳、鼻、舌、皮膚）、五つのプラーナ（アパーナ、サマーナ、プラーナ、ウダーナ、ヴィヤーナ）。さらにマインド、インテレクト、チッタ、ブッディ、アートマンとなる。これを「多重構造」と呼ぶ学者もいる。ヨーガでいうパンチャ・コーシャ（五つの鞘）の内、マノーマヤ・コーシャ（意識の鞘）、ニャーナマヤ・コーシャ（知識の鞘）がアストラル体に当たる。

死後に肉体から抜け出して天国へ行くのはこのアストラル体である。さらに、永遠不滅の存在（大いなる神）を知り、アストラル体も消滅したとき、人は輪廻転生のサイクルから完全に解放される。

一〇一　インドには七百万人（当時）のサドゥー（行者）やサンニャーシン（出家者）がいて、彼らのために何千万ルピーも無駄に使われている。サドゥーやサンニャーシンは社会のパラサイト（寄生虫）である。僧侶であろうとも社会で働くべきだ。隠遁生活の必要性も必然性も見られない。今は社会的な仕事をする人だけが必要とされている。これについてご意見を聞きたい。［サンニャーシンの有用性］

それは残念な誤解である。世論調査が間違っている。単なる物乞いや遊興者がサドゥー（行者）やサンニャーシン（出家者）のリストの中に紛れ込んでいるようだ。実際本物の僧侶はまれである。しかし真の霊的修行者はこの世の偉大なる実力者である。人からは何も取らない、人に与えるだけである。過去において栄光に満ちた崇高な仕事を成したのは僧侶や聖人であった。現在や未来において、偉業をなせるのも聖人だけである。

かの著名な、シュリ・シャンカラ（八世紀の思想家、ヴェーダーンタ哲学を大成）の名前はこの世が存在する限り消えることはない。力強いシャンカラは、梵我一如・不二一元論（ケーヴァラ・アドヴァイタ）教義を打ち立てた。そして今でも、我々の心に生き続けている。ほかにもスワミ・ダイヤナンダ、スワミ・ヴィヴェーカナンダ、スワミ・ラーマティルタ、偉大なパラマハンサ・ヨガナンダなどがいる。霊的なヨーギはどんな世界の精神高揚をも実現できる。なぜなら、ヨーギは神の智慧を持ち、時空を超えた人物だからである。真の悟ったヨーギは全世界の運命を変えることもできる。

パラマハンサ・ヨガナンダ（一八九三―一九五二年）はドアからドアへ崇高なヴェーダーンタ、ウパニシャッド、ラーマーヤナ、ギーターの教えを説き、インドのみならず、地球規模で広めていった（パラマハンサ・ヨガナンダ著『あるヨーギの自叙伝』一九四六年）。世界は大いにその恩恵に浴したものだ。

世の中の大学には科学、工学、心理学、生物学、哲学などの修士課程や博士コースがある。同様に霊的修行者の修士や博士課程もあってしかるべきだ。彼らはその全人生を懸け、ひたすらアートマンを探求し、アートマンに瞑想して大いなる神を知る努力をする。ヨーギは精神的な経験と神の認識を世に広める。世の学生たちにも精神世界へ広く門戸を開くべきである。

世俗的な学位を取得するのにも大きな努力と時間がかかる。ましてや永遠不滅のアートマン＝ブラフマンの探求はすぐさま成果は得られない。ヨーギのたゆまぬ努力は称賛されるべきである。

大地主、貴族などの責務として、霊的修行者の望みをかなえ、世話をするべきである。お返しに、修行者は人々の魂に関する指導や精神的なケアをする。こうすれば、世間という輪はスムーズに回転して国に平和がもたらされる。

すべての宗教には、独居して瞑想する隠遁者がいるものだ。仏教には修行者の比丘《びく》（出家した男性の僧）と比丘尼《びくに》（同じく女性の僧）がおり、イスラム教にはファキール托鉢僧、スーフィー教にはスーフィー神秘主義者がおり、キリスト教には神父、牧師などの聖職者がいる。

世俗の執着を放棄して出家し、神に祈る生活を送る僧侶や隠遁者を世間から除去してしまうならば、宗教そのものの栄光も完全に失われてしまう。しかし世界の宗教を維持し守り続けているのは彼らである。家庭生活を営む一般の人々が困難に出会い、嘆き苦しむ時、相談に乗り、慰め癒してくれるのも彼らである。

神との正しい結びつきを世に広めるメッセンジャーである。日々スピリチュアル・サイエンスの普及に努める。病人を癒し、見放された人々を慰め、寝たきりの病人を介護する。彼らこそが、ヴェーダーンタの知識「タット・トヴァン・アシ Tat Tvam Asi」（汝はそれ、ブラフマンである）を継承し、日々実践している者である。

インドは政治的な自治を達成した。しかしそれは長続きする平和と自由を人々に与えたであろうか。この政治的な自治統治は、人々に全面的な苦しみと無知を広めたに過ぎないとは思わないか。政治的な自治独立のみ果たしてもこの世の本当の問題を解決できてはいない。ほんの少々安楽をもたらしたに過ぎない。少し多くパンやバターやジャムが手に入るかもしれない。それでも人々は不幸せだ。相変わらず神について無知だからである。

幸せは心が神に向かった時にのみ得られ、神を知ることで人は永続する幸せと無限の至福を感じとれる。アートマン＝ブラフマン（真我）の認識、真我と個我の関係を知ることで、人は本当に独立して不死になれる。人が真の自由解放と完全な満足を味わうことができるのは、アートマ・スワラージャ（アートマンの独立自治）だけである。

世の政治家も、『ギーター』やウパニシャッドの教えを踏まえて政治を行うべきである。いや、まず倫理教育、セルフ・コントロール、自己犠牲、奉仕などの精神的な訓練を受け、人間本来の真の姿を良く理解した上で政治家を志すべきである。『ギーター』に述べられている三種類の修行（肉体的、言語的、精神的）を行い、パタンジャリの八段階の最初、ヤマ、ニヤマを実行するべきである。

政治家であろうとも、魂は不滅であること、この世は幻であること、この世のあらゆるものが一つであることを深く理解するべきである。世の中のすべてが一つのファミリーであることを知れば、政治家は誠実に国のため、国民のために尽くす気持ちになれるはずだ。

一〇二　クリシュナは神ではない。アヴァターラ（ヴィシュヌ神の化身）でもない。ゴーピ（神話の中の羊飼いの女）と単に欲望から遊んだ羊飼いに過ぎないのではないか。［クリシュナ神の生いたち］

その時クリシュナは何歳であったろうか。七歳かそこらの少年ではなかったか。神にも情熱の時期があったのだろう。その年で、ラーサ・リーラ（神の愛の劇。クリシュナ行伝劇とも言う）、マデューリヤ（神への純愛）、バクティ（神への信愛）、サレンダー（神へ完全にゆだねる）などはまだ理解できなかったであろう。

ナーラダ、スカ・デヴァ、チャイタンヤ、ミラ、ハフィッツ、ラーマナンダ、シャーキ達だけがラーサ・リーラの秘密を理解できたのだ。シャーキは少年の頃から奇跡を行い、自分はハリ神の化身であることを証明した。赤ん坊の頃すでに母親にヴィラート・ダルシャナ（この世の真理の洞察力）を示している。彼はヤムナ川の毒蛇カリヤをやっつけた。数えきれない数のクリシュナの化身として顕現したのも彼だ。

ゴーピ（神話の中のクリシュナの遊び友達）とは誰か。酔っぱらうと物が二重に見えるように、ゴーピはクリシュナ神だけをいたるところに見て、自分と神の化身のクリシュナとを同化させた。ムラリーの調べ（神を知るガヤトラ・マントラ）が聖なるエクスタシー、神との合体の境地をもたらす。肉体の意識を超えた状態となる。

一〇三　シュリ・ラーマは普通の人だった。神の生まれ変わりではない。妻が亡くなった時ひどく泣いた。また彼はラクシャーマンがインドラジットの矢に打たれて地面に倒れ、意識不明になった時も嘆き悲しんだ。至高の存在であるラーマが神である自分を何故忘れたのか。妻シータの死によって悲しみの海に沈んでしまった。もしラーマが常に神を悟った人であれば、シータの死をなぜ嘆き悲しむのか、納得できない。［ラーマは神か］

質問への答えは、ラーマはまさしく至高の意識のラーマ神であった。しかし変身したり奇跡を成したわけではない。心の底では歓び、悲しみ、生死、楽しみ苦しみに左右されることは決してなかった。しかし、シュリ・ラーマはその生涯を通して「普通の人の生き方」を貫いた。

そうせざるを得なかった理由は、悪漢ラーヴァナが、ブラフマー（創造の神）の恩恵を持っており、デーヴァ、アシュラ、ラクシャーサ、ヤクシャーサ、蛇、熊などには退治されない力を持っていた。ラーヴァナはそのプライドから、普通の人間の力をみくびっていて、人間だけは彼を殺せると豪語した。そこでラーマは普通の人であるふりをしなければならなかった。もしラーマが神であると知れたら、ブラフマーの恩恵を持つ魔王ラーヴァナをやっつけることはできなかった。

ブラフマーとは四本の腕を持つ創造の神、ブラフマンは宇宙の純粋意識、大いなる神を指す。

一〇四　亡くなった魂は、何か形をとるのでしょうか。［魂が物質化するとき］

イエス。しかし、すべてのスピリット（魂）が物質化するパワーを持ち合わせているわけではない。熟成してサイキック・パワー（霊能力）に恵まれた魂だけが物質化できる。その場合、人物の形をとる。降霊会の場に現れ、椅子に坐り、参加者と握手し、話もする。感触は実感があり、暖かくて生きた人間のようである。しかし短い間にスピリットの手は融けてかき消える。実際、その場面をとらえた心霊写真も存在する。

一〇五　亡夫の魂は今どこにあるのか知りたい。死後の魂はどうなるのか。安らかな魂のために何をすれば良いか。魂はこの世の出来事を見たり聞いたりできるのか。霊媒者は、死者と話ができると言うが、答えているのは本当に亡くなった人の魂なのか。［霊媒者は死者と語れるか］

心霊主義者や霊媒者、水晶玉占いなどに魅惑されないようにせよ。彼らはあなたの道を迷わせるだけだ。死者の魂と連絡ができ、話ができるなどということは単なる酔狂に過ぎない。本物の霊性とは関係ない。人生の目的はそれではない。我々の究極の目的は宇宙の真理を悟ることである。そこにこそ完全な至福と平安がある。

魂は生まれも死にもしない。人がある部屋から他の部屋に移動するように、魂もある次元から他の次元に移動したにすぎない。死と次の生まれ変わりの時期に、個の魂はより精妙な次元で自分のカルマ（業）を消化しようと努める。時期が来たら魂は新しい体を得て再び生まれ変わる。亡くなった魂を慰める最良の方法は、キルタンを唱えジャパをすることだ。無私の祈りと慈悲の心はすべての苦痛を和らげる。

亡夫の魂と連絡しようとしないこと。亡くなった魂と連絡を取るということは、その魂のより高い次元への上昇を妨げ、地上に引き戻す働きをする。夫の魂を引き下げることをしてはならない。その魂の平和と調和を乱すだけだ。霊媒師をコントロールするスピリットガイド（霊の案内人）は、無知、無明であり、人を欺き、うそを述べる。

一〇六　すべてのエネルギーを経済発展のために使うべきではないのか。精神的なアイディア、『ギーター』の学習、キルタンなどに時間とお金を浪費せずに、経済に貢献すべきだと思う。そうすればインドはもっと早く経済的に繁栄できた。経済成長の後に、哲学や宗教をうんぬんすれば良い。［宗教は社会に役立つか］

ごもっとも。インドも賢明に仕事をして物理的、物質的なパワーを西洋諸国に並ぶトップレベルまで開発するべきである。しかし、この世には二つのタイプの仕事がある。社会的なものと宗教的なものであり、その両方が必要である。社会的仕事の使命の人はそれぞれ得意な分野の仕事をする。宗教的使命の人はスピリチュアルな教えの普及をする。

大工は大工の仕事、左官は左官の仕事。社会的、経済的、政治的、産業的開発などもそれぞれ重要で必要なものである。この点は軽視されるべきではない。

ただし、究極的に人を救えるのは宗教である。信じる心がなければ人は指針を失う。どの分野の仕事人でも、自己鍛錬なしには仕事は成しえない。スピリチュアルな基本なしに、精神的なトレーニング、たとえばアヒムサ（非暴力）、サティア（真実）、ブラフマチャリヤ（禁欲）の道徳的理念なしに、いい仕事はできない。自己中心的で堕落したリーダーは社会を崩壊させ、自分の利益と権力のためにだけ頑張る。

パン、バター、ジャム、ビスケットは我々に長続きする幸せをくれはしない。快楽は精神的生活と心の平和の敵である。人をおとしめる。人は困ったときだけ神を思う。日頃持ちたきは、無尽蔵の精神世界の富である。それは人間の無知を取り除き、本当の幸せをもたらす。人類の艱難辛苦を完全に取り除き永遠の幸福を提供する。これが宗教的な布教であり、神への信愛、ヨーガの知識、ヴェーダーンタの教えである。人の活動の中でも最も栄光ある活動である。これこそ偉大なニャーナ・ヨーガ（神の知識のヨーガ）である。

インドは、すでに精神世界で最高の富を持っている。世界の富豪たちもヨーガの教えを乞うためにヒマラヤまでやってくる。リシ（聖人）やグルを慕って集まる。インドには不滅の富を持っている聖者やヨーギがたくさんいる。西欧諸国は、物質至上社会として膨大な富をため込んだが、不安定で落ち着きがない。資産財宝からは真の幸せを得られない。スピリチュアルな人生だけが永続する真実の幸せと平和を人類に与えてくれる。西欧でもこのことを感じとった人が増えている。

一〇七　ヨーギは精妙な世界を、いかにヨーギ的ビジョンで見るのか。［ヨーギ的ビジョン］

あなたが目という感覚器官の助けで世の中の対象を見るように、ヨーギは精妙な世界の対象を、精妙な器官の助けで見ることができる。直感の次元である。主体―客体・対象という関係は、対象を認識するために使われる感覚器官と、知覚される対象の素質が同質、同レベルでなければならない。ヨーギにどう見えているのか詳しく知りたければ、あなた自身がヨーギになることだ。

一〇八　すべてが神により前もって決められているのならば、人はなぜ努力するのか。失敗も神の意志なのか。我々は受ける資格のあることだけを受けると聞く。ならば我々が望んでも、値しないことは受けられないのか。この疑念が自分では晴らせない。［神の意志と人間の受け取り方］

すべてが前もって運命づけられていることは本当だ。大いなる神の意志によってすべては起きている。一方、神は人間に自由意志をも与えられた。善をなすか悪を成すかの裁量権である。プレイヨ・マルガ（即刻の快楽の道）とスレイヨ・マルガ（究極の善の道）である。神の恩恵なくして、悟ることもできない。神の恩恵を得るためにはプルシャッタ（自助努力）をすること。『ヨーガ・ヴァシスタ』にも述べられている。かかわった仕事に成功するか失敗するかは、神の恩恵の結果でしかない。努力し、すべてを受け入れ、沈黙の目撃者たれ。神のなせるミステリーを楽しめ。人は、受けるに値することだけ受け取る。それ以上でも以下でもない。

神の法則は人間社会の人の作った法律とは異なる。神の法則、判断は最後の審判であり、質問の余地がない。賄賂は通用しない。神の法は完全で公平で全人類のため、個人のため、神の創造物すべてのために適用される。神は自ら助くる者を助く。ただし、その人の願いが神の意志と合致していることが必要である。

ゆりかごから墓場まで、生から死まで、神の気付きから永遠に安らぐまで、人のなすべきことは、努力、努力、努力である。人事を尽くしたら、結果は気にせず、神にすべてをゆだねる。そこで神の叡知が働く。

一〇九　長年サットサンガに参加し、ジャパと瞑想をしているが、神の認識が確信できない。家族、地位、世事、お金へのモハ（思いこみ）がある。どうしたらいいものか。［在家修行の障害］

モハ、マーヤ（幻影）、はパワフルである。ある人の場合、前世のサムスカーラ（潜在印象）が大変強く現在の修行の効果が現れにくい。サットサンガ、ジャパ、瞑想などは疑いもなく大いに霊的修行のために役立つ。しかし、神については無知のベールが余りにも分厚くて、ジャパや瞑想の力だけでは突き抜けることが難しい。あなたの今のジャパや瞑想は、来生の良いサムスカーラを作っているに過ぎない。

今から聖典、経典を学習し、アートマ・ヴィチャーラ（ブラフマン探求）を同時に行い、ヴィヴェーカ（識別智）を深め、ヴァイラーギャ（離欲）を心掛ければ、霊的修行のスピードは猛烈と速まるであろう。離欲と神認識の学習は絶対に欠かせない。これらをなおざりにして、サットサンガ、ジャパ、瞑想だけを続けてもすぐに効果は期待できない。この世のマーヤ（幻影）は強大な力で迫ってくる。断固とした自己放棄、離欲、禁欲と公平無私の生き方を貫いてこそ、マーヤを消滅できる。この世はブラフマンの幻影にすぎない。それを知ること、すなわち大いなる神に目覚めることである。

一一〇　最近学校のクラスで教科書に集中できない。教科書を手にするやいなや、学ぶに値しないと感じる。わたしのこのハングリーな魂を満足させてくれる内容ではないと感じるから。［若者と出家の時期］

少年よ、世間を放棄して出家するには若すぎる。両親もいるであろう。孝行を尽くしなさい。将来の自分の食いぶちは、自分で稼がねばならない。しっかり勉強しなさい。同時に、神の手足としての務めも果たしなさい。確かに浮世の知識は悟りには役立たない。それでも、使い道はある。物事にはそれ自体に善いも悪いもない。使い方と知識が相まって善し悪しを決めるのだ。

学業と同時に霊的修行も続けなさい。自分で可能なかぎり、わたしの「二十の大切な心の教訓」を実践しなさい。精神日記をつけなさい。自分の真の目標を常に忘れないように。期が熟したら、大いなる神は自らそなたの出家を準備くださるであろう。巡り会うべくしてグルには出会えるものだ。

一一一　生活と瞑想はいかに混ざり合えるのでしょうか。［生活と瞑想］

この世で生まれつきディバイン（霊性）を持たない人は皆無である。すべての人に神聖さがある。程度の差はあるが本質的な有り無しではない。いわゆる無神論者の中にも神の霊性は宿っている。誰一人として、三つのグナ（性質）、サットヴァ（純粋）、ラジャス（活動的）、タマス（不活発）を持たない人はいない。その割合が異なるだけである。人は懐疑的であろうと、無神論者であろうとその他もろもろであろうとも、その人に備わったサットヴァな部分のお陰で徳を成すことができる。今生か来生でさらにより自然な形で徳が行えるようになる。

その人がラジャス（活動的）、タマス（不活発）な行動を取っている最中にも、内在するサットヴァ（純粋）の度合によって、いくらかはサットヴァな行動をとるものである。この世の誰も、たとえスリでも泥棒でも海賊であっても、悪ばかりを行うわけではない。人間はすべて、一生の内には善行と悪行を行うことになる。

この世はプラクリティ（転変する根本原理）の手中にある限り、人は善と悪両方の行動をとらざるを得ない。善行が成されるとき、その心は聖なる意識へ向かい、説明のできない内なる歓びを経験する。瞑想は基本的にサットヴァなものだ。気高く生きれば、自然と神のことを思う。そう考えていくと、純粋な行動そのものが、祈りであり瞑想であることが理解できる。

瞑想とは、必ずしも人気のない一隅や隔離された場所で坐り、ラーマやクリシュナやモハメッドを思い、音に出したり心の中で祈ることだけではない。個人の粗雑な部分を浄化するための行動の一環を瞑想とまとめて呼んでいる。霊的修行の一環だ。市民の日々の生活はこれらの瞑想と無知が微妙に混ざり合って存在している。

その瞑想が、進化した魂を持つグルの指導の下で行われた場合、教えられた人はひとえに善行とエゴ（自我意識）のない行動を取り、喜怒哀楽の意識を超えた霊的神意識で行動するであろう。日々はより楽しく、より魅力あふれるものになる。心して瞑想する道をたどれば、光の速さで進化できるが、普段のやり方であれば、かたつむりの速さでしか進化できない。

かように人生の日々と瞑想は混ざり合っているのである。

一一二　悟って神を知るためには、グルのほかに、仲介する存在が必要ですか。〔神認識への仲介者〕

イエス。守護神、主宰神がそれである。心はそう簡単に心自身を超越することはできない。個人の意識が宇宙の意識に到達するのは非常に難しいことである。そのため求道者は、神認識への仲介者として、守護神や主宰神の名前や姿や偶像を瞑想の対象として選ぶのである。神のシンボルとしての偶像や絵は帰依者を導き、話しかけて大いなる神へ意識を集中させる。霊的修行の初期には大変効果的である。修行を続けて期が熟したら、この神が瞑想者の前に現れ、マインドとエゴの働きを滅却させ、宇宙の意識を悟らせてくれる。

一一三　スワミジ、なぜ解脱を求める必要があるのですか。[解脱することの重要性]

解脱について理解するためには、サットサンガに参加し、聖典を学ぶ必要がある。さまざまな欲望や悪いサムスカーラ（潜在印象）で曇った知性は、解脱の重要性すら自覚できない。そういう知性は有害である。『バガヴァッド・ギーター』を読み、サットサンガに参加しなさい。聖者やスワミの話を聞きなさい。そうすれば、真実を識別できる心（ヴィヴェーカ）が生まれる。やがてこの世が、苦痛、悲しみに満ちていることが見えてくるだろう。家や車の所有、社会的地位や財産、高い給料だけでは心が満足しなくなる。そこで求道心が芽生える。神の意識を悟りたいと願うようになる。あなたをがっかりさせない、永遠の幸せを手に入れるためには解脱が必要である。

一一四　超越した世界のことなど求めなくとも、誠実で、道徳的で、思いやりを持ち、正直に社会の幸福のために働き、善良な人間として死ねば、それでよいのではないか。[人生の正しい生き方]

人生を誠実に生きて死んだら、あなたは聖人としてではなく、善良な人としてだけ死ぬことになる。それでは、解脱（モクシャ）することはできない。善良な人間は数多くいるが、覚者と呼べる人の数はごくわずかである。真の求道者と呼べる人でさえ、最近は稀である。あなたが言う「善良な人」のカテゴリーの中でも、善良の度合はさまざまである。たとえば、ガンジーのように善良な人が何人いるであろうか。

善良な人とは、どういう人を指すのか。正直で、誠実、人を思いやり、敬虔な人たちのことかもしれないが、彼らも本質的には自己中心的である。財産を貯めるのも、自分の妻や子供たちのためであって、他人の子供も自分の子供同然と考えているであろうか。町で甘い菓子を買い、最初に他人の子にそれを食べさせる人がいるだろうか。善人でもそのようなことはしない。それはすべてが一つだという宇宙真理を知らないからだ。この真理が認識されない限り、どうして離欲や本当の意味の無私の奉仕が実行できようか。

善良な人間になろうという理想は、動物本能の悪い生き方よりは勝る。しかし、善良な人間になるという理想は、大きな目標到達への一段階でしかなく、目的そのものでは決してない。最終的な目的は、神を知って解脱することである。神への一歩として人は、善良であり、善を成すべきである。さらに、真理を識別する力、離欲、正しく生きる態度を養い、瞑想、ジャパ、キルタン、経典の学習をする。そうすれば霊性が高まり、神の恩寵により、最終目標に到達することができるであろう。途中で留まっては意味がない。

一一五　プラティヤーハラ（制感・感覚器官のコントロール）達成のための、身体の一八点集中瞑想法のテクニックが知りたい。聖者ヤージュニャヴァルキャによる解説から説明ください。［一八点集中瞑想法］

聖者ヤージュニャヴァルキャの瞑想の集中のしかたは、心とプラーナを徐々に外から内に向けるプロセスである。体のある部分から他の部分へ意識を移行させて離脱していく。両足の親指から始まって他の指に移る。徐々に上体へ移行する。その部分に意識を集中、その部分の感覚意識を取り去る。それぞれのエネルギーセンター、チャクラを通過し、最終的には頭頂のチャクラに至る。このプロセスでマインドとプラーナは、体の外部感覚の意識を次第になくしていく。頭頂のチャクラに至れば、さらに深い瞑想の段階に至る。

ヤージュニャヴァルキャによる、体の一八の部分とは以下の通りである。

1. 足の親指
2. かかと
3. すねの中ほど
4. すねの上、膝の下
5. 膝の中心
6. ももの中ほど

7. 肛門
8. 体の中心、ウエストの下、ムーラダーラ・チャクラの位置
9. 生殖器
10. へそ
11. 心臓
12. のどの窪み
13. 口蓋の付け根
14. 鼻の付け根、舌根
15. 眼球
16. 眉間
17. ひたい
18. 頭頂

五感が働くと、心は外の事物に引っ張られる。よって集中はできにくい。プラーナ（生命エネルギー）の働きで感覚器官は活発に働く。このテクニックによって、体の各部位が鎮まるとマインドも鎮まる。マインドの活動停止によって、プラーナの働きも中止する。この場合プラーナヤマのプロセスはあまり重要ではなく、マインドとプラーナの相互依存関係を利用してプラーナの働きを停止させるという効果が大切である。短時間に身体の各部分に深く集中することによって、マインドが外界から

内に向けられる。するとプラーナも心に従って静止する。プラーナは足の親指から頭のてっぺんまで昇り、ゆっくり抜ける。

この時点で瞑想者は肉体のことをすっかり忘れ去る。そうなると、瞑想は肉体に乱されることのない深い境地に達する。深いディヤーナ（静慮）瞑想の境地にまで至るプロセスである。プラナヴァ・マントラ（オームを指す）を唱和し、正しい気分と心を整え瞑想の坐り方で坐る。次に地球を含めた宇宙の現象世界を打ち消す。

身体だけがあるという意識になったら、身体を意識しない瞑想プロセスを始める。目を閉じて、あなたの心全部で足の親指に集中。他の指から徐々にすね、膝へと次のポイントへあがっていく。数日の実践を経て、もちろん、あなたの関心と熱心さ次第であるが、一八か所を通って、ついに頭頂に達する。このプロセスでは、比較的短時間に頭上のサハスラーラ・チャクラに到達できる。

一一六　マハーヴァーキャ（ヴェーダーンタの四文字格言）の理解とその重要性がわかりません。説明してください。［ヴェーダーンタの四文字格言］

それでは説明しよう。集中してお聞きなさい。

一行目…初めの格言は「意識はブラフマンである」というラクシャナ・ヴァーキャ（象徴的格言）である。

師は弟子に「純粋意識はブラフマンである」との定義を授ける。

二行目…タット・トヴァン・アシ「汝はそれなり。汝はあまねく遍在する純粋意識なり」

これはウパデーシャ・ヴァーキャ（教訓的格言）として知られている。

三行目…そこで弟子は師の説明を熟考した。「我はブラフマンなり」

これはアヌサンダーナ・ヴァーキャ（研究的格言）である。

四行目…ついに弟子は理解する。自分に内在する個我がアートマンそのものであり、このアートマンはすなわちブラフマンであることを知る。

アヌバーヴァ・ヴァーキャ（経験的格言）である。

一一七　ナウリとウッディヤナ・バンダ、プラーナヤマをやり過ぎて、腹部の腸が激しく痛む。横になるのも苦痛で息もしにくい。にもかかわらず、規則正しく日々ヨーガ・アーサナとクリヤ（浄化法）を行っている。危険信号がでているのでしょうか。すぐに返事を頂きたい。また、両肺の痛みを抑える処方箋をアドバイスください。［プラーナヤマのやり過ぎと対処法］

今あなたが経験している類の痛みは危険信号ではない。しかし、三、四日間はナウリとウッディヤナ・バンダは休むこと。プラーナヤマは休まず続けてよい。ただしバストリカ系のプラーナヤマはこの期間は休む。休息も取り、やりすぎないように気をつけなさい。ことわざにある通り「過ぎたるは猶及ばざるがごとし」。何事もやり過ぎは良くない。黄金律を守りなさい。

プラーナヤマの種類については、少し楽になるまで、スカー・プルヴァカ（完全呼吸）が合う。腹部の内臓も少し休ませるとよい。通常の状態に戻ったら、これまで行ってきたバンダ（締め付け）、ムドラ（印）、クリヤ（浄化法）、バストリカ・プラーナヤマ（ふいご式呼吸法）を再開してよろしい。ただし、極端に走らないこと。価値のある進歩は控え目で誠実な努力から生まれる。瞬きの間ほど短時間に至福の経験を得たいがために、性急に、望ましくない、無分別な修行を行っても得るものはないと心得ること。

外気の中を散歩してはどうか。芝生の上で仰向けにシャバ・アーサナ（くつろぎのポーズ）をする。自分のイッチャ・マントラ（自分の信心する神の真言）をひたすら唱えて、神の恩寵が流れることを願う。熱い湯で痛む部位を湿布する。湯の中にテレピン油を少しいれるとよい。また患部にタルカムパウダーを少しはたくと良い。湿布が終わったら、患部にオイルを塗る。その後に安らぎが必ず訪れるはずだ。

一一八　なぜサドゥー（行者）やサンニャーシン（出家者）は托鉢で食べ物を乞うのか。施しをする人の罪や悪い意図が食べ物に入りこみ、修行者の心の平和を乱すことはないの

か。［修行者が托鉢をするわけ］

真の行者や出家者は、この世のことに全く執着しない。ブラフマンで心が完全に満たされているために、自分の必要最低限のものさえ気がつかないほどである。

自分で料理を作ってはいけない。自分で料理することは、あれをつくろう、これを食べようという欲望を誘発し、舌の動揺を招く。霊的修行の目的は心のコントロールであり、舌を制御するのは良い修行になる。修行の妨げになる料理は自分で作ってはならない。自分の胃袋をかろうじて満たす食べ物を物乞いすることは許される。托鉢は行者、出家者に対して、決して罪は伝わらない。ご縁で頂く食物を受け取るだけである。

一一九　なぜ哲学者は「気狂い」だと言われるのか。哲学者がおかしいのか、そう呼ぶ人がおかしいのか。［哲学者は気狂いか］

世俗の人からみれば、哲学者は狂人にみえる。俗人の興味の的である外界の事象に一向に興味を持たないという点では異常にみえるだろう。哲学者にすれば、外界は幻、ただのみせかけだが、俗人は実在で永続するものと考える。双方見解の相違だけである。

哲学者が言うことを俗人は信じない。俗人が経験して喜ぶことを哲学者は喜ばない。「気狂い」とは互いの態度を比較した言葉に過ぎない。

一二〇　実在であるブラフマンに、幻影のマーヤがどのようにして起こりえたのですか。［超越的な質問、ブラフマンとマーヤ］

これは超越的な（トランスセンデンタル）質問である。この疑問はいろいろと形を変えて繰り返しあなたの心に浮かんで来よう。カルマはいつから始まったのか？　いつ、なぜこの世は創造されたのか？　なぜ悪が存在するのか？　なぜ非顕現の神が自ら顕現したのか？　などなど。

ラーマが同じ質問を『ヨーガ・ヴァシスタ』の中で尋ねている。ヴァシスタの答えは次の通りだ。「お前たちは馬の前に幌馬車をつけているようなものだ。この質問をいくら探求しても得るものはない。ひたすら瞑想してブラフマンを悟りなさい。その時この質問の答えがわかるであろう。疑問は自動的に解ける。誰もこの質問に答えることはできない。ただし、神の叡知がわかり始めると、疑問自体が消え失せる。だからこの質問の答えはいっさい存在しない」。

『ブラフマ・スートラ』の中にこうある。「ロカヴァット・トュ・リーラ・カイヴァリャム」（ブラフマンにとってこの世の創造は、スポーツや演劇のようなものだ）。しかしこれは気休めの答えに過ぎず、真の答えではない。なぜなら答えはないからである。しかしながら、これは真実を求める者の心にしばしば生じる疑問である。解決する方法は、自分の識別力を使って、疑問をなだめすかし、その間に懸命に修行を積み、瞑想して神を悟ることだ。そうすれば疑問は一瞬にして消え去る。ある偉大なヨーギでニャーニ（知識のヨーガ）を行ずる人が十二年間この悩みを考え続けた。ある時彼はわたしに言ったものだ。「悩みは消えました。十二年間悩まされたが、一向に答えは見つからなかった。そこでもう探求はやめにして、わたしはひたすら瞑想、ジャパ、キルタンに集中した。今でこそ、わたしに平和と修行の進歩が訪れた」。グルへの信頼、偉大な先達への信頼、キルタン、ジャパ、瞑想、善行の実践。これらは人々を霊的修行の道へいざない、疑問に思う余地のないその場所、神の認識へと導いてくれるであろう。

一二一　心の満足で心の平和が得られることは知っている。しかしわたしがすべてに満足したら、野望は失せる。するとわたしは無気力になり怠惰になりそうだ。今は野望を達成するためエネルギッシュに飛び回っている。間違いなのでしょうか。［足るを知ることが最も重要］

足るを知ることは決して人を怠け者にはしない。知足（コンテントメント）こそが人を神へと導く重要な要素である。知足は心に強さと平和をもたらす。不必要で自分本位な行動はしっかりと監視する。知足は人の内なる目を開かせ、より崇高な存在を心に気づかせる。知足はその人のエネルギーを外ではなく内へ、神を知るという意識のチャンネルへ導く。外界の物質欲に振り回される自己中心的なエネルギーを、より繊細で純粋なエネルギー（オージャス）に変換してくれる。真の充足を知る者は、前よりももっとエネルギーに満ちあふれる。内面が豊かになり、大いなる神＝アートマンを知る。心は常に平安である。心が集中できて、深く静かに多くの仕事をこなせる。分散していた心は集約されてくる。

あなたはこの点が理解できたかな。世界の霊的修行者は、このエネルギーで修行生活を心配なく送っている。宇宙真理への目覚めを助けるのも知足のエネルギーである。知足、現状に満足する力のお陰で、霊的修行のいばらの道も恐れなく突き進むことができる。

一二三　科学は正確にどう構築されてどう発展するかが明らかだ。ヨーガの実践で、求道者の修行の進み具合を計る的確なしるしはあるのか。たとえば、ヨーガ実践三か月後、一年後、その後などに起こる経験の種類を知りたい。［修行の進み具合の兆候］

それぞれのヨーギは異なる経験をする。たとえば熱心にプラーナヤマ、ハタ・ヨーガ、クリヤ・ヨーガをすることで、それぞれの段階に応じてサイキックな体験をする。エーテル体の光を見たり、アナハタ・チャクラ（心臓のチャクラ）の音を聞いたりする。高い段階に達したヨーギは、クンダリーニがチャクラからチャクラへと通過する時、ある確固とした実証可能な経験をする。理由は、それぞれのチャクラには特定のタットヴァ（実在）があり、各自司る分野を持つ。そのために特定の体験が現れるのである。

同様に、タントラ・ヨーガ（密教ヨーガ）の修行者は、霊的な体験の結果をはっきりと図表で示している。修行法によって各自特有のシッディ（サイキック・パワー）がもたらされる。同じ修行法を会得したヨーギは皆同じ経験を得る。

しかしこれらは下のクラスの経験である。サイキックな経験は必ずしも修行者の精神的前進を示すものではない。滂沱の涙を流すなど、バクティ・ヨーガの修行者の驚くような経験もある。変わった体験は必ずしも精神的な進歩を示すものではない。

精神世界の領域にいると、そこは無限の世界だ。無限がヨーガであり、経験でもある。各人のヨーガはそれぞれ異なる。過去生からの潜在印象と潜在欲望を持って生まれており、それぞれが自分なりに努力して最終ゴールの神へ向かって進む。

たとえば、霊的修行が進んで超越意識、無限、永遠不滅の神に近づくと、求道者は絶大な内面の平安を感じ、言い表しがたい至福に浸る。周囲の出来事にもほとんど影響されなくなる。のみならず、周りの人々へ至福と平和の気持ちを放射できる。善き人となり、善きことを広める。これが精神的に前進したかどうかの一番明らかな兆しだ。

神は完全な善である。神へ一歩近づいた求道者は、その分だけ善が強くなる。悪の面は徐々に消えて純粋な徳に置き換わる。この重要な面が欠けていると、超常的な物が見えたり聞こえても、無用の長物でしかありえない。悟ったヨーギは、そばにいるだけで人々を善の人生に導くものである。ヨーギのハートは宇宙の純粋な善に満ちあふれ、そのためすべてに無私の働きをする。これがお尋ねの、ヨーガにおける進歩の度合を示す事象である。

とにかく究極の体験をする。それは言い表しがたいものだ。心の平和、至福、乱されることのない静寂。これも進歩の度合を示す。究極は神と合体することである。善をなし、徳をつんだ上で、絶え間ないヨーガの瞑想を続けることだ。ヨーギが神と合体したと感じる経験は、どの言葉でも言い表すことはできない。言葉を超えた体験である。言葉を超えた世界がそこにはある。

一二三　不二一元論、名前も形（色）もない唯一の存在（空《くう》）を信じる聖者シャンカラが、なぜ二元論のサカラ（形のある）・ブラフマンに信仰を持てたのか。［シャンカラと信仰心］

それは、本質的にニャーナ・ヨーガ（神知識のヨーガ）とバクティ・ヨーガ（信愛、祈りのヨーガ）が同じだからである。シャンカラが作った賛歌を見れば、シャンカラの信仰が、非常に高いレベルのものであったことは明白だ。自己放棄は求道者をニャーナへ導き、ニャーナはパラ・バクティ（すべての形を超越する祈りのヨーガ）と同義語である。

今日人々は、バクティがニャーナより劣るものだと馬鹿にするが、それはバクティに対する理解が欠けている証拠である。神への信心と祈りがなくても、いきなりニャーナ・ヨーガの修行を始められると思うのも大きな誤解だ。それでは、神についての知識的な理解を得ただけに過ぎない。しかるべき信仰の準備なしに、ニャーナ・ヨーガを始めても意味をなさない。

一二四　聖地ナゴール、シルディ、ティルヴァナマライ、リシケシなどはシャンティ（平和）な気持ちと至福に満ちていると感じられる。これらの聖地とその周辺には、これまでに住んだ数多くの聖人らの人格、霊的修行、悟り、サイキック・パワーなどが長く残っているお陰なのか。［聖地はパワー・スポット］

その通りだ。その上、聖者はこれらの場所にまだ居続けているかもしれない。完全に解脱した聖者は、ブラフマンと合体して留まるか、精妙体の形でその地に生き続け、霊的求道者を導き人々を目覚めさせる仕事を続けるか選べる。神の最高意志で、ジヴァムクタ（生前解脱）した魂は顕現することがある。または聖者が修行して解脱に達した場所は、目にみえない聖者の魂の永遠の住み処となっている場合もある。そこは聖者の聖なる人格、平和、叡知にあふれた場所となる。このような場所は聖地と呼ばれ、パワー・スポットである。

一二五　心を内に向けると悟れると言われる。普段の生活と逆に感じる。内に向ける意味を教

えてください。〔心を内に向ける意味〕

ラーマ神を思い、ラームラームを繰り返し唱え、ラーマ神の像を目の前に置きなさい。体の五感は消えうせる。普段、目は対象を追いかけ、耳は音を聞きに行く。ラームラームラームと大きな声で唱えると、聞こえるのはラームラームだけとなる。内なる目はラーマ神の像だけをみる。心は神に集中する。感覚器官は対象を求めて外へとびださない。内なる目でみつめ、内観しなさい。プラーナヤマをやっても良い。ちょっと息を止め、プラーナを止める。プラーナの働きで感覚器官は働くから、プラーナを鎮め、意識が外へ出ないようにする。ゆっくり練習すれば、五感は心に吸収される。心は一点に集中して宇宙意識と合体する。これは超越意識の状態である。日々練習を積むこと。

一二六　完全に欲望を止滅した状態になれるのか。西洋の心理学者はすべての欲望の停止は無理だという。〔欲望の完全な止滅〕

西洋の心理学者はまだ幼いレベルにある。すでに『ヨーガ・ヴァシスタ』とパタンジャリの『ヨーガ・スートラ』では、完全離欲すなわち解脱だと述べている。自分の魂が欲望を滅却したとき悟る。欲望がまだあるという状態は解脱ではない。しかし、欲望をすべて放棄する努力はできる。悟りはその後でついてくる。

一二七　心理学者は超越意識状態を認めない。彼らが認めるのは顕在意識と潜在意識のみである。［心理学者と超越意識の認識］

フクロウが言った「この世に光はない」。光は本当にないのか。フクロウ博士はまた言う、「超越意識などない」。フクロウ博士が言ったからと言って、超越意識、大いなる神がないわけではない。『ヨーガ・ヴァシスタ』（ヴェーダーンタと同じ）を学習して、超越意識が存在することを堅く信じる。光の見えないフクロウが光を否定するのと同じで、超越意識、大いなる存在を知らない西洋の学者には理解できない領域だ。自分の信じる道を進みたまえ。

一二八　十分以上瞑想ができない。瞑想後もわたしの心は感覚の対象を求めてさまよいだす。［短時間しか瞑想できないとき］

あなたの心が瞑想とジャパ（マントラ唱和）の深い味わいを知ったら、もっと長時間ジャパや瞑想ができるようになるであろう。夜ベッドに入る前、朝の四時、昼食をとる前に、それぞれジャパと瞑想をするとよい。一日に三、四回はティータイムをとるように、ジャパも三、四回行いなさい。心がさまようことを心配する必要はない。日々の規則的なジャパと瞑想を通して、次第にコントロールが可能になる。

心が外にばかり向くときは、キルタンを唄いなさい。散歩中も仕事中も、ナマ・スマラン（神の御名を繰り返す）をする。たとえば、「シュリ・ラーム　シュリ・ラーム」のように繰り返す。長い時間パドマ・アーサナ（蓮華坐）で坐れないのならば、ソファに坐ってジャパと瞑想を行ってもよい。必ず蓮華坐に足を組んで坐らねばならないものではない。

タマネギとニンニクを摂るのは完全にやめるように。今後きっぱりとやめるようにする。家庭料理にも使用しない。量を減らすのは大変難しい。一日少しだけ食べると、翌日にはもっとたくさん食べたくなってしまう。ニコチン中毒の人がタバコの本数を減らしたいと思い、ある日、二、三本しか吸わなかった。すると、まるで敵討ちするように、他の日にもっとたくさん吸ってしまう。結果、以前よりヘビースモーカーに陥ることがある。だから、タマネギとニンニクの場合も完全にやめることが重要である。

自分の飼っている牛に美味しいコットンシード（綿の実）と固形の油粕を与えれば、満足して隣の畑をのぞき見る真似はしなくなる。牧草やハーブを求めてさまよう習慣もやめるだろう。あなたの心は、味を知ったラサグラとペダ（インドのスイーツ類）を追い求めてさまよっているのだ。しかし自分の心に、ジャパと瞑想の喜びと至福を教え込んでやれば、もはや世俗の対象を求めることはしなくなる。

一二九　人生における明確な目標がわたしにはない。人生の目標が明確な方が瞑想しやすいと聞いたが、どうすればいいのか。［人生の目標がない場合］

人生の本当の目標は、神を知ることである。神との一体化が人生の真の目的である。粗雑な動物的本能に替わって、神聖な存在を知ることである。怒りを制御し、エゴを根絶し、寛容、慈悲、寛大、勇気を育てることで、自らを神聖なものにできる。利己主義は良いことか。いや、良くないと知れば、無私無欲になるよう努力しよう。では貪欲、怒り、情欲、虚栄心はどうか。これらはいずれも、人間の低いレベルの作用であり、克服するよう努力することが肝心だ。

日々、五つのパンチャ・マハ・ヤッギャを忘れないように。すなわち、一、神々への礼拝（デヴァ）、二、グルへの礼拝（リシ）、三、先祖への礼拝（ピトリ）、四、客人への礼拝（マヌーシャ）、五、生き物への礼拝（ブータ）である。

一三〇　出家者となり、親や扶養家族への責任を放棄することは、人間の本分に背くことにならないか。［出家者と残される家族の扶養］

他の人々が、あなたに頼っているという考えは、全くの妄想である。人が頼れるのは神だけである。あなたは、自分が家族や親戚を支えていると勘違いして、苦労、心配を背負い込んでいる。

たとえあなたが隠遁しても、神はあなたの家族の面倒を見てくださるものだ。あなたの行動が、強い離欲の心に基づいている限り、あなたに罪は生じない。スワミ・ティルスは、激しい離欲の心のために、仕事を辞めて妻と幼い二人の息子を置いて出家した。同様にお釈迦さまも、自分の王国を放棄して修行のため隠遁生活に入られた。

一三二　この世で本当に他人を助けられるのか。そう考えるのも心の惑いに過ぎないのか。今の人生は過去のカルマのせいですべて左右されるのなら、他人のカルマの影響は受けないのか。自分の人生も他人の人生も積極的に変更できないのか。[カルマと人助け]

もちろん、その方向で努力できる。自分にも他人にも善行をすること。人は自分で状況と環境を決められる。どれだけ他人に尽くせるか、この相対的な地球で、どれほど人を助けられるか考えてみよう。己の神の知識を、無知や文盲の人々に伝えることができる。

金持ちは貧しい人、困窮している人々に資金援助ができる。孤児を教育することもできるし、世話をする孤児院へ寄付もできる。実際に、自分の稼ぎ以上の貢献ができる。自分が人のために役立つかどうか、なぜそんなに疑うのだろう。ガンジーの例を考えてみよ。ガンジーはインドのみならず世界中に多大な奉仕をしたとは思わないか。

一三二　神へ献身する心を養う手っ取り早い方法を知りたい。［献身の心を養う方法］

神へ献身する心を養う一番簡単な方法は、繰り返し繰り返し神にまつわる話を聞くことである。神の技と栄光を聞くたびに、あなたの中に神の像がイメージとして定着する。神の栄光を聞き続けると、しかるべき時期に、あなたの心の中にある神のイメージが力強く輝きだす。

金細工師は、蝋を使い加工中に床に飛び散った微量の金の破片を毎日拾い集める。時がたつと破片の集まりは金塊のように輝きだす。ある量に到達した瞬間に輝きだすのである。あなたの中の神の姿が輝きを増して固定されると、帰依者としては片時も神を忘れることがなく、神への思いがうねるように高まってくる。

一三三　クンダリーニ・ヨーガを、グルの指導なく自己流で行ってもいいものか。［独自にクンダリーニ・ヨーガをやってもよいか］

答えはノーである。いろいろの弊害を起こす可能性が考えられる。クンダリーニ・ヨーガは、熟練したヨーギのそばで直接指導を受けながらやるべきである。なぜあなたはハタ・ヨーガの体法でクンダリーニを覚醒させたいと願うのか。正しく修行すれば、どの修行者もクンダリーニを覚醒できる。クンダリーニの覚醒と上昇は、バクティ・ヨーガ（信心）、カルマ・ヨーガ（奉仕）、ヴェーダーンタ・ヴィチャール（深い瞑想）などでも達成できる。完全に自分を神にゆだね、無欲の状態になればサイキック・パワー（超能力）が与えられる。ナマ・スマラン（神の名を唱和する）、無私の奉仕が最も重要である。神の恩恵でもって、神聖なシャクティ（力）があなたへ流れ込むであろう。

しかし、その結果問題を起こすことがある。サイキック・パワーは霊的修行の向上の妨げまたは障害になりかねない。だから超能力を追いかけるべきではない。無私の奉仕を続け、バクティ・ヨーガやカルマ・ヨーガを行ずるうちに、無意識の間にそういう力を授かる。その力を世のため人のために行使すれば、最良の結果となる。ゆめゆめサイキック・パワーに魅せられて堕落してはならない。

一三四　ニルグナ・ブラフマン（三つのグナ〈性質〉のないブラフマン）についてお考えを聞きたい。ニルグナは単にスンニャ（無・空・実体のない）だけか。それならば、余り魅力はない。誰が無に祈りたいと思うだろうか。［ニルグナ・ブラフマンとは何か］

ニルグナとは「無、空」では決してない。ニルグナとは「完全」、ブラフマンを意味する。古来聖人は三つのグナの全くない状態を指した。良きものですべて満たされている（フルネス）状態を指す。ニルグナの中にはすべてのめでたきこと、良きこと、審美、歓喜、健康、優美、純潔、平和が含まれ、それぞれ完成された状態にある。なかなかフルネスの状態は想像できないので、聖人はニルグナ（サットヴァ、ラジャス、タマスのない状態）と称したのである。いったんニルグナに到達すれば、その中に溶け込み、たぐいまれな経験をする。

ニルグナとは無（ナッシング）ではなく、すべて・完全（エブリシング）であり、この言い表し難い領域は、有無を超越した、空《くう》の世界である。この世のすべてはマーヤ（幻影）であり、実体ではない。醜悪、悲嘆、変化、生、劣化、死はニルグナの中には存在しない。ニルグナ・ブラフマンの中にはマーヤのグナもない。空《そら》の青さが存在しないのと同様である。

一三五　インドの聖典の中に、カーラという言葉をよく聞く。正確な意味が知りたい。［カーラの正確な意味］

カーラとは時間（タイム）をさす。ヒンドゥー教の神殿には、多くの神さまや女神さまがおわし、神の世のハイラキー（階層）を構成している。

各国の政府に大臣や役人がいるように、天界にあってこの世を治めるために、創造の神（ブラフマー）、維持の神（ヴィシュヌ）、破壊の神（シバ）が存在する。火、水、空を司る神、生と死、維持、病気などを司る神などが存在する。カーラ、ヤマ、ダールマラジャはすべて死神である。ある意味で、この世はこの死神の支配下におかれていると言えよう。なぜならば、死神は時期が来れば、生きとし生けるものへ、地上での一時滞在の終わりを告げる力を持つからである。神を認識して悟ったヨーギだけが、この世でカーラを超越して神の領域に到達する。あらゆる精神修行は、カーラ（時）を超越し、死を克服し、時空を超えるための助けになってくれる。

一三六　宇宙意識とは、どのような意識のことを意味するのか。［宇宙意識とは何か］

それはこの世界には神のみが存在することに気づく状態。この世の個々の存在をつないでいるのが神の存在であると認識する意識のことである。大いなる神は純粋意識であり森羅万象を照らす。人はこの純粋意識すなわち神を知り、認識する。それによって移り変わる現象世界の名前と形のある幻影（色）から解放されて自由になる。これが神を知り、神と一体化する状態である。神を認識すると、個は宇宙意識に完全に合体する。

それはちょうど、海に流れ込む川の流れのようだ。ガンガーの水も、ゴーダヴァリ川の水も、いったん海に流れ込むと区別がつかない。この現世という幻は、神の実在の前に消えうせる。暗がりではヘビに見えたロープも、ランプの灯をつけると、消えてなくなるのと同じである。客観的な世界は消え失せ、アートマン、神の輝きだけがみえる。

一三七　スワミジ、どうすればカルマから解放されますか。［カルマから解放されるか］

日々の暮らしや仕事に従事する時、自分が行為者ではなく、自分の行動も含めた、すべての出来事の傍観者であると感じるようにしなさい。あなたの本質である霊性は、行動するあなたとは別のものであると理解する。それがヴェーダーンタの論理である。

同様に効果的で、簡単な方法がある。それは、神のみがすべての行動の真の行為者であり、あなたは神の行為の道具にすぎないと感じること。そうすれば、あなたの行動はすべて神を崇拝する行為となり、行為の結果に縛られることがなくなる。行為に対する見返りをいっさい考えることなく、利己主義にならずに行動できる。自分が行為を行うという考えを捨て、「行為者は、わたしではない」と感じるようにする。そこであなたは、カルマの法則に縛られることがなくなり、新たなカルマも作らない。プラブーダ・カルマ（過去生で作られ、現生を決めるカルマ）が消化されるのを待てば、いずれ解脱に至る。

一三八　わたしたちが真理を探求する時、キリストのように偉大な救世主の助けが重要なのはよく理解できる。しかし、そのような救世主のいない今日、我々は、どうすればよいのか。［今の時代に救世主はいるか］

いつの世にも救世主たる聖者は必ずいる。相対的なこの世界には、必ず救世主とならず者、善と悪の両方が存在する。絶対的な善は神のみにある。あなたは聖者の教えを受けるべきである。ブラフマンの真理を教えられるのは、覚者だけである。もちろん書物も役には立つ。聖書（バイブル）を読めばキリストに、『バガヴァッド・ギーター』を読めばクリシュナ神にという風に偉大な聖者の教えに同調できる。

しかし、料理の本から実際の料理を作るのが難しいように、書物だけでヨーガをマスターすることはできない。しかし、いつまでもグルが現れるのを待つわけにもいかないだろう。あなたの心に霊的な求道心が芽生えたら、すぐそれに答えてやること。心が最も喜ぶ書物、聖書や経典などの精神的指導書の助けを借りて、ただちに修行を開始した方が良い。

一三九　禁欲主義者は、感覚器官を兵糧攻めにして破壊することが修行の理想だと言うが、それは本当か。しかしギリシャ哲学では、人生を適度に楽しむべしと言う。西洋の大半の合理主義者もこれに賛同している。近代の心理学者は、肉体が必要とする食物やセックス、執着や愛情などの感情を抑制または拒否すると、精神的障害を起こすと唱えている。そういう実例はあるのか。［五感のコントロールは可能か］

五感のコントロールで精神障害を起こすことは、ありえない。人の感覚器官というものは兵糧攻めにするものでも、破壊するものでもない。古代の聖者によると、五感の真の存在理由は、世俗のもろもろの快楽のためにあるわけではないという。感覚器官は、それぞれ機能的に到達できる一番遠いところまで、さらにその先の精妙で崇高な存在を見聞きできるようにと与えられた。自制（セルフ・コントロール）という言葉の意味を正しく理解せねばならない。

人間の場合、識別力と選別を可能にできる高度な知性、優れた指示能力が与えられている。ゆえに、五感はこの賢い指示の下で働くべきである。五感の働きをすべて否定するわけではないが、五感をコントロールした上で作用させると、普通より百万倍も真の満足を得られるものとなる。

この真理が分かると、自制とは苦くて嫌な、意に沿わない抑圧などではさらさらなくなる。これらがヨーギ的求道心から自動的に分かってくる。正しい光と歓喜を感じて、好んで自制したくなるものだ。釣り人は大きな魚を釣るため、釣り餌のミミズを失っても惜しいとは思わないであろう。

世間では、禁欲的修行者の理解が理論的に正しくなされていない。禁欲主義者と苦行者の理想は、抑圧することではない。禁欲が正しく実行されれば、エネルギーが保存され、昇華作用として働くのである。真の禁欲主義は、自分本来の性質を転換し、運河のように道を作り、性質を変えていく。強制的な抑圧の場合に起こる厄介な反動、異常なコンプレックスや神経症は起こらない。

社会生活で抑圧された結果については、近代の心理学者の見解は正しい。しかし、理解するべき点は、宗教的な禁欲主義には当てはまらないということだ。霊的修行はより高尚な神の領域へ昇華することが目的であり、単なる抑圧や制止とは全く異なる。ヨーガの霊的修行のプロセスは、ノイローゼや妄想の可能性を効果的に打ち消す方法でもあり、独特のメンタル・トレーニングと文化をすでに兼ね備えている。

とはいえ、禁欲的修行者が世間の大半から誤解されているのも事実であり、また残念ながら本物の禁欲的修行者に出会うことは稀である。ヨーガの霊的修行は意識を集中してその強力なエネルギーを、心の修行、社会奉仕、発明、科学的探求、神の洞察に向かって正しく使うことである。五感は、理知的な自制で昇華することができる。この視点からも、禁欲的修行者は五感を餓死させたり、破壊したりするのではない。むしろより強くして、より良いことに役立てるのである。遊興こそが五感の崩壊の原因となる。

ギリシャ哲学は、平均的人間の生き方の規範として広く認識されるに至った。古来禁欲的修行は、スピリチュアルな道を歩む聖職者の特殊な修行であり、霊的修行者のゴールは、ひたすら神を知ることにささげられてきた。

出家者は「適度な人生の楽しみ方」とは単に概念であり、ほぼ一〇〇%に近く実行は不可能であることを知っている。快楽の性質上、感覚器官はそれぞれの楽しみにふければふけるほど、欲望を増長していく傾向を持つからである。快楽の習慣は人をとらえて溺れさせてしまう。過去の聖人も同じ経験を繰り返してきた。だからある時点で、断固とした宗教的セルフ・コントロールにより快楽を拒否し、悟りへの道をまっしぐらに進むことができるのである。唯物論者は「そこそこの人生」で平気かもしれないが、求道者はそれでは満足しない。特別な成就を祈願する。

たとえば、ウルトラモダン・アクロバットの演者、クラシック・バレエのダンサー、プロのボクサーたちを考えてみよ。それぞれプロの分野で完成するために、厳密な自制・摂生を自らに課す。スッキリと健康的であり、プロの世界で成功することを夢みて日々訓練をする。

運動選手が世界選手権大会の候補に選ばれた場合、その強化合宿中にどれほど過酷に楽しみを拒否して自制するかを考えてみよう。最善の結果を出したいという願いと情熱が選手に結果への高い期待感と専門分野の深い洞察力を養い、練習に集中させるのである。

同様に、真の求道者も神への熱い思いと希求心から、厳しい霊性修行の道を歩む。永遠の世界でより大きな達成を成就したいとひたすら願うのも道理だと思わないだろうか。

一四〇　消化不良を解決する方法が知りたい。［消化不良の解決方法］

お腹が空いた時だけ物を食べる。食間にはなにも食べない。ゆっくり落ち着いた環境で食べる。充分噛んで食べる。食事の量はほどほどにする。食事の取り合わせはあまり多くしないこと。食事の一時間前と一時間後にコップ一杯の水を飲む。食事中には決して水は飲まないこと。エカダシ（満月と新月各々から十一日目、月二回）には断食すること。日常でも朝九時前と夜七時過ぎには何も食べないこと。自分の歯を大切にすること。食事の前後は精神的にも肉体的にも、興奮はさけること。少なくとも前後三十分はリラックスすること。長い散歩は大いに有益だ。

パッシモッタ・アーサナ（前屈）、ハラ・アーサナ（鋤のポーズ）、ブジャンガ・アーサナ（コブラのポーズ）、シャバ・アーサナ（くつろぎのポーズ）、ダーヌル・アーサナ（弓のポーズ）、マユーラ・アーサナ（孔雀のポーズ）は消化不良を改善する。鬱気分、悩み、心配、不安など心の状態は胃に影響する。陽気にすること。ジャパを定期的に行うこと。

一四一　欲望の度合をチェックする良い方法はあるのか。［欲望の程度をチェックする］

欲望は心の元来の傾向である。欲望の程度を調べる方法は、離欲を心掛けること。宗教書を読み、偉大なグルのサットサンガの集いに参加し、「自分はだれか」の問いを続け、世の中の仕組みをしっかりと見聞きし、病気と精神的堕落の関係を理解するように努める。すべて快楽にふけり過ぎた結果である。『ギーター』の中のクリシュナ神の言葉を思い出してみよ。

第十六章
二一
地獄に到るには三つの門があり
肉欲　怒り　貪欲がそれである
これらは魂を堕落させる原因ゆえ
正気の人間はこの三つを切り捨てよ

（田中嫺玉訳『神の詩　バガヴァッド・ギーター』より）

主なアーサナ（ポーズ）とプラーナヤマ（呼吸法）を日々行いなさい。詳細はわたしの著書『ヨーガ・アーサナ』（Yoga Asanas）、『プラーナヤマの科学』（Science of Pranayama）を参照するとよい。忘我の境地になるまで、ジャパ、マントラを続けなさい。

女性は女神の化身だと思うこと。崇拝する女神さまとして扱うべし。異性と接するときはマトゥール・バヴ（母親に対する態度）としての立場を保つこと。女性の顔を直視してはならない。常に足元を見つめてよからぬ考えが忍びこむ余地を刈り取ること、またはよからぬ欲望を未然に防ぐこと。常に冷水の沐浴を心掛ける。自分の舌である言葉を自制せよ。舌に寛大だということは欲望にも寛大で、トラブルの原因を作る。常に心を純粋で高尚な考えで満たすこと。ハヌーマン、ラマダスなどの一生を学び、ブラフマチャリヤ（禁欲的修行）の栄光を自覚する。わたしの著書『いかに離欲するか』（How to get Vairagya）を参照するとよい。望みや欲望を減らすこと。自分のエゴが減っていく度合に従って、ネガティブな傾向は消滅するであろう。

一四二　牛の屠殺についてのスワミジの意見を伺いたい。その行為が我が国インドの斜陽の原因ではないか。［牛の屠殺について——インドの場合］

ヒンドゥー教の聖典、偉人伝に出てくるエピソードで牛は神そのものである。聖典にははっきりと、三〇クロア年間（三〇の一千万倍、三億年）の神代の世紀、神は牛の形の中に住まわれると記述されている。このように神聖な牛を殺すことは、まぎれもなく糾弾すべき事態である。

牛は、プラーナが人の肉体から離れる時、魂の高揚のために神にささげる御供物の一つであると説明されている。実際に牛は崇拝の対象としてふさわしい。リシ・パンチャミ祭や特別の誓いの儀式などが始まる時、罪の償いの証しとして、パンチャ・ガヴィヤ（牛のミルク、ヨーグルト、ギー、尿、糞など）を摂る習わしがある。牛の神聖さについては、他にも多くの引用がなされている。ゴー・プージャ（牛の祭礼）は、サンニャーシン・プージャ（出家者の祭礼）や、サカラ・デヴァタ・プージャ（すべての神々の祭礼）と同様、またはそれ以上の恩恵があるとされる。

一四三　古いプラーナ文献に書かれているが、昔アカーシュヴァーニ（天の声）を聞けた時代には、われわれの祖先は天の声によって迫りくる災害をしばしば予知、警告されたという。これは信じられるか。または、本人の内なる直感の声にすぎないのか。［祖先は天の声を聞けたか］

人間の意識は、循環する四つのユガ（時代）の経過とともに、より粗雑なものに変わっていった。以前のユガでは、今のユガより人々ははるかに精妙な意識をもっていた。

クリタ・ユガの時代において、バガヴァーン（神）は人間の中に下りてきて指導した。だから人の意識は神の意識からさほど遠く離れてはいなかった。

トレータ・ユガの時代、人の意識は粗雑になっていった。神は人間の中で常時活動はされなくなったが、神の化身（アヴァターラ）が頻繁に顕現していた。ドヴァーパラ・ユガ時代になると、さらに人間の意識が粗雑になった。ナーラダやヴィシュヴァミットラのような不死身のブラフマー・リシ（創造の神の化身）だけが人間の間を往来でき、迫りくる災害などの警告を伝えた。

今のカリ・ユガ（暗い時代）では、我々が天の声を聞くことは大変稀で、あれば奇跡だと呼ばれている。神は人間に対して夢や幻視という形でのみ連絡を送っている。これは神が人間と連絡を取る手段として、唯一残された方法である。

国に政府があるように、天界にも神の政府がある。神が人間とコミュニケーションを取りたいときは、アカーシュヴァーニ（天の声）という形態で連絡をとるのが習わしであった。

一四四　スワミジご自身はすべての宗教、カースト、性別の外に位置するといわれる。しかし来訪する女性信者に常に囲まれておられることに問題はないのか。［スワミと女性信者］

わたしの周りから男性を排除しているわけでは全くない。事務所では、むしろ男性に囲まれて仕事をしている。私の部屋の入口にはビジター向けに専用のベンチが設けられているが、女性はインドの伝統にのっとって、わたしのテーブルの周りの床に坐る。散歩の時など、最近ではヨーロッパの習慣が浸透して、レディーファーストになりがちだ。結果女性がわたしの周りに群がって、男性は一歩引いているように見える。

実際、女性の方が献身的で信仰心の篤いことを否定する者はいないであろう。男性は理知的だ。女性の熱心な帰依心が、わたしのテーブルの周りに群がらせ、男性の理性心が、礼儀正しく質問をさせているようだ。知的な男性がいったん信仰心を深めると、真理の理解が早く、瞬く間に神の認識に到達する。

わたしは女性も男性も分け隔てなく究極の幸福へ導きたいと願っている。もしかすると女性を修行へ導くことにより重心をおいているかもしれない。それには三つの理由がある。

一番目、賢者の言葉「ゆりかごをゆする手は世界を制する」をご存知かな。女性が男性を作り上げる。女性、母親が高い精神性を持てば、疑いもなく人類すべてが信心深く平和に幸せになる。

二番目、世界中の男たちは幻を追いかけて、無益な物質や富を増やすことに忙しい。一方、日々ベストを尽くしてダルマ（正しい生き方）を守ろうと努力するのは女性たちである。女性こそ、精神的な持久力と励ましを必要としており、我々はその手助けを喜んでしたいと思う。

三番目、男性のベターハーフ（伴侶）として、女性が精神的に高まれば、夫から離れるのではなく、夫も道連れにして、スピリチュアルな求道生活を共に歩む。わたしは何度も目撃して知っている。女性は男性の運命共同体である。世間的な仕事で多忙な一日を過ごす男性が、自分の本来の使命「神を思う」ことを一時忘れても、女性は片時も自分の使命を忘れることはない。妻は常に夫の安心を願い、ついには夫も聖なる精神修行の世界へ転向させる。

一四五　謙遜の美徳を常に話されるスワミジが、写真を撮られることが好きな理由を知りたい。［スワミの写真がたくさんあるわけは］

視聴覚教育は影響力が大変大きい。心理学者も教科書よりはるかに優れた効果だと認めている。あなたも同様な経験をお持ちであろう。あなたの書斎に数冊の本、数枚の絵、数枚の写真を置こう。子供たちや友人を招き入れる。彼らはまず何から手に取るだろうか。本かな。いやいや。まず写真をとりあげる。その次に絵という順番だ。

南インドの老婦人は孫の写真を撮られることを拒否する。孫の輝きが写真によって吸いとられると思う。事実「輝き」が写真に移る。写真は親族や友人にとって、生きた人物同然であり、被写体の輝きで光を放つ。信者にとって信じる神の絵、弟子にとってグルの写真は生きた存在であり、瞑想のために必要である。

なぜわたしの写真がたくさんあるのかとお尋ねだが、それぞれの信者が自分なりの写真を撮りたがる。異なったポーズや背景で撮りたいと言う。みんなを満足させなければならない。二十年前に写されたわたしの写真は若くて見た目も良い。プロが高い技術で撮影しているかもしれない。しかし求道者の中には今日初めてわたしと出会った者もいて、今のわたしの写真を撮りたいと熱望する。たとえ昔の写真のほうが良く写っていても、それより自分自身の手で撮りたいと言う。わたしと一緒に写真を撮りたいと言う。

写真はアシュラムに来た思い出となり、来訪者の宗教心を帰宅後も激励し続けるだろう。写真を撮られることを断る方が、かすかに自分のエゴを感じる。粗末な身なりに対する批評を恐れて、臆病になる故であろうか。しかし、正しい識別力が備われば、すぐにすべて解ることだ。人が喜べばわたしも嬉しい。

一四六　あなたのようにすべてを放棄された聖人でも、冬にはコートを着られるのですか。

〔スワミと冬のコート〕

聖者や修行者といえども、いばらの上に寝たり、泥や石を食べたり、逆さになって頭で歩いたり、壁を通り抜けるわけではない。彼らの肉体も一般人と同じように暑さ寒さ、飢え渇きを経験する。冬のコートは平たいブランケットを少し体に沿わせて縫ったものである。手足の動きを阻害しないで体を寒さから保護してくれる。

わたし自身コートは重要視していない。あなたはなぜ外見の身なりを気にするのか。なぜその人の内面、思考、アイディア、徳行を見ないのか。人間は外見の見てくれではない。真の聖者のみが他の聖者を見分けられる。聖者を判別するのは、灰を塗りたくった体、たなびく髭、もつれた巻き毛などではない。なぜわたしのコートをあなたは気にするのか。もちろん、贅沢そうな着物にこだわるのは正しくない。しかし最小限の必需品として、肉体には適切な着るものと食べる物をあてがうべきである。この肉体は神の住み処であり、肉体を通して人々に奉仕できるのだ。

一四七　なぜスワミジは世間に知られることがお好きなのか。日頃、無私の奉仕を語られるが、我々には名声・名誉を求めているように見える。［スワミと名声・名誉の関係］

第一に、わたしは名声・名誉のために働いているのではない。無私の奉仕をすると名声が付いてくるだけだ。別に望んでいるわけではない。マハトマ・ガンジーがいい例だ。彼は無私の奉仕で受ける名声を、さらに多くの人々への奉仕という形でお返ししていた。

次に、世間に知られることで、より多くの真実の求道者とコンタクトが取れるようになった。名声のお陰で、より多くの人々に奉仕する機会が増えた。人々がわたしを称えてくれることは、出家者を称えることであり、修行者の神を知った生き方を称えることでもある。賞讃が多くの人の目に留まれば、修行して神にめざめる人も増えるだろう。ヨーギの生き方は、人々の中に、自分も精神的に高い人生を送れると思わせる効用がある。

三番目に、名声・名誉だけを追いかける人は、人に奉仕をしたり誰とでも自由に交流してジョークを言い、笑い合ったりはしない。自分は一般人とは違うんだというジェスチャーをする。地位のある人々におべっかを使い、出会う人々にわざと哲学的テーマを話題にし、自分は位の高い人間だと印象づける努力をする。

しかし、わたしは誰とでも付き合うし、みんなに平等だと思わせる。人への奉仕は何でも喜んで行う。ためになるユーモアが一杯ある。少年でもわたしとユーモアでやりとりする。リシケシへきてアシュラムでしばらく過ごしてごらんなさい。あなたの考えも変わることだろう。

一四八　苦行は、悟りに通じる手段なのでしょうか。［タパス（苦行）の意味するところ］

苦行とは本来、瞑想や信愛に基づく霊性修行を行うための、厳格な自制と精神的集中による生き方を言う。真の苦行は、必ず厳しい道徳的、倫理的な自制を含み、その基盤に基づいて精神修行が行われる。苦行は、解脱に達するために行う瞑想の準備で、悟りに通じる手段だといえる。

苦行とは、肉体的な訓練だと誤解されがちだが、それは大きな間違いである。内面の欲望を鎮め、心を訓練することなくして、悟りに到達することはありえないことだ。

一四九　生と死、どちらがより恐ろしいのか。［生と死はどちらが恐ろしいか］

生と死は、魂の進化の過程において、さらに新たな経験を積み重ねて、願望の結実に向かう過程のサイクルのことである。

生とは、魂が衣装をまとった形で舞台へ現れること、あるいは特定の環境で達成されるはずの願望の形のことであり、死とは個々の魂が舞台の裏に隠れることである。

生まれ変わりは、今生の環境で結実できなかった願望を果たすために、さらに新たな衣装をまとって、新たな環境を求めて再登場することを意味する。

これらを正しく理解できれば、生も死も恐ろしいものではない。双方が神を知る覚醒への道程で、無知というベールを剥がし、障害を取り除くために必要なプロセスである。

神意識に無知、無明の人にとっては、生も死も恐ろしいものに映る。死とは怖いものに違いないと人が想像するだけだ。

一五〇　この地球とは何でしょうか、ご説明ください。〔地球とは一体何か〕

地球についての理解は、異なった論点により、それぞれ違う定義づけがなされる。ヨーガで言う地球とは、ある一つの界層で、人が善や悪、または善悪混じりあった過去の行動の結果を経験する場である。それと同時に、新たな原因となる行動を起こす場でもある。

すなわち、ボーガ・ブーミ（経験の地）であり、カルマ・ブーミ（行動の地）でもある。地球はエネルギーの根本、アトム（原子）の集積であり、想念が物質化されたものであり、個人が過去に作ったそれぞれのカルマ（行動）の結果が現れる場でもある。

科学的には、地球とは宇宙を構成する数ある惑星の一つである。

一五一　アシュラム（僧院）でなぜ音楽やダンスを奨励されるのか。若い求道者を集めて、神への道、解脱を指導される場所ではないのか。［インドの宗教と音楽・舞踊・演劇］

まずこの質問は、音楽とダンスに対する基本的な無知を露呈している。本来、音楽と踊りは神聖なものであった。思い出して頂きたい。クリシュナ神は常にフルートを携え、母なるサラスヴァティはヴィーナ（弦楽器）を持っている。このように古来音楽は神聖なものであった。ナタラジャ（踊るシバ神）は、ダンスが本来キルタン（賛美歌）の一部であったことを思い起こさせてくれる。

残念なことに人間の邪悪さがすべてを悪用してしまった。寺院のお祭りの日にスリがいたからといって、神のダルシャン（祝福）まで否定する人がいるだろうか。元来神聖な芸術である音楽と踊りが、今や感覚器官を楽しませる道具のレベルに落ちたことは大変残念なことである。

音楽はナーダ・ヨーガ（秘音ヨーガ）である。ナーダ・ブラフマン、すなわちプラナヴァ（オームの音）とつながり、ダンスは人々をバーヴァ・サマディー（三昧、超越意識）にいざなう。

演劇は精神的な知識の普及に力を発揮する。何百冊の本や何百時間の講義でも教えられないことを、一つの演劇を通して身近なものにする。演劇は人々のハートに直接訴える芸術の形態でもある。

俗人が、本来の目的を外れて、ミュージック、ダンス、ドラマの三つを、不真面目な目的達成に誤用してしまった。これは今の人類の魂とハートに多大な影響を及ぼしている。もし彼らがもっと精神的な目的に使っていたとしたら、どんなに祝福された世の中になったことだったろうか。真に残念である。

一五二　スワミジはガンガー河畔で隠遁生活を送られる。マハトマ・ガンジーのように、もっと進んで政治的な奉仕を行うつもりはないのですか。［スワミと政治的な奉仕］

神はそれぞれの人間に才能を授けられ、活動の分野も決めて送りだされた。神の叡知によるその才能を見つけ、使い、無私の奉仕を人類のために行うことが正しい。ガンジーの場合は政治的な活躍の場が決められていた。わたしの場合は宗教的修行と解脱への指導であった。

ガンジーとわたしが活動の場を取り替えることは、靴屋と洋服屋が職業をとりかえるようなものだ。しかし、政治的に活躍する人だけが神の子として奉仕しているという印象を持ってはならない。それぞれの才能と持ち場を生かして奉仕をするのが正しい。

一五三　なぜ自殺が罪だとみなされるのですか。［自殺は罪か］

人生航路、辛いことや楽しいことは、いずれもその人が過去に成した善い行動と悪い行動の結果である。苦しい経験をしているのなら、「今生で、善い行動、自制、正しい努力をなし、未来の人生を幸福にしなさい」、という注意喚起のためである。

たとえば、裁判所の判決で懲役刑を受けた人間が脱獄した場合、その人は、再逮捕されるばかりか、脱獄のためにさらに罪が重くなる。自ら努力することなく、あるいは、自助努力ではどうにもならない状況を冷静に受け入れられずに、自殺してしまうのは脱獄と同じである。

それ以前の問題として、たとえそれが自分の命であっても、殺すことは神の目から見るとアヒムサー（不殺生）違反と見なされる。また社会の法律からも犯罪である。自殺をする人は、霊界で魂がより大きな苦しみを経験することになり、カルマの法則に従い、次は下等な動物として生まれ変わる。つまり、自殺をしても、何も本人の救済にはならないことを知るべきである。

一五四　純粋意識のアートマンは、肉体レベルの行動の影響は受けないと聞く。一方肉体はそのカルマ次第、神の意志によって何度も輪廻転生する。それでは、誰が天国へ行き、誰が地獄へ行くのか知りたい。［カルマと天国・地獄］

何事も、その真の経験者はアートマンでも肉体でもない。心（マインド）そのものである。個の中心は心であり、心がアートマンの光を個別化し、印象づけるのである。それが個我と呼ばれるものである。心は、肉体がより精妙な形をとったものであり、現世において天国の歓びや地獄の苦しみを味わうのである。心が意識を持つ理由は、個我として、アートマンの光を反射で受けているからで、その成りたちのため大きな制限がある。実在（神）の事象の反映に過ぎないから、個我は現実であっても幻であっても、両面において「実在の事象の反映」の域をでることはない。

すべては神の意志によって起こる、これは真実である。しかし個々の過去のカルマ（行動）こそが結果の種類を決定づけ、神の意志としてこの世で消化されていく。肉体は物質界で経験するツールとなるが、アートマンや肉体が経験をするのではなく、あくまで心が主役で経験しているのである。この点を間違えてはならない。

一五五　善人が苦しむのはなぜなのか。前世のカルマのせいだと説明される。では、カルマは天地創造の日までさかのぼるのか。［カルマはいつから始まるのか］

カルマの法則は一種冷酷な法である。前世の行動の結果は必ず刈り取らなければならない。善人がより苦しい目に遭うのは、精神的な向上の道を急いでいるからである。過去生の悪いカルマは急いで消化され、一掃されねばならない。今生で救済されたいと熱望しているからである。神の叡知は、彼に巨大な忍耐という力を与えられた。霊的求道者や善人は多くの試練にぶつかると、その苦しみの中に神の恩恵を感じて歓喜する。むしろ試練を歓迎する。この世の一番の幸せは、痛みや苦しみを味わうことである。なぜなら、苦痛は神への開眼の扉となるからである。

一五六　バクティ（神への信愛）の育て方が知りたい。［神への信愛の育て方］

サットサンガに参加してマントラ、キルタンで神の名を繰り返し唱和する。カタ（教えの物語）を聞く。ラーマーヤナ、バガヴァーター（一八古伝承の一つ）を読む。バクタ・ヴィジャヤム、バクタ・リーラームリタなど、数々の信者の伝記を読む。スートラ（ヴィシュヌ・サハスラナーマ、ナーラダ・バクティ・スートラ、サンディーラ・スートラ）などを読む。離欲を実行しなさい。これは大変重要である。

信仰篤い人々に囲まれて暮らしなさい。アヨッディヤ（インドの地名、ラーマ神の住まい）で暮らしなさい。ラーマ・ナーマ（ラーマ神の名前）を唱和すれば、ラーマの帰依者になれる。ブリンダヴァン（インドの地名、クリシュナ神の住まい）に住みなさい。バガヴァータ経典を学びなさい。ドゥヴァーダ・シャクシャラ・マントラ（一二音節のマントラ）、「オーム　ナモー　バガヴァーテー　ヴァースデーヴァーヤ」のジャパをしなさい。そうすればクリシュナ神の帰依者になれる。

一五七　この世はイシュワラ（神）のエシャナ・マトラ（願望の結果）として創世された。エ

シャナ（願望）以外の何物でもない。イシュワラが常に裁量はしない。神は忙しすぎる。その結果、人は運命づけられて、それに対する個の努力の余地は大変少ない。［神の意志と個人の努力］

それはあなた独特の意見だ。「イシュワラ（神）の裁量は常にではなく時々下る。すべて取り行うには神は忙しすぎる」などというのは子供じみた考え方だ。イシュワラは一瞥ですべてを見ることができる。多忙すぎることは決してない。神は人間のように、行動の手段として五感を用いることはない。神は、人間のように変心しやすい心で行動はしない。神は常に遍在し、力に満ち、常に目覚めており、眠ることも休息することもない純粋意識そのものである。全宇宙がイシュワラの創世の願望、意志で決められた。しかし、人間の自由意志は許されないと考える運命論ではない。人間には比較的はっきりと、自己や周辺の事物に対して働く識別力と意志の力が備わっている。

イシュワラが、宇宙の活動と人間個々の活動の基本ではあるが、個々の行為には介入しない。イシュワラにとってはすべて決まっており、現在、過去、未来はすべてイシュワラの手の内にある。

しかし、変化しない宇宙の法則にもかかわらず、個我にはある程度の行動の自由が組み込まれている。個の考えと行動の自由は、究極の真理から見た自由さではなく、相対的な自由であり、その結果、個は自らの行動に対する責任を持たされる。自ら作り出した束縛のために、ジヴァ（個我）は苦しむ。しかし、ジヴァがイシュワラの意識に目覚め、その行動の意味と本来の姿を悟ったとき、苦しみは終わりを告げる。

一五八　一人前のヨーギは自分のヨーギ・パワーを試そうとはしないのか。その正当性を知りたい。［ヨーギとヨーギ・パワーの発揮］

立派に悟った一人前のヨーギならば、自分自身やヨーギ・パワーを試そうなどとは全く思わない。もし試そうとする者がいたら、その者は未完成のヨーギに過ぎない。途上の人間は自分の修行の進展ぐあい、修行中に授かったパワーなどを試したがる傾向がある。

ヨーギのパワーはその霊的修行の量とヨーガの経典などを学習した分に応じて顕現する。たとえ少しでも自分を宣伝したり、パワーを試そうとするならば、それだけ霊的修行の進行が阻害される。

ヨーギが望まなくても、毎日、毎分、いや毎秒ごとに素晴らしい至福の経験をする。これらの経験はヨーギの日々の行動に一致して起こるものであり、ヨーギはすべてに無関心、無執着で、神の栄光のみに浸ることだ。またそれらの経験自体に注意を払うべきではない。至福を経験したら、次の高いレベルに霊的修行は進む。立派な一人前のヨーギとは、ヨーガという方法で悟りに達した人物で、もはや自分の力を試したいなどという誘惑に駆られることは全くない。

一五九　サンニャーサ（出家）のため、世間との関係を突然断ち切る時、その人はどのように感じるのか。［俗世を放棄した出家者の感覚］

本当にティヤーガ（俗世の放棄）に確信があれば、事物や日常生活の過去について微塵も考えない。自分を支えていたものを失うという観念は一切持たない。出家に不可欠とされるヴァイラーギャ（離欲）がまだ完全に確立されていないで、ヴァーサナ（潜在欲望）、ヴリッティ（思考）、サムスカーラ（潜在印象）がメンタル体に留まっていても、喪失感は全く感じない。真の出家者は、世界との関係をすべて断ち切って、最高の至福を楽しむ。

一六〇　スワミジの本『マイ・マガジン』（My Magazine）に書かれた論文には、女性は尿やうみや血の詰まった腐った皮のバッグに過ぎないと思えとある。何ゆえ女性をそれ程おとしめ、軽視されるのか。わたしはこの世に不浄なものは存在しないと思うが。［スワミと女性観］

教典の学習ばかりし過ぎて、修行の実践が少ない場合に混乱や当惑が生じる。性的欲望の強い人々を離欲に導くために、わたしはわざと女性について否定的なメンタル・イメージを書いたわけである。本当は、女性はシャクティ（宇宙のエネルギー）の顕現したものだ。

そう、あなたの仰せの通り「すべては神聖で、すべては美しい」。しかし、そう実感できる人は、スピリチュアルな修行で相当進んだ人だけである。初心者は、この一節をオウム返しに繰り返すだけで中身がない。彼らの経験、見えるもの、修行の仕方は、神を知った覚醒者のものとはかけ離れている。初心者はくれぐれも注意して修行を進めること。マーヤ（幻影）の餌食にされ堕落しやすいのだから。修行者にとって性的欲望のコントロール（ブラフマチャリヤ）は重要な要件の一つである。

一六一　昨今は、政治が神さまのような振舞をしている。特にインドではそう感じる。宗教は余分なものとみなされている。今どうしたら人々に神の信仰と宗教心を取り戻せるのか伺いたい。［政治と宗教の比重］

政治が宗教に勝るという印象を真《ま》に受けるのは間違いである。個々の生活において、人類の大多数は大いなる神を信じている。特にインドでは、国中の人々の心の奥底に宗教心が流れ続けている。政治とは表面的な活動であり、社会経済の仕組みの中で人々に無理やり押し付けているものにすぎない。

人生でノック（一発）やブロー（強打）を受けた時。束の間のこの世で、五感の喜ぶ事物にうんざりした時にこそ、識別と無私の経験を通して心は神に向けられる。自然に宗教を受け入れる気持ちになり、清い人たちとの付き合いを求める。スピリチュアルな経典を読んで信仰心を養う。このプロセスに目覚めるまでは、世俗の人に宗教を押しつけても無駄である。

一六二　魂は、肉体の死後一年以内に新しい体を得て生まれ変わるのか。はたまた十年待つのか。次の生まれ変わりまで、精妙体の領域にどれくらい留まるのか知りたい。［生まれ変わるまでの期間］

この年限に関しては決められた期限はない。主に二つの条件で決まるといわれている。個々の魂が持つカルマと死の直前に持つ印象の二つだ。次の誕生までの間隔は数か月から数百年と多様である。カルマの消化を精妙な領域で行い続ける魂は、再び肉体を得るまでに長い時を要する。インターバル（間隔）が大変長くなるのは、地球の一年が神代の一日に当たるからでもあろう。

インドの古代遺跡でのことだった。初めて訪れたという外国人観光客のうち数人が、いとも懐かしそうに、ところ知った風に遺跡の中をスタスタ歩き回る。時々立ち止まって遠くを見るように目を細める。いぶかしく思った案内人が、遺跡近郊に住む聖者にわけを尋ねた。聖者が内観で感知した事実によると、その数人は、古い遺跡の時代にそこに住んでいた人達だった。我々も「懐かしく感じる場所」に時々巡り会う、デジャヴ（déjà vu 既視体験）である。

強い願望や強い執着を持った魂は、早く生まれ変わるともいわれる。暴力的に突然死に至った魂や、事故で予期せぬ死を迎えた魂は、輪廻転生の輪が早く回る。すぐに生まれ変わったような場合、個の魂は直近の前生の事象を憶えていることが多い。前生での親族、友人、故郷の家や懐かしい事物を認識できる。その結果奇妙な現象を引き起こすこともある。ある時、殺された本人がすぐに生まれ変わり、死のありさま、殺人の詳細を暴いたケースがあったといわれる。

しかし、すぐ生まれ変わるというのは一般的ではない。平均的な個の魂は、地球規模の年月で推し量ると長い年数を経て再び生まれ変わる。特に、今生で良いカルマの行いをした魂は次に生まれるまで長く天界に留まる。悟った偉大な魂は、大変長い時を経て輪廻転生するか、完全に解脱した魂は二度と生まれ変わる必要がなくなる。

一六三　音楽とは何か。傷んだ心を癒す力を持っていますか。〔音楽は癒し、治療する〕

まさに音楽とは、調和したメロディーとリズムで心の安心と言い表しがたい喜びを生み出すシステムのことである。音楽は科学の一つだ。ブラフマンの最初の波動、ナーダ（秘音）と呼ばれるオーム（ＡＵＭ）で世界は始まった。初めにブラフマンのシンボルである聖音「オーム」があり、後にあらゆる音声へと進化していった。オームはすべての音を含んでいる。

音楽は芸術の一つである。それは傷ついた心を癒すだけではなく、病気を治癒する力をも持つ。たとえばノイローゼ、不眠症、ヒステリー症状、鬱病、めまいなどの疾患に効果がある。

自己実現で神を知るためには、ブラフマンに波長を合わせることである。ブラフマンは絶対の光、絶対の叡知、絶対の至福である。神はナーダ・ブラフマンそのものである。

一六四　もし神がこの世のすべてを司るのであれば、神の意志なくしてわたしが殺人や盗みをできるわけがない。神がわたしを使って犠牲者を罰したのか。犠牲者はカルマ成就のために死んだのか。そうでないとおかしい。死刑執行人は政府から給料をもらう。ならばわたしが神の指令で殺人を行ったら、ご褒美が貰えてしかるべきであるが、パパ・カルマ（罪のカルマ）として罰せられるのはなぜか。ヒットラーでも神の意志なくしては戦争を起こし、多数の市民を殺せなかった。彼を責めるのは無駄ではないか。［因果応報という正義］

神がすべてであり、神がすべてを司る。しかしながら、個人が行為者だと自覚して行う場合、当人は自分の行動の帰結として、ご褒美なり罰なりを経験する。忘れてならないことは、悪とは、あくまでも利己的な個体の状態であり、エゴの残るジヴァ（個我）が神を知って悟った状態や、神の道具として働く状態では決してない。

ジヴァ（個我）はアートマン（真我）のように全知全能ではなく、神のチャンネルに波長を合わせない限り、正確に何が神の意志であるのかを知ることはできない。殺人によって犠牲者のカルマが消化されるなどという思い違いをしてはならない。この馬鹿げた行為は、殺人の行為者の上に因果応報として働き、この行為に関わった者に重い苦しみの報いとなって戻ってくる。

神は、直接個我に語りかけ、殺せとか盗めとか命令されることはない。もしジヴァがそのような行動をとって罪を犯すならば、それはその個体の責任であり、神の責任ではない。神がその意志で悪をせよ、殺人を犯せ、暴力をふるえなど、他人の幸福に反する命令をだすことはありえない。このような犯罪は個人の無知と錯覚の結果に過ぎず、犯罪者は因果応報という正義によって裁かれる。

神の働きは常に、自由、完全、平和と至福への働きかけであり、苦しみや痛みの原因となるものは、かけらも含まれない。

一六五　リシケシを訪れたら、スピリチュアルな波動を受けて、精神的なシャンティ（平和）を得られるでしょうか。［リシケシの霊的波動］

イエス。ここへ来る時は一人で来なさい。仲間と一緒に来ると、おしゃべりをして世俗の雰囲気を持ち込んでしまう。一人で神のダルシャン（祝福）を受けなさい。マハトマ（グル）の霊的な指導を受け、神と共に生きなさい。マウナ（沈黙の行）を行い、意識の集中と瞑想を日々行う。その時あなたは心から平和を楽しめるだろう。

一六六　わたしは仕事から引退し、息子たちは自立。わたしがこれからヨーガの行者として生きていく方法を示唆いただきたい。[隠居後のヨーガ的生き方]

世俗的な物事に向いた執着を根絶するのは、容易なことではない。執着は、マーヤ（幻影）の強力な武器である。執着があるために、「わたしが所有する」という感覚や、利己的な感情が出てきて子供を溺愛してしまう。心の奥底に潜んでいる執着を根絶しなければならない。ヨーギとして生きてゆくのであれば、妻や子供、友人、親戚との連絡を絶ちなさい。手紙も書いてはならない。巡礼で聖地を訪れ、偉大な聖者を訪問しなさい。

俗事への執着を放棄し、離欲を実行すること。あなたは自分の経験から、俗世の毎日からは最高の平安、幸福を得られないと感じ取っている。本当に、世俗的な世界に対して迷いがなく、心から出家することを望むのであれば、願望は必ず実現する。ヨーガの修行によって、離欲の生活を続け、神を知り、その栄光の人生を送りなさい。聖地巡礼を通してグルを選び、そのグルの指導を受けて霊性修行を積みなさい。

一六七　妻と幼い子供がいても、出家できるか。助けを要する扶養家族を見捨てるのは罪ではないかと思う。[出家と妻子]

あなたの中に、忍耐力と識別力から生じた激しくも本物の離欲があり、魂の解放を願うのであれば、出家できる。聖典にも「離欲できたその日に世俗を放棄しなさい」と述べられている。妻や子供たちへのモハ（妄想）がある場合、あなたの心は常に家族のことを考えるであろうから、決して霊的な前進は期待できない。それゆえ、まず妄想を打ち負かし、執着を放棄し、真の離欲を実行する。

在家での修行の間はジャパと瞑想を多く行うこと。境地が進んだら、人里離れた場所で独居して自分の心の強さを推し量りなさい。いまだ心中にモハが潜んでいないかチェックすること。離欲できたら出家して良い。その過程を経れば首尾よく出家者になれるであろう。

世俗の執着を放棄する前に、妻や子供たちが充分恵まれていることを確認すること。そうしないと、あとで困った家族が常にあなたの後を追い、その想念のメンタルな波動にあなたは引き込まれてしまうだろう。また在家の間に、妻に出家の重要さを説き、ジャパと瞑想を教えなさい。妻もスピリチュアル・ライフを送るべきである。そうすれば、あなたが出家した後であなたの修行をじゃますることはなくなる。

バラトゥリ、ガウランガ、サダーシヴァブ、ブラフマン、ラーマティルタなどの聖人は妻を見捨てたではないか。しかも出家した後は妻子のことを考えることなく、神を悟ったのである。罪の意識や恨みで悩まされることもなかった。たとえあなたが妻子のために潤沢な準備ができなくても、真の離欲を確立できるならば出家できる。まず妻子から離れて暮らし、子供たちがしっかり養育されているかどうかを見極めること。

しかしラーマティルタは前もって準備なしに、妻と幼い子供二人を残して出家した。しかし彼の長男はエンジニアに、二男は大学教授になった。神を信じ、すべてをゆだねなさい。

一六八　わたしの心は気まぐれで、肉体は弱い。瞑想を試みるが、集中は時々できても、大半は失望で終わる。どうかお助けください。[集中できない心の扱い方]

まず、自分の肉体のケアをしなさい。正しい食事と適度な運動、アーサナ、プラーナヤマで体を強靭にすること。禁欲を心掛けなさい。次に欲望、心配、不安、邪悪な性質を打ち消すこと。現状に満足した生活を送りなさい。世俗の活動を減らし、スピリチュアルな環境で暮らしなさい。たとえば、ハリドワール、リシケシ、ウッタラカシなどの聖なる地に住む。マウナ（沈黙の行）を三か月間行えば、容易に自分の心がコントロールできよう。

一六九　眼に焼けるような刺激を感じ、心も落ち着かなくて瞑想できない。治す方法を教えて欲しい。[焼けるような眼の刺激の取り除き方]

それはあなたの体のシステム全体が熱を帯びた状態を示している。早朝アマラキ・オイル（アーユルヴェーダの薬木、アマラキの実の粉をオイルで溶いたもの、髪に良い）またはギー（インドの溶かしバター）を十五分間頭頂に塗りなさい。その後沐浴をすること。純粋な食べ物を摂る。喉が乾いたら、水に氷砂糖を溶かしたものを飲む。純粋な牛乳を早朝と夜寝る前に飲む。食事を規則正しく摂る。一日二回沐浴をする。これらは体のシステムを正常に戻す。

一七〇　トリクタ（眉間）に集中しようとすると軽い頭痛を感じる。治す方法はありますか。

［瞑想中、眉間に集中すると頭痛］

瞑想の時、眉間に集中して頭痛が起きる場合、鼻のてっぺんを見つめなさい。頭痛は解消されよう。心と格闘してはいけない。瞑想のあと三十分間は普通の姿勢で休憩する。それでも頭痛が残るようなら、眼を閉じて瞑想を試みなさい。

一七一　わたしのような四十五歳の者でも、ハタ・ヨーガの実践ができるものか。この年齢で、活力とバイタリティを取り戻せるか。［四十五歳からのハタ・ヨーガ］

イエス。しかし、まじめさ、熱意、信仰心、気力、活力を持って臨むことが必要である。ハタ・ヨーガを進めるに当たっては、注意深く、ステップ・バイ・ステップと段階を踏んで行うこと。努力しすぎは避けなさい。ヨーギとしての修行を成功させるには、マウナ（沈黙の行）、ミタハラ（適度な食事)、ジャパ(マントラを唱える)、瞑想を実践しなさい。アーサナ、プラーナヤマの上達は各人の体質による。人それぞれに適したアーサナを行うのが良い。

自分の活力とバイタリティを得たいならば、この瞬間から真のブラフマチャリヤ(独身、禁欲)になりなさい。精神面、肉体面の両方における独身、禁欲を意味する。純粋な食べ物を摂り、離欲を心掛ける。わたしの本、『ブラフマチャリヤ』(Brahmacharya)を読んで学ぶこと。そこには、実践的な独身、禁欲の行い方がのべられている。

一七二　自分でチッタ・シュッディ(心の浄化)を得たかどうか、知る方法が知りたい。[心の浄化度を測りたい]

チッタ・シュッディ(心の浄化)を達成していれば、性的な考え、世俗の欲望、不浄な考え、性的なヴァーサナ(潜在欲望)、怒り、虚栄心、偽善行為、エゴ、貪欲、ジェラシーなどなどは思い浮かばないはずだ。どんな異性にも魅惑されない。長く持続可能なヴァイラーギャ(離欲)をキープできる。夢の中でも悪い考えをもたない。神聖な善の特質である、慈悲、宇宙の愛、許し、調和、心のバランスを常に保つ。これらが、チッタ・シュッディを達成した証しである。

一七三　ヒンドゥー教はシバリンガ（男根像）を拝む。無知で非哲学的な感じを受けるが、そうではないのか。［ヒンドゥー教とシバリンガの意味］

ご意見は理解力と知性に欠ける、興味本位で皮肉な意見である。外国人がタミール語やヒンドスタン語を学ぶ時、まず低俗な単語から学び始める。人間の好奇心のあらわれだ。シンボルを崇拝することの欠点を見つけようと試みている。リンガとはシバ神の形のないシンボル（象徴）のことである。リンガはサンスクリット語で「マーク、符号」を意味する。シンボルである。たとえば、大洪水を見た時、人は前日に大雨が降ったに違いないと推測する。煙が立つのを見て、火事だろうと推測する。すべてに遍在する神のリンガ（符号）は無数の形で広い世界を象徴する。リンガを見ると、人々の心はただちに高められ、神のことを考えだす。

リンガ（男根像）とヨーニ（女性器）の合体のシンボルは、静と動の永遠の融合を意味する。すべての現象が発生する由来、父方母方の原理が、永遠の霊的な交わりをすることを表す。この崇高な考えの下で、信者の低いセクシュアルな傾向は絶やされる。リンガとヨーニを霊性化し、神聖化することで、信者を性的な考えから自由解放する。高い考えを持つことで、すべての低い考えは徐々に消える。シャクティの力で、シバ神は自らのコピーを増やし続ける。

リンガには神秘的なパワー、言い表しがたいシャクティ、エネルギーがあり、集中を高めてくれる。水晶玉を凝視すると楽に心の焦点が合うのと同じだ。同様にリンガを見ると一点に集中できる。

そのため古来インドの聖者はシバ神の寺院にリンガを祭った。

信心篤い帰依者にとって、リンガはただの石の塊ではない。光り輝く絶対意識そのものである。リンガは信者に語りかけ、信者に滂沱の涙を流させ、鳥肌の立つ思いをさせて信者のハートを溶かす。リンガは信者に肉体意識を超えさせ、神と合体させ、解脱に至らせる。古来の哲学者は金のリンガを崇拝した。なんと多くの神秘的なエネルギーがリンガには内在していることか。

一七四　集中力を養う簡単な方法をご指導ください。〔集中力を養う〕

神の名を繰り返し唱えるジャパを行う。集中力というのは、一日で養われるものではない。あせらず、努力を続けることが重要である。冷静で忍耐強くあれ。心が外へ向いても心配することはない。毎日ジャパを続け、瞑想も規則正しく行うこと。心は、自然に神の方向へ集中できるようになる。いったん神の輝く至福を経験したならば、何ものも揺るがすことはできない。心はそこに留まる。

一七五　我々はなぜ過去生を覚えていないのでしょうか。〔過去生を忘れる〕

もしあなたに過去生の記憶があるとすれば、現生という限られた枠の中の日々がまことにややこしくなる。そのため、神は、我々の霊的進化の過程で、覚えていることが役に立つ時期がくるまで、思い出さないように指令してこの世へ送り出したのである。そのため、例外を除いて過去生の記憶は忘れ去られている。

一七六　輪廻転生の法則に反して、過去の人口より現在の人口の方が増えていると言われるが。［輪廻転生と現在の人口］

同じ人が同じ地球に生まれ変わるとは限らない。人間として生まれ変わる複雑なプロセスの中で、人間以外の低いレベルの世界から人間界へ生まれ変わることもあり得る。それらの働きは超越した意識、大いなる神によってコントロールされている。また、生まれ変わるのは必ずしもこの地球とは限らない。宇宙の他の場所も大いにありうる。

一七七　エカダシ（満月と新月から十一日目、月二回ある）に私は断食している。断食は寿命を縮めるというのは本当か。［断食は体によいか悪いか］

寿命を縮めることは勿論ない。断食によって、肉体、心、プラーナ、神経が修復され、活性化される。すべての不純物は排出されて、純粋な特質を容易に養えるようになる。心は静寂で平和に落ち着く。断食で良くない体質を退治することもできる。大食家が断食するとしたら、それは苦痛かもしれないが、日頃適度な食事を摂っている人は喜んで断食を実行するだろう。長寿の効果もある。ただし、いきなり長期間断食を行うことは勧めない。徐々に実践することが肝要である。初めは月に一日行う。次に十五日に一日。しばらく様子をみて、毎週一日の断食を行ってもよろしい。

一七八　過去八年間、ブラフマン探求の経典、ヴィチャール・サガール（ヴェーダーンタ）、パンチャダシ、ギーター、ウパニシャッドを懸命に勉強してきた。ある程度マスターできたと思う。しかし神との一体感（ワンネス）は感じとれない。経典とは勉強するだけのものなのか。［聖典や経典は学ぶためだけのものか］

単にヴィチャール・サガールやパンチャダシを学習するだけでは、アドヴァイタ（不二一元論）の純粋意識を経験するには至らない。経典について、ヴェーダーンタ学派的あてもないこうでもない哲学ゴシップや無味乾燥な議論を知っても、神との融合や他の命との一体感を感じとることはできない。あなたは徹底的に、不純さ、憎しみ、嫉妬、そねみ、優越感、差別意識を生む自分の中のバリアを取り除くべきである。正しい心持ちで、人々へ無欲の奉仕を行えば、神との一体感を感じとれる。

今では実践的ヴェーダーンタは大変稀になってしまった。宗教について無意味なたわごとを交わし、干からびた論議と抗争ばかり行っている。人は二、三冊聖典を読んで、ジヴァムクタ（生前解脱）したようなポーズをする。本当に自己覚醒した人が一人でもいたら、全世界を正しく導く強力な力となる。この世の運命すら変えることができる。しかし昨今の「悟った人」とは「本の虫」が大半である。多くの人が、タルカ（論理）を少々勉強しただけで、自己覚醒できると錯覚してしまう。すべての命の繋がりを知るには神を知ることが不可欠であり、それにはたゆまぬ自分の霊的修行が欠かせない。聖典や経典の学習は、少々助けにはなる。けれども、自己の修行を同時進行しなければ、読むだけでジヴァムクタすることはとうていできない。

一七九　自分のグルを熱心に探しているが、本当のグルにまだ出会えない。いいグルを紹介して頂けますか。［自分のグルとの出会い］

今の社会で、弟子をしっかり指導できる真のグルを探すのは難しい。しかし、グルからみれば、グルの教えを忠実に守り、まじめに修行する真の弟子を探す方が遙かに難しい。この両者の関係を考えたことがあるだろうか。グルの選択に理屈をこねても仕方がない。

第一級のグルに当面出会えなければ、行いの正しい、聖典の知識もある先輩の修行者に教えを乞いなさい。外科の専門医が居合わせなければ、外科助手でも患者の救急治療はできるものだ。第二級のグルでも、当面の代理としてあなたにとっては大いに役に立つ。あなたの中で、グルの教えを全身で受け止める準備が整った時、あなたは真のグルに出会える。

一八〇　出家したら、白ではなく、明るいオレンジ色の法衣をまとうのはなぜでしょうか。
［スワミ色の衣の意味］

出家僧になる栄光と魂の自由解放は在家の人々には想像もつかないほど大きい。心の内側が変われば、外観も変わった方が良い。オークル色（黄土色）やオレンジ色の衣は、僧として内なる心が変わった証しに着る必要がある。スワミとしての自覚を促す。マーヤ（幻影）や日頃の癖で、五感が対象を探す癖が出る。その時、オレンジ色の僧衣をみて、自分は出家僧だと我に返る。衣の色が僧に一撃をくらわし、悪しき行いから救ってくれるのである。炎の色そのものにも栄光と効用がある。真の出家僧はすべて俗世界と縁を切り、世俗のモハ（迷い）を一掃する。友人も親族も俗世に引き戻すことはしない。

オレンジ色の衣は説教の演壇に立った時にも役に立つ。一般人は衣の色を見ただけで、あれはスワミ（僧侶）だとわかるし、出家の意味も素早く理解してもらえる。

一八一　著書『ヨーガを始める楽な方法』（Easy Steps to Yoga）に、ブラフマチャリャ（禁欲）の重要性を説いておられる。わたしは一日の仕事が終わると疲れ果てる。家で快楽を与えてくれる妻に接するのは罪なことか。禁欲は老化を阻止してくれるか。性的行為は子孫のために必要だ。人の精神力では誕生、人生、老化、死去のサイクルから逃れることはできない。種の保存のために男と女は生殖能力を与えられている。よって性的行為は必要なことではないかと考える。〔夫婦の性的行為と禁欲〕

あなたはこのトピック（論点）を完全に間違った角度から見ておられる。あなたの前提条件が正しくない。永遠不死の魂と滅びる肉体とは別物である。いったん生まれたら、いずれ死が訪れる。たとえて言えば、古いコート（肉体）を脱ぎ捨てるようなものだ。輪廻転生のサイクルから抜け出し、魂の自由を楽しむ状態を永遠不滅と呼ぶのである。あなたが宇宙の純粋真理と合体して時空を超越しない限り、不老不死を楽しむことはできない。永遠不滅の神を知るためには、自分の内にあるすべてのエネルギーを節約し、保存して霊的修行を行うことだ。

所有している機械の寿命を長く保ちたい場合、錆や摩耗を防いで良い維持管理を施し、仕事は控えめにさせるであろう。同様にあなたの肉体も、手入れを施して良いコンディションに保つことが大切である。その寿命を延ばすには、内なるエネルギーを温存することだ。状態の良い肉体がなければ、どうやって高い次元に挑戦できようか。わたしがサンスクリット語から訳した、『バガヴァッド・ギーター』を読むこと。

できるだけ俗世の執着を放棄しなさい。必ずしも家族との縁を切る必要はない。世俗に身をおいて、世俗から学び、世俗の一員にはならないことである。あなたの今の任務は、所帯を維持することであるが、それに執着してはならない。徐々に心の浄化ができて、永久の平和、歓喜、至福の成就に向けた道を歩めるだろう。あなたの間違った考えへの意見はここまで。

目覚めよ。あなたの中の永遠不滅の存在を理解せよ。真の永遠不滅の、あまねく遍在する、宇宙意識を認識せよ。不滅のネクター（不老不死の酒）を飲んで大いなる神の懐で休め。自分の内なる霊的なパワーのお陰で、あなたは全く別人のように変身するだろう。信仰心を持ち、誠実であれ。成功はあなたに輝く。「あなたがその存在、ブラフマンだ」。

一八二　ニシュカマ・カルマ・ヨーガ（無私の奉仕のヨーガ）は神に目覚めるために絶対必要か。やり方を教えて頂きたい。［奉仕のヨーガの実践］

イエス。奉仕は絶対必要である。心の不純物を退治してくれる、ニシュカマ・カルマ・ヨーガ（無私の奉仕のヨーガ）を実践することなくして、神を理解して悟ることはできない。ニシュカマ・カルマ・ヨーガを実践すれば、チッタ・シュッディ（心の浄化）ができ、超越意識にめざめる。すべての人に深い愛をもって接する。見返りや賞讃を期待せず奉仕する。あなたはただ、神の道具だと感じなさい。貧者や病人の中に神をみて祈りなさい。特定の場所、人、物に愛着をもたない。世間の動向、成功失敗、損益、労苦に気を取られず、精神的に高い姿勢を保つこと。

どんな行動の最中でも、心は常に神に向けていること。そうすれば真のカルマ・ヨーギになれる。

正しい精神で行えば、行動の質が高まる。人々からあざけられても、打たれても、殺されても無関心でいる。霊的修行を続けなさい。

一八三　わたしは人生で数え切れない間違いをしてきた。神に全く無知である。サンスクリット語も知らない。このようなわたしが、霊的修行の道を歩めるだろうか。［学問がなくても悟れるか］

神に対する人の無明に実体はなく、我々は本来叡知の権化である。我々の本質を覆い隠しているベールが剥がされれば、本来の光明が現れる。真の魂は今は雲の後ろに隠れた太陽のように、潜在印象やエゴによって隠されている。自分を浄化して、良くない心の作用を根絶しなさい。霊性の高い道を求めて歩むこと、あなたの生まれてきた目的はそれである。

神を知るために、サンスクリット語を学ぶ必要は全くない。大いなる神について本質を把握していれば、それで足りる。サンスクリット語を読めなくても、すべての経典は英語や多言語に翻訳されている。心配することはない。時間があればスートラ（経典）やギーターの詩編、ウパニシャッドなどを自分の言語で音読すれば良い。

一八四　野菜や果物を収穫することは、ヒムサ（殺生）と見なされないのでしょうか。［野菜や果物の収穫も殺生か］

野菜や果物を刈り取ることは殺生とは見なされない。植物や樹木には、命はあっても真の意識はない。植物に生命が、動物に感覚器官が、人に精神性が、聖者には神聖な魂がある。植物と樹木にはチャイタンヤ（神意識）は存在しない。そのため痛みは感じない。樹木は「痛いよ」と叫ばない。植物や樹木のマインド（心）は発達しておらず、初歩の段階である。感覚や意識はない。野菜を切り取ることが殺生だとしたら、地球上の生命は維持されなくなる。そのような無用な議論に時間を使う哲学者はなまけ者だ。無視して良い。実用的な人間であれ。

一八五　なぜ神はわたしに語りかけないのか。何が修行の障害となっているのか教えて欲しい。［神からの語りかけ］

神に完全にゆだねることが、いまだ不完全である。まだ少しモハ（迷い）がある。少し利己心がある。感覚器官はいまだにパワフルであり、外に向いている。それらが障害だ。すべてが滅却された暁には、高くて甘い内なる神の声が聞こえる。不純な魂は不純な心の声を神の声だと取り違える。これには注意するように。霊的修行を続けなさい。

一八六　わたしはこの幻の世界に嫌気がさしている。不幸に満ちたこの世界で生きていても、意味がないと知っている。出家したいが、グルの見つけ方が分からない。出家のルールを教えて欲しい。〔厭世家と出家のルール〕

この世界を、忌み嫌ってはいけない。嫌うべきは、世俗的な生き方である。この世は、神の顕現であり、最高の学習の場である。この世が、あなたのカイヴァリヤ（解脱）の妨げとなることはない。あなた自身が物の見方、考え方を変えるべきである。新しい心と新しい未来像を作りあげる。そうすれば、この世界は天国に変わる。あなたはまだ十分に離欲していない。なんらかの不幸・災難のために、一時的にこの世を嫌悪しているだけに見える。一時的な厭世家が僧侶になるべきではない。僧侶になれたとしても、僧侶としての義務を果たせないだろう。霊的な進化は、一歩一歩地道に進まなければ達成できない。

出家する前に在家で何年間か、結果や報酬を求めない、無私の奉仕をすることで心を浄化しなさい。謙虚な気持ち、自己犠牲の精神、忍耐力、慈悲心、すべての存在に深い愛情を持たなければならない。これらはすべて無私の奉仕によってのみ培われるものだ。

一八七　この世は実在ではなく、人は必ず死ぬと知ったからには、わたしは今すぐ出家したい。パティ・セヴァ（貞節な妻の務め）として家族の世話をしているが、解脱するには夫、息子、両親の誰も助けてくれないと知っている。聖者ミラは夫の元を去ることで、バガヴァーン（神）に出会えたのか。［今すぐ出家したい妻の場合］

女性にとって夫は神のイメージである。妻は夫を通して、夫の中に神を見るのがよい。祈りのためでも必ずしも寺院へ出かける必要はない。女性の離欲は束の間のあぶくだ。霊的な前進の役には立たない。「この世は実在しない」とあなたは言う。しかし、心の奥底では何かの対象物に執着しているかも知れない。家族間の問題やトラブルから発生した出家願望は、稲妻の光のようにはかなく一時的だ。そのうち消え去る。

どういう意味でこの世は実在しないとあなたは思っているのか。この世は、野ウサギの角や不妊女性の息子の譬えのような実現不可能なものではない。この世は経験的、相対的な実在である。しかし、ブラフマンほど実在ではない。ブラフマンや永遠の存在に比べれば、この世は真に存在はしない。この世は現象、みせかけにすぎない。ブラフマンは現象の根本をなす実在であり、絶対である。ブラフマンの本体に融合するニャーナ・ヨーギにとっては、この世は実在ではない。世間の大部分の人々はミッティヤ（幻影）という言葉を誤解している。大半の人々は目的もなく、正しい教育もされず、徳行を養うこともしないで通り過ぎる。これは悲しむべき誤りである。この世を単に現象ととらえよ。「アートマ・バーヴァ」（すべては神だと感じる）を実践して世界の根本をはっきりと理解する。もし霊的求道者が、ニシュカマ・カルマ・ヨーガ（無私の奉仕のヨーガ）だけを実践しても、心の浄化がないままこの世を去るとしたら、魂の四つの救済手段が欠けている。自己放棄だけでは最小限の恩恵しか受けられない。

四つの霊的救済手段とは、一．ヴィヴェーカ（識別智）二．ヴァイラーギャ（離欲）三．シャットシャンパット（六つの徳行）四．ムムクシュットヴァ（解脱への熱望）である。

ところで、聖者ミラの場合は凡人と全く違う。ミラは幼少期からクリシュナ神への愛と信仰にあふれており、生まれながらにして霊性の高いヨーギであった。だからあなたの場合とは異なる。ここで比較することは無駄である。まず夫や他人に奉仕することで自分のレベルを高めることから始めなさい。夫の目の輝きの中にクリシュナを見、人々の顔にもクリシュナが見られるように努めること。成功を祈る。

一八八　わたしは現時点ではグリハスタ（在家）をやめるつもりはないのですが、是非、クンダリーニ・シャクティ（一番下のムーラダーラ・チャクラに眠るエネルギー）を覚醒したい。可能でしょうか。ご指導ください。［在家でクンダリーニを覚醒させる方法］

イエス。在家のままでもかまわないが、理想的な家庭人の生活を守りなさい。あなたの家族を支えなさい。所帯主としての勤めをしっかり果たすのなら、独居修行を行わなくてもよい。

在家であってもブラフマチャリャ（禁欲）を実行し、性的な関係は一切断ち切ること。すでに充分な数の子供は授かっている。あなたが本気で速く精神的な向上を望むのならば、このヨーガの霊的修行を受け入れなければならない。妻も同様にスピリチュアルな道へ導くこと。あなたと同じマントラを繰り返し唱え、聖典の学習をし、時々断食を行う、また、二人で、ある一日はミルクとフルーツのみで過ごしなさい。

シルシ・アーサナ（頭立）はいままで通りつづけてよい。正しい生き方のルールをきちんと守りなさい。ヤマ（禁戒、外部との調和）、ニヤマ（勧戒、自分の中の調和）を実行すること。

クンダリーニを覚醒させる前に、まず自分の心を浄化しなさい。ねたみ、利己心、怒り、性欲、妄想、高慢、執着、憎しみの心を完全に取り除くこと。そうすれば、クンダリーニは容易に覚醒できる。自分で覚醒できる。心配はいらない。わたしもクンダリーニ上昇のお手伝いをしよう。ジャパと瞑想の時間を増やしなさい。在家のままでも高い霊性に到達できる。しかし、思考、言葉、行為のどの分野においても、厳密にブラフマチャリャ（禁欲）の実践が不可欠であることを明記しておく。

一八九　長男が生まれたら、男は妻を「跡継ぎを生んだ人類の母」として称えるべきだとスワミジはおっしゃる。しかし数か月で、もし長男が死んでしまったら、領地を監督する相続人はいなくなる。私が出家したら、後の家督をどうすべきか助言ください。［インド

「僧は跡継ぎを残してから出家した」

あなたはなぜ領地の跡継ぎにそうこだわるのか。あなたは生まれる時その領地を持ってこの世に来たのだろうか。死ぬ時一緒に持っていけるものなのか。わたしの領地といえども、単に地球のひとかけらに過ぎない。領地はあなたに幸せと平安をもたらしているか。むしろ心配と不安の種ではないか。土地や子供への執着は人をサムサーラ（輪廻転生）の輪につなぎ止める原因となる。霊的求道者にとってはすべて障害になるだけである。

ブッダやバートリハリは自分の領地をどう取り扱っただろう。領地を相続する息子を切望しただろうか。領地や息子のことを思い煩う人が、どうして神の栄光を思えるだろう。神とマモン（富の邪神）を同時に思うことは不可能である。光が当たれば暗闇は消える。感覚の快楽を楽しむ人には、神の至福は受け取れない。

二番目の子供が生まれたら、悩みは倍になるだろう。すでにあなたは首をひもで幾重にも締められている。人類の苦悩の深さを正しく理解する人であれば、簡単にたくさん子供を生まないものだ。しかし、あなたの心がヴァーサナ（潜在欲望）であふれ、性欲をうまくコントロールできないのであれば、二番目の子供を持ちなさい。その後でブラフマチャリヤ（禁欲）を守ること。

一九〇　姿形をもたない、普遍的存在である神を、偶像として崇拝する意味はどこにあるのでしょうか。〔偶像を崇拝する意味〕

普遍的な神の神聖さは、この世の隅々にまで浸透している。神が存在しないところはない。もちろん、偶像にも神は存在している。偶像というのは、霊的な道を歩み始めた初心者の助けとなる。形をもった偶像は、修行を始めたばかりの頃には、なくてはならないものである。最初から、無限の絶対意識を崇拝できる人は少ない。多くの人にとって、崇拝の対象に心を集中するためには、何か形をもった対象物が必要である。偶像は優美な彫刻芸術ではなく、信者の心が神に向かうチャンネラーの役目を果たす。

信者は、崇拝する偶像に神の存在を感じ、献身的な愛情を注ぐ。信者は偶像を通して、神を信仰している。偶像崇拝は、ヒンドゥー教に限ったことではない。キリスト教徒は十字架を崇拝する。十字架のイメージを心に描く。イスラム教徒は、メッカにある聖なる神殿カーバの石をイメージしながら、ひざまずいて祈る。心に描くイメージも偶像の一種である。

違いは、どの偶像を崇拝するかではなく、一つをどれだけ深く崇拝できるかである。何かのイメージを心に描き、心をそのイメージに集中させるためのものだ。みな偶像崇拝者だといえる。粗雑な心には具体的な絵など、集中力を支えるものが必要であり、精妙な心には抽象的な象徴が必要である。ヴェーダーンタ哲学者でも、散漫な心の集中のために、オームというシンボルを用いる。絵、石や木の彫刻像だけが偶像なのではない。弁証法的な思考法や指導者さえも偶像となりえる。ゆえに、偶像崇拝を非難することは無意味であろう。その中にも神は存在する。

一九一　女は男のためだけに造られたのか。神は女を台所と生殖のためだけに創造されたのか。なぜ女は、二次的な役割を負わなければならないのか。なぜスワミジは男女平等の権利を否定されるのか。[百年前のインドの女性]

女性が男性より劣ることは決してない。家庭生活は共同作業である。各々が役割を分担することで繁栄する。男が外で稼ぎ、女が家庭で働くという構図は、女が男のパラサイト（寄生者）だ、奴隷だということを意味するものではない。むしろ国の土台を築くのは女性である。我が子の教育を通して高潔な市民を作る。ひいては全人類の人格を形成する。子供は家族の、そして国の宝だ。家庭を守るという女性の仕事は、参政権よりも、法律家、大統領、大臣、判事たることよりも遥かに偉大な役割である。

男女が対等であるという考えは、単なる西洋のコンセプト（概念）である。インドやヒンドゥー教のコンセプトから言えば、男と女はプルシャ（神）とシャクティ（神の力）の関係で、それは一体であり、分割できないものである。叙事詩『ラーマーヤナ』の中の妻シータは夫ラーマと一心同体で、自分は別個だとは考えなかった。インドの夫人は、家庭内、宗教、社交界すべてにおいて、夫に同調している。女性は家庭の女王さまだ。母性の栄光で家庭を照らす。

西洋社会では、女性が進出して、職場で男性を演じている。しかしわたしは疑問を投げかけたい。「その結果は人々の幸福、真の繁栄、国の平和に貢献しているのだろうか」。いやそうではないだろう。離婚裁判がふえ、より不幸な子供が増え、より落ち着かない社会を生み出した。これは単に女性側が、ラジャス的（活動、落ち着かない）要素を増大させた結果に過ぎない。昨今では、女性と男性が対等だという説を疑問視する人々も多くいる。男女平等運動に参加した人々も、中には支持したことを真面目に後悔する人が出ている。彼らは目の前で破壊的な結果を目撃した本人たちだ。

締まりのない、いいかげんな人生は「完全な自由」などではない。ごちゃまぜの生き方も自由とはいえない。インドの女性でも、間違って自由をはき違え、人生をダメにした人がいる。

西洋の女性の理想は必ずしもインドの女性の理想ではない。我々はむやみに影響されて、本来の特性を変えるべきではないし、国民性を失うべきでもない。一国は底を流れる最も根本的な部分を自覚せず、単純に他国の理想や習慣をうのみにするべきではない。

女性はまず良き母親になることだ。これは神の壮大なプランの中で演じるべき役割である。これが神の意志の顕現、ディバイン・プラン「大いなる神の意図」と呼ばれるものだ。女性は生来の傾向として、感情的、抱擁力、美徳、直感力、瞬発力などの特性を備え持つ。

一九二　結婚生活は、神を悟ることの障害にはならないか。結婚した男は、どうしたら妻と神の両方を喜ばせられるでしょうか。〔結婚生活は霊的修行の妨げになるか〕

結婚生活は神を知る妨げにはならない。その人が世俗の対象に執着せず、公平無私な生き方を貫き、人生とは、世間という大学で学習しながら自分を磨く場であると考えれば、なんら障害にはならない。聖者の伝記から学ぶ。ティヤガラヤ、エカナート、ナルシ・メタ、バドラチャラム・ラムダス、ツカラーム、ナムデヴ、ジャヤデバ、チャイタンヤ、カビールなどである。教典や伝記をよく探求して、聖人達の生き方から学ぶこと。

男として妻を喜ばせるのが務めだなどと考えるのは失礼なことである。結婚生活とは妻を喜ばせることだと思うことは、みじめな奴隷よりひどいことである。自制せよ。妻にも人生の真の目的に気づかせ、その目的を家庭生活を通して共に成し遂げることだ。肉体と精神のバランスが崩れないように、調和の良くとれた生き方を模索しなさい。

すべての行動は、自分のものではなく神に捧げるつもりで行う。自分の浄化を祈り、満足して節度のある日々を送りなさい。精神生活の向上のために果敢に戦い、命の危険にさらされても、決して後退しないこと。自分で自分の管理をし、自分を神の道具だと考えること。妻の道具ではない。結婚している配偶者には同体であるふりをする。しかし精神面では常に世間を超越した状態にあれ。これが人生を安全に歩む秘訣である。

一九三　ジャパをする時、「オーム」の代わりに「オーム　ナーラーヤナ」を唱えた方が、ニルグナ（属性のないグナ）、サグナ（属性のあるグナ）の両方に効果があるだろうか。ナーラーヤナ・マントラを唱えるとわたしのメンタルな眼に、神のチャトゥールブージュ・ムルティ（聖像）が浮かぶ。しかし、わたしは今まで、アルジュナと共に在るクリシュナ神の像に祈り、ひれ伏す習慣がついている。将来は何を続ければよいかご指導ください。［ジャパでどの神の名を唱えるか］

あなたはクリシュナ神に祈ることで、明快なクリシュナのメンタル・イメージと祈るパワーをすでに作り上げている。その形を今から変えることは良くない。たとえ変えたとしても、習慣の力によって、今までの形が心に湧きあがるだろう。それゆえに、同じクリシュナの形を維持しなさい。しかし四本腕のクリシュナを好むなかれ。

「オーム　ナーラーヤナ」は正しいマントラではない。正しくは「オーム　ナモー　ナーラーヤナ」である。オームはサグナ（グナのある）でありニルグナ（グナのない）でもある。『プラスウパニシャッド』を学べば、この点がはっきり理解できよう。もし完全にマントラを変えたいと願うのであれば、「オーム　ナモー　バカヴァテー　ヴァースデーヴァーヤ」に復帰するのがよい。しばらく繰り返してみなさい。

一九四　ウパニシャッドやその他の経典を読んだ。どの書にも同じことが書かれている。つまり、この世は幻影であり神のみが実在する。我々は、この真実を理解しなければならないと。どうすれば理解できるのか。［この世は幻影であり神のみが実在か］

経典の勉強は、精神世界の理解を深めるのに役立つが、読み過ぎると混乱に陥ることがある。一つに集中して瞑想することが離欲につながり、物事の誤りを見抜ける。この世は幻影であり、神のみが実在する。五感の欲求を満たして得られる喜びは、かならず最後に苦悩をもたらす。頭では理解できても、心の底から確信していない。「少しくらい楽しんでもよいではないか」とつい考えてしまい、マーヤ（幻影）に欺かれる。

五感の喜びは、マーヤが作り出した糖衣錠の毒薬である。霊的修行と無執着が必要だ。離欲と苦行により、大きな力を得ることができる。一時的な喜びや、所有欲に惑わされてはならない。さりとて、過度に自分の弱さを気にする必要もない。自分のやるべきことを果たし、あとは神にゆだねればよい。心配はいらない、神が良きに計らってくださる。

一九五　個我の自由解放のみを求めて解脱した魂は、利己主義なのではないか。すべての人が出家したら、この世はどうなるのか。［聖者は思考で世直しをする］

この質問は、誤った仮説に基づいている。すべての女性が子供を生まなかったら。みなが医者、弁護士、ならず者だったとしたら、この世界はどうなるのかなどという仮説は無意味である。霊性の高いサムスカーラ（潜在印象）を持ち、離欲、無執着を成した者だけが出家できる。

聖者は全世界を浄化できる。決して利己主義などではない。シャンカラやラーマヌジャ、その他の聖者は、全世界のために尽くした。人の目につかない生活や隠遁生活をしていたとしても、聖者の思考の力は、全世界に影響を及ぼしている。まだスピリチュアルな道を歩み始めたばかりの人でさえ、その純粋な思考は、世界に良い影響を与える。聖者や霊性の高い出家者の世直しの活動とそのやり方は、不純な心を持つ人間の理解を超える。それでも良い波動の恩恵は受けている。

一九六　ブラフマチャリヤ（禁欲）を守ることは無意味に思える。研究所の科学者がラボ・テストの結果、いったん作られた精子は体の中に再取り込みされず、脳は精子とは無関係であることが分かった。どう思われるか。［ブラフマチャリヤと精子の保存］

精子とはまことに神秘的な分泌物で、生体を作り出す能力を持つ。精子それ自体も生き物である。命そのものと言える。そのため、いったん男性から発射されるとその人の命の一部分を携えて出ていく。ラボ・テストでは、生きたまま実験することはできない。まず殺してから検査や試験をする。生かしながら詳細にテストする機器はまだない。神が与え給うた生体のテスト機器は、たとえば子宮である。精子が子供を作れるという事実はすなわち、精子は命そのものである証明だ。

わたしのところへ若い男性から手紙が何千通も届く。彼らはこの貴重な液体を無駄に使った結果、みじめな状態に陥っている。中には自殺にまで至った者もいる。精子を無責任に浪費したばかりに、自分の肉体レベル、精神レベル、知性レベルの能力とバランスを失ってしまったのだ。一方、完全な禁欲を実践している人々は、輝いた瞳をしており、健康な肉体と心、鋭く洞察力のある知性を持つ。試験管や天秤をあやつる科学者たちは、精妙な物質にアプローチはできない。どんなに肉体を解剖しても、魂のある場所、命の根元、心のありかを探し当てることはできない。真摯なヨーガの実践を通して、精子のエネルギー（肉体レベルより微細なレベルの精子を指す）が上昇して心を豊かにしてくれる。過去の聖人がすでに確認済みである。あなたも自分自身で経験すればわかることだ。

一九七　自殺は、自分の人生に意義が見つからない人間にとって論理的な結論でしょうか。
［自殺は論理的な結末か］

ノー。自殺は意義が見つからない人生の帰結などでは決してない。反対に非論理的な結末である。それは思慮のない、識別智のない心が、人生に意義を見つけられなかった結果に過ぎない。自殺とは、みじめさを取り除くとか不足を補うという類のものではない。むしろ後ほど手痛い反動を招く。因果律により、次の人生は現在の不満足な人生よりもさらに苦しいものになるだけだ。誰の救いにもならない。逃避は来生で償いが待っている。

一九八　現世からの脱出が目標ならば、慈善事業や奉仕の意味はどこにあるのか。［社会奉仕の意味］

現世からの脱出がゴールではなく、世俗的なことからの解放こそが真の目的である。霊的修行において、ある段階までは慈善事業や奉仕は相当重要な意味を持つ。しかしある時点以降は、より高い純粋意識によってすべてが超越される。慈善事業が大きな変革や人類の救世主になれるわけではない。しかし慈善や奉仕を行う人は、奉仕という行為によって自分のエゴを宇宙の愛の祭壇にささげ、お返しに心の浄化を得る。心の浄化は霊的な向上には不可欠なことである。

一九九　どんな状況にも、動揺しない落ち着きと、心の平静さを得る方法を知りたい。絶対的静寂は到達可能でしょうか。［絶対的静寂に至れるか］

イエス。絶対に可能である。世間に対して自分は死んでいる、あるいは世間はあなたにとって死んだも同然だと考えてみたまえ。アートマ・ヴィチャーラ・シャクティ（アートマン探求の力）を養おう。自分や周りのことは考えないようにする。心や感覚器官、知性、心の変形したもろもろなど同調してはならない。常に心では神聖な神の叡知を想い続けること。必要から周りと関わり、日々の出来事、世事の対応が生じた時も、完全に自分に無関心、無頓着でいること。神を知る、この意識に到達すると、すべての精神的な混乱やサイキックな錯乱は吸い込まれてしまう。

霊的な修行を行う者にとって、真我（ブラフマン）の意識がしっかり根づいており、その意識が集中していれば、世界はすべてブラフマンであることがわかる。すべて至高のブラフマン以外の何者でもない。それがわかれば、起こることすべて、良きも悪しきも両方とも、世界というスクリーンに現れる一時的な通過現象に過ぎないことが理解できる。そこまで到達すれば、人は精神的バランスを崩すこともなく安心に過ごせる。絶対的静寂である。

マインド（心）こそが、束縛と自由解放の唯一のカギをにぎる。マインドこそが歓びや苦しみ、幸せと悲嘆、成功と挫折の根本原因である。グルの助けと指導を仰いで、これら正反対の一対の事象を超越しなさい。すでにさまざまな経験を重ねた聖者やグルの伝記を読む。心底から「神へすべてを託す」という精神を養いなさい。自分の健康や体が求めること、自己の防衛については微塵も考えない。自分の生死は完全に忘れる。

二〇〇　なぜガンガーの水は聖なる水と呼ばれるのか。永遠に汚染からは無縁であるという科学的、宗教的根拠が知りたい。すべての罪が洗い流されるというのは本当か。［ガンガーの水は聖水か」

ガンガーで沐浴するとすべての罪が洗い流されるのは事実である。永遠不滅の神のみが存在した古代から、聖者や聖人はガンガーで沐浴し、ガンガーの水を飲み、霊的な神の叡知を授かってきた。ヒマラヤ山脈から流れ落ちる源流。その水には稀少なミネラルやハーブが多く含まれ水を浄化している。母なるガンガーの水は化学分析されても、多くのミネラルやハーブからくる有用な化学物質が現に検出されており、原初の時代から変わっていない。他の汚染物質がガンガーに流れ込んでも、ガンガーの水と一緒になると浄化されて汚染力を失う。ガンガーの聖水という宗教的ドグマ（教義）も、健全な科学的立証に基づいている。心を清らかにしてガンガーで沐浴すると、すべての罪が洗い流されて至福を味わう聖水である。

二〇一　裸のサドゥー（行者）が公の場へ出ることは、インドの文化教養の足かせにならないか。精神的に高い境地に達すると、ヌードも不作法だとは思わなくなるのか。全裸は魂のトータリティ（完全性）と何か関係があるのか。［裸のサドゥーをどう見るか］

我々の聖なる文化教養は、あらゆる面でスピリチュアルである。精神性が失われると、品が有るかないかの二極が現れる。この二面性とは世俗の人間社会に存在する考えである。それを超えた超越意識を目指す修行者に二面性はない。両極とも違いのない状態となる。

裸でいることの霊的な利点は、肉体の意識を超えるのに助けになる。世俗の考えに染まった人々は、二面性を当然と考え、生まれたままの格好で大衆の面前に出ることを恥だと思う。自分の五感と心を征服した者のみが、感情的な乱れはなく、恐れもなく裸で人前に現れる。

サドゥー（行者）の中には肉体意識を超える霊的修行として裸体になることもある。しかし、普段彼らは公衆の前には現れない。中には悟った聖者を装って市民をだます遊興的サドゥーもいるが、人々は偽の聖者であることをその態度から見破り、彼らは遠ざけられている。

二〇二　スワミジが肉食を禁ずる背景は何ですか。［肉食はなぜよくないのか］

医学的、心理学的、道徳的、精神的な理由から肉食は良くない。心は摂取する食物のエッセンスからできている。タマス（鈍性）な食物は心を鈍くする。肉食そのものがタマスであるゆえに、食べないこと。動物が屠殺される時に、恐怖からその神経組織の収縮が起きる。あなたも恐怖を感じた時、胃が縮んで痛くなるのを感じた経験があろう。

神経収縮の後に、動物の肝臓にある毒性物質が分泌される。この毒性物質は筋肉や内臓に蓄積する特性があり、煮炊きする調理法でも除去も消去もできない物質である。よって、それらを食べる肉食は毒であり、長期的には大変危険である。

そもそも、あなたと動物とは両方とも魂が体の中に存在するという点では同格である。人は自分の肉体と魂を有し、その物質体を楽しく生きる権利を持つ。動物も全く同じである。同じ魂の源から来た動物を、たとえそれが家畜であっても、極小の昆虫であっても、それらを殺すという道徳的な権利は人間には全くない。

宇宙にはただ一つの純粋意識のみが存在し、それが顕現したのがこの世の物質界全体である。命をもらった生物もあり、生命のないものもある。人間と、生きとし生けるものはすべて一つである。これを知れば、それでも他のものを傷つけられようか。人は喜んで、自分の指を切り落として料理して食べるだろうか。このワンネス、あらゆるものが一つであることを悟るために、輪廻転生を繰り返す。これが、世俗的な世界に幾度も生まれ変わる理由である。他を傷つけたり痛めつけたりすることをやめ、すべてを平等に愛し始めた時に、このワンネスの認識と体験はあなたのものになる。

動物も人も同じアートマンである。宇宙の魂、真我は動物の中にも個我として存在する。気をつけよう。肉食はしない、動物は殺さない、生きとし生けるものをすべて愛する。

二〇三　人によると、プラーナヤマとシルシ・アーサナ（頭立のポーズ）は時によって危険だ、気狂いになる場合があるとのこと。実践上で気をつける点を教示願いたい。〔頭立とプラーナヤマの注意点〕

アーサナ、プラーナヤマを実践する時は自分の許容範囲で実践すること。限界以上に引き延ばしたり、止めたりしてはいけない。この約束を守れば誰も気が狂ったりはしない。何事にもルールがある、最初は初心者コースから始めて、進歩したら徐々に時間を長くしてもよい。適切な指導者の元で行うことを勧める。支障が起きればすぐに相談できるし、進歩も早い。

二〇四　子供を持つ既婚女性が実践してもよい、有益で害のないアーサナを教えて欲しい。

［既婚女性におすすめのアーサナ］

子供のいる家庭の主婦も、ほとんどすべてのアーサナを行ってよろしい。ただし、男性とは異なる制約があるので気をつけること。生理中とその後三、四日間、妊娠中など女性特有の状態の時はアーサナを控える。シルシ・アーサナ（頭立）、サルヴァンガ・アーサナ（肩立ち）、マッチャ・アーサナ（魚のポーズ）、ハラ・アーサナ（鋤のポーズ）、パダハスタ・アーサナ（立位前屈ポーズ）、ブジャンガ・アーサナ（コブラのポーズ）、サラバ・アーサナ（バッタのポーズ）、パッシモッタ・アーサナ（坐位前屈のポーズ）などは重要なアーサナであり、女性も行って問題ない。それにヨーガ・ムドラ（印、意識の集中）、ヴィパリタカラニ・ムドラ（逆転のポーズ）も加えて良い。クリア（浄化法）とバンダ（締め付け）、スーリャ・ナマスカーラ（太陽礼拝）も同様に行ってよい。

各人の体格のバランスや体の細さかげんと器用さによって、適宜対応すること。主婦がアーサナを行っても全く害はない。ただし、前述のように、女性特有の体調による制約は守ること。

二〇五　「良心を殺す」とはどういう意味でしょうか。「良心を殺すという意味は」

「良心を殺す」ということは、自分の中の神聖さをなくすことを意味する。サットヴァ（純粋）のすばらしい特性、ダルマ（正しい生き方）の徳、霊的修養の向上などを消し去ること。良心を殺すとは、自分の中の神を消す。すなわち神聖な徳の光を消し、ひとでなしと同じレベルに下落すること。良心のない行動をとると虎のような畜生同然となり、他人を傷つけても平気でいられる。精神性に欠け、動物的になる。良心を殺すとはこういう状態になることを指す。

サットヴァの多い人は常に無傷の良心を持つ。その思考、言葉、行動において純粋な人。罪とダルマに反することを恐れる人。信仰篤く、神に畏敬の念を抱き、常に平静な人。バランスがとれて平常心を保てる人。ハートが広がり高揚して良心の声が聞ける人。内なる導きが聞こえるのは、サットヴァの多い人である。それはジャパ、聖典の学習、プラーナヤマ、無私の奉仕、祭祀など神にささげる行為によって養える。

良心の別名は、アンタラ・アートマ（自分に内在する魂）である。わたしの著書、『道徳的教え』（Ethical Teachings）を読みなさい。神に信愛の念を抱く者は、霊的進化の過程で、自分の品位、品格を下げるようなことは決してしない。

二〇六　生殖や出産は罪でしょうか。［生殖や出産は罪とみなされるか］

男性であること、女性であること、そして子供を作ることは罪ではない。神の真理を目指す求道者の中には、跡継ぎの子供をもうけた後で出家する場合がある。その場合でも在家のままで離欲し、出家する人と、完全に俗世から離れて出家する人もいる。家系の後継者を残すために男の子が生まれたら、それ以降は心置きなくサンニャーサ（霊的修行）に打ち込める。しかし、出家の前に必ず男子をもうけなければならないという決まったルールがあるわけではない。息子の必要性は、強制的ではないが、シュルティ（ヴェーダ文献）の教えと一致する。先祖の祭祀を絶やさないためである。ブッダも男子をもうけた後、二十九歳で地位も名誉も捨て、林間で霊的修行を始めた。

二〇七　既婚男性がブラフマチャリャ（禁欲）を実行できるか。特に若い新婚カップルの場合可能であろうか。［結婚と禁欲のバランス］

楽しく家庭生活を送るため、新婚生活はシャーストラ（聖典）の求める制約に従えば、ブラフマチャリャ（禁欲）と同様である。シャーストラには、既婚男性は、感覚のおもむくまま性的満足にふけってはならず、性的関係の楽しみにおいても、自分で節度を守るように注意がなされている。詳細はわたしの本、『女性の修行へアドバイス』（Advice to Women）を読むこと。

家庭生活において、シャーストラの命令を守り、幸せで節度ある家庭を築くことはブラフマチャリヤと同等である。夫婦の間に自然な欲望がわき起こっても、いくら若いカップルであっても、適度な関係を維持すること。家庭人における禁欲とは、夫婦生活の楽しみを完全にやめることではない。規律正しく適度に自制し、ダルマ（正しい生き方）に沿った生き方をすればそれで良い。

二〇八　良心とは、内なる真我の声を聞くための、心の一つの様式ですか。［良心と内なる声］

純粋な良心は、それ自体が「内なる声」である。ただし、普通人の場合、より低い次元の声、動物的本能の声を、良心だと取り違えてしまうことが多い。その結果、他人を巻き込む、大きな間違いを犯すことがよくある。内なる声を聞くためには、心の純粋さと平静さが必要である。

二〇九　スワミジの仰せのシャーストラ（経典）とは、古びたヒンドゥー教の経典類のことか。教えの原理原則は、変化の速い現在にはマッチしないと思う。こり固まった教えは今の時代に適用できないようにわたしには映る。［古い経典は今の時代にも合うか］

まさしく、シャーストラとは古いヒンドゥー教の経典のことである。古いからと言って無効だと決めつけるのはよくない。正しい生き方の教義は今も昔も変わらない。根本は変わりようがない。時代に応じて修正、変更、調節は必要だ。しかしその変更は、変化する新しい時代、新しい環境を考慮して、外界に合わせて適用するという意味である。

根本原理を変えない限り、外面を時代にあわせて変更しても問題はない。真実、友愛、非暴力、純潔、正義、知足、道徳的高潔さなどの根本的な徳については、時代を超えて人類の生活に受け継がれるべきものだ。これらが守られない社会には、災難や不幸が起こる。

二一〇　正しい目的を果たすためには、手段も正しくあるべきか。薬は苦くても病気を治す。『ギーター』で王子アルジュナは、正しい勝利のためにクル族と戦ったのか。［『ギーター』にあるアルジュナの戦いは正しいのか］

この問いに対してインド哲学は、明確に肯定している。徹底した唯物論主義を除いて、インド哲学の創始者カルヴァカスは、目的達成のために不正な手段を用いてはならないと宣言している。それが、どれだけ切望する目的であっても不正な手段はいけない。この点をはっきりと認識する必要がある。

あなたの二つの問いは、結果が方法論を正当化する適切な例ではない。薬は、苦い苦くないにかかわらず病気を治す。患者や家族に危害を与えることはない。よって不正な手段ではない。病気を治すという、正当な目的のための正当な手段である。

二番目の例について、『ギーター』の中でアルジュナは、クル族と戦い相手を殺した。しかし、アルジュナが行った戦いは、義務を果たすためのものであり、残酷さゆえではない。純粋に武将の義務としての戦争が、アルジュナに巡ってきたのである。アルジュナが求めたものではない。アルジュナがクル族に強要したものでもない。相手から挑戦を受けて、一族を守るために戦った。武人であるアルジュナにとって、一族を守るために戦う。これは彼の果たすべき義務であった。ゆえに、アルジュナの戦いは、正当なものである。

『バガヴァッド・ギーター』の中で、クリシュナ神は何度も繰り返している。もしアルジュナが、自分の義務とされた戦いを避けるならば、それは法に従わなかったことになる。ゆえに、クリシュナ神はアルジュナへ、「自分に与えられた義務を避けてはならない」「義務なるがゆえに戦うならば、お前は決して罪を負うことはない」と伝えたのである。

二一一　死はすでに運命づけられている。死は次の衣服に変えるまでの小休止だという。それならば、自殺がなぜ罪になるのか、ある理由のために生き物を殺すのも罪なのか知りたい。［自殺と霊的進化］

自殺や他の生き物を殺すことは大きな罪とみなされる。殺すことによってジヴァ（個）の霊的進化のコースが阻害される。たとえ現生の肉体を強制的な力で終わらせたとしても、その人の苦しみに終止符が打たれるわけではない。過去の行動の結果として現生に現れている苦痛や楽しみは、カルマが完全に消化されるまでその人から離れない。

逆に、自殺行為はさらにみじめな状況を引き起こす。今の行動の結果を消化するために新たな肉体を授かるまで時間がかかることがある。その待ちの期間、プレタ（餓鬼）やゴースト（幽霊）の形でさまようことになりかねない。言うまでもないが、他人を殺すことは法的犯罪であり、自殺も「自分を殺す」犯罪である。ただし、戦場などにおける兵士の行動は別と考えられる。

二一二　近代人の寿命の方が、祖先の寿命より短いのはなぜか。［祖先はなぜ長命だったのか］

我々の祖先は今より遙かに規則正しい、より自制された人生を送っていた。現代のように感覚器官の快楽の奴隷ではなかった。日々ジャパ、プラーナヤマ、沐浴を行い、『バガヴァッド・ギーター』や『ラーマーヤナ』のような経典をよく学習した。

チャリティや無私の奉仕を行い、エカダシ（満月・新月から十一日目）、シュリ・ラーマナヴァミ（ラーマの誕生日）、シュリ・クリシュナ・アシュタミ（クリシュナの誕生日）、ダッタトレーヤ・ジャヤンティ（ダッタトレーヤの誕生日、満月）のような祭りや特別の誓いの儀式を祝っていた。宗教会議を開催し、自分のことよりも世界平和を祈った。

遥かに多く体を動かしていた。たとえば一〇から二〇マイル（一六キロから三二キロ相当）の距離を歩き、体をストレッチした。ヤマ（禁戒、いましめ）、ニヤマ（勧戒、すすんで行う）をしっかり実行していた。人の密集地ではなく、ほとんどが村に住んでいた。個々が独立しており、部族の事柄でも相互依存はしなかった。カヤ・シッディ（肉体的サイキックパワー）やヴァック・シッディ（言霊）の力を持っていた。今の世代が昔の生き方の価値を再認識するのならば、神の恩寵でその願いは聞き届けられるであろう。

二一三　霊的進化を望むグリハスタ（在家修行者）は、最高何人まで子供をもっても良いと思われるか。［在家修行者の子供の数］

すべての妻帯者は、世俗の人も霊性の高い人も、家系を継ぐ者として息子を欲し、聖母の象徴である娘も持ちたがる。聖母は宇宙の根元であり、創造の主でもある。すべては母親の子宮からこの世に送り出された。夫婦は息子だけ、娘だけでは満足しない。夫と妻の両方の性の代弁者として、両方を欲しがる。あたかも宇宙のプルシャ（神我・男性）とプラクリティ（根本原質・女性）を表すようだ。少なくとも息子と娘の二人の子供。ただし途中で死亡などの例も考えられるのでもう一人余分に欲しがる。霊的求道者の夫は、家族として三人の子供までもって良い。その後ニヴリッティ・マルガ（修行の道）に進めば速く進化し、神を認識できる。

ツカラーム、ラーム・ティルタ、ポータナのような聖者の伝記を学習しなさい。神の認識は世俗にあって、善行を通してでも到達できる。過剰に性欲や物欲にふける者は、霊的な世界には無縁である。モクシャ（解脱）に至るためには、必ずしも子孫は必要ではない。悟りは、出家前に子供をもうけなかった修行者を締め出すわけではない。自分の家系を放棄して子供を残さずに出家した場合、逆に、祖先の霊の呪いから免れる傾向があるともいう。

二一四　スワミジはなぜ自分の御足《みあし》を拝ませ、パダ・プージャ（御足崇拝の儀式）をささげさせるのか。［パダ・プージャの意味］

パダ・プージャ（足を崇拝する儀式）を良く理解するためには、まず現代人の心を一新する必要がある。霊的な求道者にとって、グルの足は単に足ではなく、神の恩恵につながるチャンネルである。有史前から、真理を求めるインドの哲学者や求道者は、グルから弟子へ、スピリチュアル・パワー、叡知、輝く光を吹き込んで貰う方法を知っていた。

グルの教えを受信するセンターである弟子の頭は、教えを発信する元であるグルの足と接触しなければならない。陰陽の両極を持つ電気の原理と同じである。プラス極とマイナス極は互いに接触することで電気が流れる。パダ・プージャをすれば、霊的求道者の中にグルと大いなる神にすべてをゆだねる気持ちが強まる。

プージャで供える品、花はハートを象徴し、フルーツは行動の果実を意味し、コインは富を象徴し、キャンファー（樟脳）はグルの純粋意識に完全に溶け込んだ求道者の魂を象徴する。最後に求道者はグルの足元にひれふす。一つ残さずすべてをサットグルの足もとに差し出すことを象徴している。グルのパダ・プージャやサンダル・プージャは求道者の信愛と献身、謙虚さなどの特質をより強くする。バラタはラーマ神の聖なる御足に祈り、神のサンダルを身代わりとして祈った。

わたしが強制して足を拝ませているわけではさらさらない。帰依者が自分の意志でやってきて、グル崇拝からパダ・プージャをやりたいと願う。わたしにはそれを拒むことはできない。断ったら、グルにすべてをゆだねて祈りたい人々をがっかりさせるだけでなく、わたしはわたしの任務を怠ったことになる。霊的求道者がわたしへ、パダ・プージャを行えば、わたしが幸せに感じたり高揚させられると思うかね。わたしはじっと坐ってすべての儀式を見守らなくてはならない。忍耐強く坐って進行に付き合うことは決して楽しいというたぐいのことではない。私は使命を果たしているだけだ。

二一五　究極的に、賢者と愚か者の違いは何ですか［賢者と愚か者の違い］

愚か者は、どんな状況でも、すぐに感情的な反応を示すが、賢者は反応しない。賢者が活動するのは、周囲の行動に反応するのではなく、真の博愛に基づいた行為だけである。次に、愚か者は常に自己中心に考えて行動するくせに、結果は自分のためにならない。賢者は、自らを第一に考えたことはないのに、自然と報いられる。三番目に、賢者は自分の仕事を成し遂げたら、静かにただちに立ち去るが、愚か者は、他人の賞讃を求めて留まろうとする。誉められなければ賞讃を要求する。『バガヴァッド・ギーター』の第二章を読むとよい。賢者についての理解が深まるであろう。

二一六　食物の飢餓感と性的欲求は、どちらが人間にとってより強烈か。［飢えと性欲の強さ］

生き物の世界には、三つの共通した欲望がある。食べる、眠る、性交する。オスの性的欲求に比べると、食欲は大した問題ではない。性的衝動と性別の特徴は、男性の場合十六歳くらい、女性の場合十四歳くらいの青年期から現れる。思春期の年齢はおおよそであり、気候風土や個々の習慣などによって異なる。思春期の有無にかかわらず、その性的欲求は生まれつきの性癖として存在する。過去生から引き継いだものであり、俗世で見聞きする光景から習得する。

たとえば、何日間か絶食しても、リビド（性的衝動）は依然として存在する。加齢のため、またはその他の原因で性的衝動が減少、または皆無になったとしても、多くの場合、性的欲望、夢想、性的快楽などの不純なヴァーサナ（潜在欲望）が心の片隅にしつこく残っている。心地よい、美しいものを見た時、やんちゃな心は男性に過剰なパワーを与え、以前のよき経験を思い出させようとする。

これらの実例からも、食物の飢えよりも性的欲求の方がはるかに強いことがわかる。ランプの油、ギーが切れかかると、ともし火が一瞬燃えさかる。性的飢餓感は、肉体的飢餓が加わると倍増される。食物の飢餓感は単に二次的なもので、性欲は男性の場合、第一義的役割だと考えられる。

二一七　男性が、顔は醜いけれども頭脳とハートは豊かな女性と結婚させられたとしたら、妻にどう接したらよいものか。妻の外見の醜さは常に気になる。自分のフラストレーションを隠して、それでも健康で幸せで、調和のとれた結婚生活を送る秘訣を教えて欲しい。［醜女との結婚を成功させるには］

結婚に際して、この美女あの醜女と相手を選ぶ権利は男性になく、女性もハンサム、リッチなどと男性をえり好みはできない。すべては前もって取り決められたことである。あなたはこの厳然たる事実を忘れ、根本的な宇宙の真理を無視している。大きな誤解は、すべての行為者は自分で、楽しむのもまた自分だと思っていることだ。言葉にだして自分にこう言い聞かせよ。「神の計画、神の決定」。あなたの人生のあらゆる瞬間に起きることは、あなたにとってベストだと思い、受け入れること。この壮大な真理に納得し、冷静で無頓着になりなさい。

肉体的な美は真の美では決してない。顔の皮一枚だけの話だ。貞節の徳という美を持つ妻こそ、地上で最も美しい女性だ。我々人類の偉大な祖先、マヌー（人間）による「マヌ法典」とも一致する。マヌー・スムリッチ・ネーティ・シャーストラ（経典、マヌ法典）を学びなさい。マヌーの言葉「貞節は醜女の美そのものである」を何度も自分の心に言い聞かせるとよい。美醜は人間のメンタルなカルパナス（心の幻影）が作ったものに過ぎない。甘いも苦いも心の感じ方次第で決まる。これは心のダルマ（正しい生き方）次第である。次に心を超越すべし。超越すれば、醜さの中に美を見つけ、苦さの中に甘さを、悪の中に善を見つけだせよう。やがて魂が進化すれば、善や甘さや美という感覚すらも消滅する。

手足はセヴァ（奉仕）のため、ハートはバクティ（神への信愛）、プレム（神の愛）のため、頭脳は知性のためにある。しかし、この組み合わせはごく少数の人物のみに可能である。女性の美とは、内面の美、純粋の美である。それを感じると、至福の喜びに高められる。これこそ真の美と認めるべきものだ。

否定的な物、非難の対象物の中にも、良きもの、美しきもの、めでたきもの、快適なものを見つけなさい。努力を続けるうちに、より豊かで偉大な永遠不滅の神へと近づける。しかし、自分で枠にはめた観念に閉じこもり、低い品性で、否定的な二つの思考を持ち続ける限り、進化した魂とはみなされない。

バラタ・ヴァルシャ（バラタ族の土地、インドのこと）の叙事詩の中に具現化されているように、アダルシャ・パティヴラタ（夫に献身的な妻）の美徳を持つ女性の前に、心の中でひれ伏しなさい。あなたは自分を立て直す必要があるようだ。自分の身分、自分の地位、収入、人柄などはゴミみたいに取るに足らない。人生の価値を自分本位に評価するのはおやめなさい。

二一八　映画のたぐいは「悪」なのか。公衆道徳を堕落させると思われるか。［映画のたぐいは悪か」

映画などのたぐいはそれ自体「悪」ではない。ただ、はまり過ぎると健康を害し、視力が落ちる。結果よからぬ五感の対象探しがはじまる。非難されるべきは、センセーショナルな内容だ。欲情をかき立て、五感を興奮させる、不道徳な、非倫理的な内容。また情欲、憎しみ、虚栄、煽動、官能、利己主義的な内容こそが問題である。もちろん、教育的、宗教的、精神的な映画に害はない。男性の場合、えてして道徳や文化的な習慣の限度を超えるものを好む傾向があるようだ。

二一九　どうすれば、修行中の疑念や疑問を完全に払拭できるのか。［修行中の疑念を払拭するには］

総合的なヨーガの修行を規則正しく毎日続け、精神的に進化していけば、疑問や迷い、妄想は自然に薄れていく。太陽が昇ると霧が晴れるように、グルや神の恩寵により、あなたの霊性が開発されれば、不可思議な生と死の疑問は純粋真理に溶け込んで消え去る。

修行に課せられた義務は、段階を踏まえて総合的に徐々に鍛錬して、内側から自分を浄化することである。もし、疑問や問題に直面したなら、「オーム　シュリ・ラーム　サラナーム　マーマ」、もしくは「オーム　シュリ・クリシュナ　チャラナーム　サラナーム　プラパディー」、またはグル・マントラを詠唱するとよい。神を認識したならば、霊的修行者に疑問が出る余地はなくなる。もはや修行者ではなく、神と一体化した解脱の人となる。

二二〇　大いなる神の栄光、全知全能などに瞑想するものの、顕著な効果は得られない。理由が知りたい。[修行の効果が得られない]

気が向いたときに、時たま神に祈るようでは、効果はない。一日たりとも欠かさず、ジャパと瞑想をしなさい。食事やお茶は欠かすことなく、一日たりとも忘れることはない。修行のことも忘れず常に思うこと。たとえ短時間でもサダナ（霊的修行）をしてから、食事をとるよう心掛ける。そう決めれば、少なくとも食事したさに、心が修行に慣れてくる。

当初心の望むところではなくとも、心は習慣に従うものだ。心が外界の事象に魅せられる段階では、内側に心の目を向けて集中する余裕はない。外に向けて飛びまわる心は、その手綱を引き締めて内側に連れ戻す。この作業を日に何度も繰り返す。その内、神に目覚めたいという強い意欲が出てくれば、抜群に前進する。『ギーター』の第二章を、意味を理解しながら読みなさい。あなたの霊的修行がなぜ進まないのか、はっきり理解できるはずだ。

二二一　親の同意なしに、サドゥー（行者）になることは罪か。［親の同意のない出家］

親や家族の同意の上で出家できれば、それにこしたことはない。あなたが出家すれば、周りの個々人の利害にも影響を及ぼす。しかし、あなたに真の離欲があれば、世俗を放棄する道を選んでも害はない。究極的な見地で考えた場合、家族というものは存在しない。すべての関わりは、前世のカルマにより形成されている。

人間が出会ったり、離れたりするのは、川の流れに漂う二本の棒切れの出会いに似ている。時が来れば、すべては唯一の純粋意識に合流する。本来、誰にも家族などはなく、それぞれが人生の真の目的を果たすために生きている。心からそう感じ取れれば、どの瞬間に出家しても不平等や責任の問題は起こらない。

二二二　天国と地獄は、地球とは違う惑星に存在すると思われるか。［天国と地獄のあるところ］

他の惑星かもしれない。地球と似た惑星はすでに存在している。しかし、名前と形のある現世（ローカ）と天国の聖なる川（ティルタ）はともに我々の内に存在している。そのことは経典ですでに述べられている。そこから修行は始まる。

人は、自分でそう望めば、今生で天国も地獄も味わえる。粗雑な物質への執着が強ければ強いほど苦悩は大きく、個の魂が神の恩恵を感じるほどに浄化されるまで続く。煩悩が焼きつくされると神のチャンネルにつながる。

この世で天国を楽しみたいならば、欲望や愛着などの低い心をコントロールして、自分の心の浄化にこれ努めることである。その境地では、すべてが至福、すべてが歓び、すべてが幸せでいられる。感覚器官という馬の手綱をゆるめ、悪魔的な心を容認する毎日であれば、それはアダルマ（反道徳的）であり、他の惑星などへ行かなくても、この世で地獄を充分体験する。

二二三　ヨーガとヒンドゥー教のメインな経典は何か知りたい。イスラム教にはコーラン、キリスト教には聖書、ユダヤ教には旧約聖書、ゾロアスター教にはガーザーがある。［ヨーガのメインな経典は何か］

もちろん『バガヴァッド・ギーター』である。ギーターには「ウパニシャッド」のエッセンスも含まれており、ヒンドゥー教徒とヨーガの修行者にとって、最も重要な経典である。ヨーガの教えという観点からも、インテグレート・パースペクティブ（統合された見地）で、あまねく網羅されている。ギーターは、楽観的、具体的、理想的、そして至高の生き方を説いている。

二二四　スワミジは平等主義でおられ、カーストなどの差別はされない。いわゆる共産主義に同感されるのか。［平等主義は共産主義か］

わたしは政治に全く関与していない。まして無神論主義（共産主義）においてはなおさらである。わたしの信条では、宗教や宗教教育は政治と関連するべきではない。唯一の絶対神が人類一人一人の中に平等に存在するという信念のもとに、わたしは平等の精神を支持している。名前と形は移りゆく現象に過ぎない。魂のみが実在する。相対的にとらえると、全人類は神の大きな家族である。神の目には高いも低いもない。故に、精神的求道者の態度は肌の色、カースト、宗教、階級などの違いで差別するような、狭い視野になってはならない。

二二五　神が、非物質的な意識そのものであるのなら、物質界の人間が意識できる形をとるべきではないのか。［空《くう》である神と人間］

大いなる神は純粋意識である。全知全能である。ニラカラ（形のない、空）である。人間の肉体は粗雑で神の意識を感知するにはいろいろ制限が多い。意識にも種類がある。

粗雑な物質体、エーテル体、アストラル体、メンタル体、純粋意識である。限定的な肉体と感覚器官を備える人間には、限られた範囲しか日頃感知できない。しかし、集中した瞑想を通してその制限を超越した時、無限の純粋意識・空《くう》を経験できる。神はあなたの中に内在している。

二二六 「わたしは王様だ」と唱えても、王様になれるわけではない。アハム・ブラフマ・アスミ〝Aham Brahma Asmi〟「私はブラフマンだ」と唱えてもブラフマンにはなれない。どうすればいいのか。[私はブラフマンだ]

「わたしは王様だ」と言う前に、あなたには準備しなければならないことが多くある。まず王に仕える兵士を集める。多くの祭りごとを学ぶ。武術、戦術のたて方、王の心構えを学ぶ。体と心を浄化する。

「私はブラフマンだ」と言う前に、四つの救済方法を学ぶ。真実とまやかしの識別能力を得る。離欲し、静寂になる。シャット・シャンパット（六つの徳行）、ムムクシュットヴァ（魂の解放の熱望）を実践する。それができたら、ヴェーダの詠唱を聴き、内省し、継続した深い瞑想をする。その時あなたは直接、純粋意識、大いなる神に目覚める。神の恩寵を得て、ブラフマンと合体する。

二二七 「砂糖」と呼んでも砂糖が手に入るわけではなし。「ラーム ラーム」と唱えてもラーマ神には到達できない。[砂糖を手に入れる方法は]

まずあなたは砂糖を買うお金を稼がなくてはならない。それからバザール（市場）へでかけて砂糖が手に入る。自助努力することはいずれの場合も不可欠である。

ラーマ神に到達したいのなら、まずあなたは、心の欲望、怒り、高慢、錯覚、嫉妬、エゴを取り除く修行をしなければならない。心を浄化して、再び「ラーム　ラーム」と思いを込めて唱えなさい。そうすればラーマ神のダルシャン（祝福）が受けられよう。

しかし、ラーマは形のない純粋意識で、自分の内にあり、砂糖は物質界の物で、外にある。最後はすべてをラーマ神に供えなさい。

二二八　速くサマディー（三昧）に達する方法はありますか。［速くサマディーに達する方法］

できるだけ速くサマディー（三昧）に到達したい人は、家族、親族や友人などとの連絡を絶ちきりなさい。誰にも手紙を書かない、連絡もしないこと。ひと月間、連続してマウナ（沈黙）の行をする誓いをたてなさい。一人で住み一人で歩く。栄養のある食物をほんの少し食べる。ミルクが買えたら、ミルクだけで生きる。深い瞑想をする。常に修行をすれば、三昧に浸れるであろう。しかし注意深く行うように。常識を用いること。心の働きを相手にして熾烈な葛藤はしないこと。リラックスして、神の意識がやさしく心に流れ込むようにすること。

二二九　なぜこの世に悪がなければならないのか。［世の中に悪が存在する理由］

これは、古来の聖者や修行者や哲学者も答えていない質問である。今この質問をしても無駄である。あなたの現在の魂の進化の段階では、とうてい理解できない。わたしも説明できない、不可解なマーヤ（幻影）である。

ブラフマン、神のみぞ知る。自分でマーヤを取り去り、ブラフマンの意識がはっきり自覚できた時に、質問は次の段階に移る。神がなぜ宇宙を創造されたのか。誰もその謎は知らない。今はこの疑問に悩み、とらわれてはいけない。答えは得られない。エネルギーを無駄に使うだけである。悪を超越した次元に至れ。その方法は存在する。

二三〇　欲望をなくす方法を知りたい。［欲望をなくすには］

ヴィヴェーカ（識別智）の力を養いなさい。ブラフマンこそ実在であり、この世は非実在である。ブラフマンにはヴァーサナ（潜在欲望）はない。欲望とは人の心の中にある。ヴィチャーラ（ブラフマン探求）、純粋真理の悟りを心掛けなさい。そうすればすべての欲望は次第に減少して無となる。

物の中にトリ・ドーシャ（三つの体質）を見なさい。この世の対象は、非実在、非知性、苦痛、不純である。燃えるような、魂の解放へ強い願いを養いなさい。ゆるぎなく神の認識を願うことで、世俗の欲望を打ち負かすことができる。五感を制御して離欲を実行する。対象への興味をなくする。これこそがティヤーガ（世俗の放棄）である。その時すべての欲望は溶けてなくなる。

二三一　もし「我々は神の道具」だとしたら、人は元来自由ではないのか。［我々は神の道具］

人間が完全に自由解放されるのは、神の意志と個人の意志の区別がなくなったときだけである。霊的な自由解放を、俗世の気ままや独裁などと混同してはいけない。神の道具、手足となることは、神への献身が人のエゴを滅却して、「わたし」という考えが無くなり、神の能力を得ることを意味する。その時、初めて完全に自由になれる。神と完全に合体した状態である。

二三二　瞑想にふける人生のために、今、何をどう準備すればいいのか。［瞑想三昧のための準備］

まずあなたの土地を三人の息子たちに分け与えなさい。他に少しあなたの手持ちを取りおくこと。今後、瞑想しながらささやかに自分の命をつなぐための費用は必要である。一部をチャリティにも寄付する。リシケシの山岳地帯に小屋を建てて住む。息子に手紙や連絡はしない。平地の村は訪れない。小屋で瞑想を始める。あなたの心は安らぐであろう。すぐに実行しなさい。あなたの場合、急いだ方がよい。

二三三　ウッタラカシで修行をした時、わたしは安定してダルマ（正しい生き方）を実践できた。今では平地に移り住んでいる。サダナ（霊的修行）は続けているが、安定感を失ってしまった。なぜなのか。以前のように高揚したいがどうすればいいか教えてください。［霊的修行にふさわしい場所］

平地で世俗の心を持つ人々と交われば、心はすぐ朱に染まってしまう。ヴィクシェーパ（心の動揺）が起こる。心は周りを真似る。悪い贅沢な習慣がついてしまう。悪い環境と悪い仲間は多大な影響をあなたに及ぼす。サダカ（霊的修行者）の心に悪い影をおとす。古いサムスカーラ（潜在印象）がよみがえる。そういう場所と人の波動はよくない。

すぐにウッタラカシへ駆け戻られることを勧める。一分もぐずぐずしないように。心は食物の最も微細な部分から形成され、食事の主にとりつく傾向がある。誰かの面倒をみることはやめる。独立独歩の人生を送りなさい。自分自身だけを頼りに生きること。

二三四　神とは一体何ですか。［神とは一体何か］

自分の頬を平手打ちしたら、その一撃を知る人は誰か。それを知る人、すなわち神である。強い願望が達成されて満足した状態、その時の幸せな心は神の座で安らぐ状態である。あなたの目の輝き、それも神の輝きである。あなたの迅速な思考、それは神の思考である。あなたの心を支える、プラーナ、五感、肉体はすべて神である。樹木は立っている。太陽は輝き、人々に喜びを与える。三つのグナ、存在、輝き、歓びはすべてサット・チット・アーナンダ（永遠不滅の存在）である。

神は真実である。神は美である。神は至福である。神は光の中の光である。心の中の心である。プラーナの中のプラーナ、魂の中の魂である。神とは、あなたのハートで輝くもの、切っても切り離せない存在である。いつも神の存在を身近に感じなさい。神の存在をあらゆるところに見つけなさい。歩く時も坐る時も神と一緒にいることを忘れずにいる。

二三五　なぜ神は悪党も創造されたのか。［悪人はなぜ存在するのか］

すべてが相対的なこの世において、悪人も善人も両方が存在する。悪人は永久に悪人ではない。未来の善人と考える。悪人はマイナスの徳行と考える。別個の存在ではない。誠実や善行は、悪行があるから存在価値がある。悪行の存在理由は、善行を讃えるためである。悪行と善行はコインの裏と表である。悪行の中にも少しは善行があり、一〇〇％の悪や善というものはない。神はリラ（神々の劇）のドラマでは悪人の役を演じる。セント・ジョンでもセント・ピーター役でもない。

二三六　以前スワルガ・アシュラムに滞在した時スワミジは「イスラム教徒の手から食べ物を貰え」、躊躇してはならないと申された。我々の経典によると、罪人から何物も受け取るなと書かれている。イスラム教徒は牛肉を食べる。彼らの手からなぜ食べ物を貰わねばならないのか。［ノン・ベジタリアンは罪人か］

相手の行為が悪徳だけに満ちていると思う場合は、食べ物を貰うな。もし悪い心の相手の中にもシバ神やハリ神がおられると強く思えれば、誰の手からでも喜んで食べ物を受け取れる。あなたの視野はまだまだ狭い。精神修行の世界では初心者である。まだ心が開かれていない。ジャパと祈りに専念しなさい。そのやり方は、わたしからあなたに心を込めて教えたはずだ。神の存在を石、花、スプーン、タオルなどなど、あらゆるものに感じとってみよ。感じとれたら、あなたの霊性は一段登る。すべてに神を見る、神以外は見ない。あなたの中にアンチ・イスラムの強いサムスカーラ（潜在印象）があるようだ。徐々になくすように努める。心の底からイスラム教徒を愛するように。イスラム教徒に献身的に尽くすように。その人の瞳の輝きの中に、心臓の鼓動の中にハリ神をみよ。純粋なアーラ（食べ物）をとるためには、まず神に供えて、それから神聖なプラシャード（お下がり）として頂く。食事の前に神の名を繰り返し唱える。祈りによって不純な食物も浄化され、霊的な存在になる。

二三七　ヨーギの修行は男性向きと言われるが、女性は修行してもヨーギにはなれないのか。ヨーガ修行に性差別はあるか。［女性のヨーギ］

女王チューダライは偉大なヨーギであり、解脱に達した。夫も説得して人々の魂の救済をした。『ヨーガ・ヴァシスタ』の中のチューダライ物語を読んでみなさい。女性は一般にヴァイラーギャ（離欲）と忍耐力に欠ける。男性と同じ性質ではない。女性の中でヨーギになる人は少ないことは事実だ。しかし、女性は神の祝福を容易に受けやすい性質を持つ。自分の内に献身的な愛情を持ち合わせ、他への愛情が豊かに備わっている。スピリチュアルな偉大さにおいて性差別は全くない。ガルギー、マダラサ、スラーヴァナなどはいずれも偉大な女性のヨーギであった。

二三八　ニャーニ（神の知識を学ぶ人）は対象物をどう見るのか。彼らのビジョンを説明してください［ニャーニ（神知識の人）のビジョン］

ニャーニにいかに見えるかは表現しがたい。それぞれのフィーリングである。たとえばあなたが眠っている時、ハエが飛んで来て留ったら体をかいて追い払うであろう。後で誰かが「あなたはそれを覚えているか」と尋ねたら、ノーと答えるだろう。同様に、ニャーニには実際見えても、彼らは見ていない。常にスワルーパ（本質）だけをみている。

ニャーニがそう望めば、二層の意識を持つことができる。現実のビジョン（視界）をこちら側、スワルーパ（本質）のビジョンをあちら側に、見分けることができる。その活動は子供のように自由だ。メンタルな記憶のスーバ・ヴァーサナ（過去の良い印象）とレシャ・アヴィディヤ（無知の痕跡）—この両方だけでニャーニの行動は維持されている。

たとえば、ニンニクや、アサフェティダ（香辛料）を入れた錫の容器は、使用後に何度水洗いしてすすいでも、匂いが残る。同様に、アヴィディヤ（無知）の痕跡は、プララブーダ（カルマの消化）がなされるまで残る。ニャーニは全く自分の見解から行動はしていないが、傍観者にはニャーニ自身が行動しているようにみえる。凡人と同じように食べ、沐浴し、電話に答え、トイレにもいく。なぜならレシャ・アヴィディヤ（無知の痕跡）がニャーニにも残っているからである。しかし彼らは、もはやそれに影響されることはない。

二三九　断食について。スワミジは月一回の断食を勧めておられる。ガンジーなどは月三、四回の断食を強調し、自制に役立つと言ったが、本当か。［断食のすすめと回数、効用］

断食は自制に大変役に立つ。しかし、断食をやり過ぎると肉体も心も弱ってしまい、修行の前進を阻む恐れもあるので注意を要する。実際、わたしも断食を大いに勧める者だ。断食は大きな禁欲の行為でもある。解毒作用もあり、早く罪を出して清めてくれる。ハートの浄化を大いに助けてくれる。

しかし多くの一般人が断食を危惧する傾向にあるので、わたしは月一回を処方したのである。たくましく、血の気の多い若者は、月二、三回の断食をすると性欲も押さえられるであろう。

二四〇　わたしは有神論者だが、物欲旺盛な人々と接すると無神論に傾くのはなぜか。［有神論から無神論へゆれる］

あなたのスピリチュアルなサムスカーラ（潜在印象）はあまり強くない。まだ正しい形に収まっていないだけだ。毎回のサットサンガに一年以上通いなさい。好みのマントラを一日二〇〇マラ実践すること。マラは一〇八の玉で、一〇八の二〇〇倍は二万一六〇〇回のマントラ詠唱という意味である。サットヴァ（純粋）な食物を摂る。米飯、ダール豆、パン、フルーツ、ミルクなど。肉食はただちにやめるように。一日二時間のマウナ（沈黙の行）を実行する。一日二時間は部屋などで一人になる。内省をする。瞑想をする。自分の思考に常に注意すること。

二四一　ハタ・ヨーガで息を止めている時も意識は継続して保たれているのか。詳しく知りたい。［ハタ・ヨーガと保息］

ハリ・シンはハタ・ヨーギであった。彼は三か月間、箱に入れられて、ランジット・シンの屋敷内に埋められた。三か月後に箱を取り出して開けた時、彼は生き返った。ハタ・ヨーギはタール・チャクラ（口蓋、口腔と鼻腔のうしろ）を長く延ばした舌で塞ぐ。その技術は、バヒール・ケチャリ・ムドラ・クリヤと言い、チャラン（舌を頻繁に動かす）、ドーシャン（バターを舌にからませる）、チェダン（舌の下にある「舌小帯」を切る）などがある。

地中でヨーギは、サハスラーラ・チャクラ（頭頂のチャクラ）からしたたるネクター（甘露）を、口蓋の小穴からゆっくりと飲みほす。

後でハリ・シンが明確に答えたことは、真のわたしである魂は、プラーナとははっきり別物である。ずっと息を止めていた間、プラーナは働かなかった、にもかかわらず、ハリ・シンの意識は継続していたという。

二四二　マラ（心の汚れ）とヴィクシェーパ（心の動揺）を取り除くには時間がかかると聞くが、どうすればいいですか。［心の汚れと動揺の取り除き方］

あなたが大学でMA（文学修士号）を取りたいと思ったら、何年もかかるであろう。まず大学入試に受かり、BA（大学卒業）をなして、MA（大学院）コースに進む。同様に、マラ（心の汚れ）とヴィクシェーパ（心の動揺）を取り除くには、ゆっくり、我慢強く努力せねばならない。漁夫が一匹の魚を釣るために、いかに忍耐強くじっと水面を凝視して待つことか。魚釣りでもこのように努力をする。ましてや、ブラフマ・ニャーナ（ブラフマンの認識）に達成するにはどれほどの努力が必要か考えてみよ。

二四三　ヴリッティ（思考の波）が起こり、「俗世を放棄してリシケシのような場所で隠遁してバジャンに明け暮れたい」と思う。しかし別の考えが浮かび「いやいや、俗世に留まってヤナカのようにヨーガを実践したい」と思う。思考はアートマン、マインド、ブッディのどれから来るのか。［思考は何から生じるのか］

普通の世俗的考えの人は内なるアートマンの声はほとんど聞けない。ヴィチャーラ（ブラフマン探求）の純粋な思考もできない。純粋な思考は純粋なブッディ（智）からのみ発せられる。俗世ではすべての思考はマインド（心）からのみ発せられる。ニシュカマ・カルマ・ヨーガ（奉仕のカルマ・ヨーガ）と、心の浄化を行う人は神の想念を持てるようになる。

心はあらゆる、好奇心に満ちた、幻想的な思考を描く。しかし、それは欺きである。あたかもブラフマンの探求を実践しているが如く振る舞う。実際のところ、なにもしない。あなたの中で、集中したい、瞑想したいという気持ちが深まる。神の祝福を受けたい、神と融合したいと強く希求するならば、あなたの中の純粋な部分が、神の声が聞こえるチャンネルにつながるだろう。

二四四　どうすれば、物事に執着せずに、日々行動することができるのか知りたい。［物事への執着をなくすには］

行動する時、自分は神の道具であると考えなさい。そうすれば、利己主義や世間体など消え失せる。自分の行動に対して、見返りを求めないこと。あなたは、神が使う道具であり、行動しているのは神自身であると考えたらご褒美を期待できるだろうか。

すべての行動を任務と思い、自分の要求を減らす。贅沢を嫌い、シンプルな暮らしを送ること。五感のコントロールをする。すべての人や物は神の現れであると知る。同時に、この世は、長い夢であり、単なる幻影だと知りなさい。こう考えると、物事に執着などできまい。執着を放棄できれば、ヨーギ同然となれる。わたしが保証する。志を高く、勇気をもって日々の戦いに立ち向かいなさい。

二四五　神はなぜわたしを悪事に駆り立てるのか。［何が悪事に駆り立てるのか］

神があなたを悪事に駆り立てることは一切ない。神は常にシャクシー（傍観者）である。あなた自身の本性、悪いサムスカーラ（潜在印象）が行動に駆り立てるのである。『ギーター』（第五章の一四）に同じことが書かれている。あなたは識別智に欠けている。だからあなたは欲望の虜になってしまう。神はあなたにブッディ（知性）を与えられ、自分でチェックできるように準備されている。なぜあなたは賢くその能力を使わないのか。

第五章
一四

肉体の町に住む主人公は行為せず
また人々に行為させることもない
故に行為の結果を生むこともない
活動はすべて物質界の自然性《グナ》が演ずるのだ

（田中嫺玉訳『神の詩　バガヴァッド・ギーター』より）

二四六　わたしには悪事を働くつもりはないが、もし働いたとしたらわたしの責任になるのか。神はわたしを許し給うか。許されるとしても、カルマの因果関係がどうなるか知りたい。[悪事の因果は自分が受けるのか]

もちろんあなたの行動はあなたの責任だ。神がそれを許すことはない。アクション（行動、作用）には必ずリアクション（結果、反作用）という結果が伴う。

しかし、プラヤシッタ（償い）の儀式を通して、悪い行動の悪い結果を消滅させられる。あなたはその償いのために苦労をするが、悪い結果は洗い流されて、悪いカルマが次の生まれ変わりまで追いかけることはなくなる。現生では後悔の念にさいなまれて、実際にあなたは苦しむ。深く罪を悔いる気持ちで満たし、二度と悪行は繰り返すべきではない。

二四七　なぜ、それぞれの開祖や予言者が正反対の教えを述べるのか不思議である。［しばしばある正反対の説法の意味］

開祖や預言者は、その生まれる年代や環境により、適切な助言をしてきた。時によって異なった対応に見えるが、その時代の変動や問題を取り除き、ダルマ（正しい生き方）を確立するために送られてきた。彼らはその時、その場所、その状況と要求事項に従って説法をしている。

ブッダは「殺生するな」と説き、グル・ゴービンダ・シンは「殺せ」と説いた。ブッダが生まれた時代、人々は多くの動物を生け贄のため殺していた。ブッダはアヒムサ（不殺生）を説き、屠殺をやめさせねばならなかった。グル・ゴービンダ・シンは、軟弱な男たちに騎士道を吹き込む必要があった。

ある開祖は「出家して森に住め」と説き、シュリ・ラマヌジャは、「在宅で楽しく過ごせ。しかし執着するな。ヴィシュヌ神を拝め」と説いた。教えは現実に沿ったものであり、正反対ではない。ケースバイケースで、特定の場合、時代、男たちの性格などにふさわしい説教をする必要から生じたものである。予言者はそれぞれ必要があってこの世に送られてくる。

二四八　神はなぜ、ある魂は清らかに、ある魂は邪悪につくられたのか。なぜ、悪行をなさしめ、改心を阻止されるのか。わたしはいつ解脱に至れるのか。［邪悪な魂はなぜあるのか］

解脱して永遠不滅の魂を得られるのは長いあがきの後である。相対的な世界であるこの世には、善と悪が存在する。悪も消極的な善といえる。悪の中から善が現れることがある。現世は学びの場であり、人はそれを経て進化していく。神は目撃者にすぎない。人間に悪を成させたりはしない。人それぞれに知性と自由意志が与えられている。人はそのエゴから、自ら悪い行動という種を蒔き、悪い果実を収穫する。善い行いを通して、自分の中に純粋さが増すと、それだけ神に近づく。神は何ものにも責任をもたない。

二四九　寛容を説いておられるが、職場で部下のミスを見過ごすべきか、罰を受けさせてもいいか。わたしの仕事上の役割はいかに果たせばよいのか教えてください。［部下のミスをどう扱うか］

部下や召使いのちょっとしたミスは見逃してやればよい。これであなたの責任が問われることはない。ただし、自分の良心は明快に保つこと。部下がミスをしたらそのたびに警告をすること。あなたは人間界に住んでいるので、重大なミスを犯した人間は法律で罰せられる決まりだ。しかし、偏りのないようにせよ。神への畏敬の念を忘れないように。貧しい部下が解雇されたら、あなたのポケットマネーを差し出して与える。愛情でもって接する。そうすれば二度と間違いは犯さないだろう。

二五〇　どうしたら集中力が高まりますか。［集中力を高めるやり方］

集中力は、あれこれの欲望を減らすことで高まる。一日二時間、マウナ（沈黙の行）を行い、一〜二時間、静かな部屋で一人になる時間を持つ。プラーナヤマ（呼吸法）をする。神に祈る。瞑想で坐る時間を増やす。ブラフマン探求など、経典の学習をする。

二五一　慈愛にあふれる天地創造の主が、動物同士は獲物として殺し合う宿命にしたのは苦痛ではないか。誰も満足に答えてはくれない。［動物界の弱肉強食］

人間が殺し合ったら、それは罪に問われる。殺す必要がないからだ。しかし動物は、他の動物をえさとして殺さなければ生きてはいけない。弱肉強食の世界だ。あなたならどうするか。宇宙を創造した神の愛に限界はない。しかし、神は創造した生き物の経験すべてに責任は負わない。神は個人的に罰したり褒美を与えたりはしない。罪深くあっても善い行いであっても、個々の行動であり、経験の原因として作用する。

人間は道徳的な感覚を持って生まれ、行為者としての責任感が備わっている。そのため人間以下の生き物に対する行為の道徳観と責任感を課せられている。欠点は人間にあるのであって動物ではない。動物は倫理的に行動する意識はなく、行為者としての責任も全く感じない。どの行動でも、それが行為者としての意識と責任感で成されるのでなければ、因果応報の原因は作らない。

人間は行動の自由を持ち合わせているゆえ、その結果に責任がある。そのため、人の行為は因果応報の法則によって罰をうける。一方、動物には行動の自由や理屈や理解力は備わっていない。動物の行動は単に、自分の自然な本能の衝動であり結果である。これは自然界のシステムの中に組み込まれている。自然界は道徳的戒律をはるかに超える。道徳的規範は人にのみに適応される。その目的は、人間の行動を律し、宇宙の純粋意識に導き、魂の進化の階段をゆっくり登らせるためである。

生まれたものはすべて必ず死ぬ。その際、常に死の直接の原因が存在する。他の動物に襲われたり、地震、稲妻に打たれたり、洪水、病気、嵐、または他の災害などが原因となる。これらの災害は道徳的価値という衣服はまとっていない。しかし天災でなく、人が関わると別の話になる。

二五二　時々、心の中で悪い出来事をもみ消すことがある。その時メンタルな苦痛を伴う。この習慣をやめる方法はあるのか。［自分でごまかすくせを直す］

あなたは子供のように率直でシンプルに生きることが必要だ。そうすれば神の光、恩寵が感じられる。霊的な向上も見られる。たとえ恐ろしい犯罪であっても、グルの前では認めなければならない。その時はじめて、グルから同情と保護が受けられる。他人の前で自分の誤りを認めることで、悪い行動の結果を除去することができる。

二五三　「沈黙の行」の利点を知りたい。わたしも沈黙の行を実践するべきか。［沈黙の行の勧め］

毎日二、三時間、自分に適した時に沈黙を守りなさい。その他の時も、あまり話し過ぎないように努める。辛辣な言葉や、わいせつな言葉を避ける。丁寧に、優しい言葉遣いをする。話し方を完全にコントロールする。言葉をコントロールすることは、すなわち心のコントロールである。この口という話す器官は心の破壊者でもある。沈黙は心を平穏にし、心配ごとや口論をなくす。沈黙は意志の力を強め、エネルギーを蓄える。サンカルパ（願望）を弱めてくれる。

二五四　ジヴァムクタ（生前解脱）した人も生まれ変わるのか。［ジヴァムクタ（生前解脱）］

ジヴァムクタ（生前解脱）した人は、仏教徒のアルハット（阿羅漢）のように心は慈悲であふれている。シュリ・シャンカラ、シュリ・ダッタトレーヤ、ニャーナ・デヴィのように、自分の意思で生まれ変わることもある。彼らはすでにシッダス（解脱したヨーギ）であるから修行をする必要はない。地上ですぐに霊的な輝きとして認められる。講話をしたり、歴史的な哲学書を書いたり、大事件を正しく指導したり、瞬時に消えてブラフマンに合体したりする。これらの人々はすべて、イシュワラ・カーラ（神々しい光）を放っている。

二五五　解脱した魂は肉体から抜け出し、宇宙と一体化し、どの次元界にも体をもって生まれないと言われる。しかし、シルディ・サイババのように、解脱した後でも信者を導く人もいると聞く。この矛盾を解き明かしたい。［解脱した魂のその後］

解脱した魂の中には、肉体を放棄した後も修行者を導くことを願う場合、彼らのアストラル体を残しておくことがある。救済を待つ弟子を導くことの必要性を感じた場合はそのようにする。しかし、ジヴァムクタ（生前解脱）した魂が、地上の弟子の指導のためにアストラル体に留まるのは稀である。彼らはより高く進化した魂であり、霊的なレベルの求道者を導く使命を帯びている。

二五六　ある時にはマーヤ（幻影）に囚われ、脱出したいと願う。またある時には自分はアートマンだと感じる。解決方法はあるだろうか。［修行中に落ちる魔境］

あなたは今苦闘する段階にいる。疑いもなくあなたの霊的修行は進歩している。まもなく真のあなたの本質を確立できるだろう。恐れることはない。一歩一歩すすむがよい。忍耐強くあれ。後ろを振り返るな。勇敢に進め。ゴールは遠くない。自分のすべての行動のサクーシ（傍観者）であれ。あなたは今執着心のない、行為者でもない存在だ。いずれあなたは永遠不滅のアートマンに溶け込む。

二五七　霊的修行を始めて三年経過したが、自分が向上したように感じられない。［修行のバロメータとは］

心配するな、あなたは進歩している。神を思うあなたの心は強く安定した状態だ。スピリチュアルな領域では、その霊的進化度を計るバロメータや温度計はない。今あなたは心の半分だけ神に向けている。散らばった残りの半分を集めて、全身全霊で神のことを思いなさい。その瞬間、あなたは神に全身で目覚めるだろう。

二五八　困難や不安がわたしを悩ませる。失敗が続き、家庭も霊的修行の障害だ。わたしはどうすればよいのでしょう。［これさえも消え失せる］

恐れることはない。セオドール・ティルトンの詩を読んでみよ。「これさえも消え失せる」（Even this will pass away）と繰り返される。「これさえも消え失せる」と紙に太字で書いて、自室の壁に貼っておきなさい。困難や問題は、起こっては消え去るのみ。『バガヴァッド・ギーター』の第二章一四節を読み、あなたも体験してみよ。岩のように断固たれ。自分の本来の親元に住み、オームと一体になれ。真我アートマンと融合せよ。何者もあなたを揺るがすことはできない。困難はあなたをより強くし、忍耐力を養う。神のなさり方はいともミステリアス（神秘的）だ。聖書マタイ伝の「御心が行われますように」（Thy will be done）も同様だ。すべてを神にゆだねなさい。

第二章

一四

クンティーの息子よ　寒暑　苦楽は
夏冬《きせつ》のめぐる如く去来するが
すべて感覚の一時的作用にすぎない
アルジュナよ　それに乱されず耐えることを学べ

（田中嫺玉訳『神の詩　バガヴァッド・ギーター』より）

二五九　世の中、なぜ悪人が栄え、善良な魂が苦しむのか。神はえこひいきなさるのか。［なぜ善良な魂が苦しむのか］

これは古来より繰り返されている質問である。創世記と同じ位に古い疑問だ。パンダヴァ（『マハーバーラタ』に登場するパンデュー族の五人の息子の一人）は神の熱心な信者であった。ダルマの法を守って暮らした。神もクリシュナ神の形で常にそばにおられた。にもかかわらず、苦渋の人生を歩んだ。

偽善的なこの世では、栄える悪人もいる。だからと言って、悪人が苦痛から解放されているとは言えない。真の善良な魂は、栄える悪人ほどの苦痛を感じない。善人のハートはいつも平和である。神聖な理想にそって生きること自体が幸せの源である。

なぜある人の人生は平安で、ある人は苦痛なのかは、カルマの法則（原因結果）でしか証明できない。善人が今生で苦しむのは、過去生で犯した過ちという種を、今刈り取っているのだ。今生で栄えるかにみえる悪人は、過去生の善行という種を今刈り取っている。しかし悪人が蒔いた今生の悪行の種は来生でそれなりに刈り取らねばならない。カルマの法則によると、神は人間の善行、悪行を超越して存在する。もし神が、個々の人間の楽しみや苦しみという物質界の現象にすべて責任を持つ存在であるとしたら、神は神でなくなる。部分的な神となり、好き嫌いを発揮し、差別する。もはや神ではない。

二六〇　ニャーニ（神知識のヨーギ）がマンゴーや美味しい果実を食べる時、どう感じるのか知りたい。［ニャーニは美味しいと感じるのか］

ニャーニはボークタ（楽しむ本人）、ボーガ（楽しむこと）、ボーギャ（楽しく感じる）という意識は持たない。マンゴーを食べる行為は彼の中にサムスカーラ（潜在印象）を残さない。「わたしは去年、美味しいマンゴーをラマン邸で食べた」などと再び考えることはない。彼はカルマ・サンカルパ（思考のカルマ）を受けない。彼は「わたしは楽しむ本人だ」という心を持たない。お腹がすけば気がつく。彼は、空腹はプラーナマヤ・コーシャ（プラーナからなる鞘）のダルマ（法則）によって起きるだけだと思う。だから胃の中に何か押し込んで空腹をなだめることだけを考える。

二六一　スワミジの洞察力をもって、わたしの生涯の使命を教えてください。［生涯の使命をみつける］

あなたの生涯の使命は、すべてをかけて神に献身的に仕えることである。しかし、神があなたをいかに使われるかに興味をもってはならない。神の高い目的は、我々の目には見えないように隠されている。これには意味がある。我々の狭い心は神が成せる出来事の意味を充分理解できない。それゆえに、神はベールをとらないし、人は好奇心で知りたがるべきではない。

すべてを神にゆだねなさい。それしか他に方法はない。神はすでにあなたを選ばれている。時の流れのなかで、神はあなたに任務を下す。その任務を誠実に無私の心で実行しなさい。高揚し、心から神に仕える。神の愛とその創造物である現世に対して、あなたの思考と行動で神への愛を示すことこそ、あなたの一生の使命である。

二六二　死は、我々をさらに助けてくれる来生に導き、今生で果たせなかった潜在印象を消化させると聞くが本当か。［さらに輪廻転生を続けるわけ］

死によって必ずしも、次はより助けとなる来生の環境におかれるとは限らない。それは今生の行いと過去生の行いの質に左右される。我々の現生での欲望が、来生に大きく影響するというのは事実である。そして輪廻転生につながる。

二六三　女性が若さを保てるアーサナを教えてください。［若さを保つアーサナ］

サルヴァンガ・アーサナ（肩立ち）、マッチャ・アーサナ（魚のポーズ）、シルシ・アーサナ（頭立）、パダハスタ・アーサナ（立位前屈のポーズ）、ハラ・アーサナ（鋤のポーズ）パッシモッタ・アーサナ（坐位前屈のポーズ）、チャクラ・アーサナ（輪のポーズ）。ヨーガ・ムドラ、ヴィパリタカラニ・ムドラ（逆転のムドラ）、などは肉体のシェイプアップと緊張を保つ上で有用である。すべてを同じ時に行わなくてもよい。自分に合うと思ったアーサナ（ポーズ）を、プラーナヤマ（呼吸法）と組み合わせて行ずれば良い。女性としての限界を超えない範囲で、健康に留意して行う。ヨーガの信奉者は男女を問わず、性的欲望は控え目にすること。

二六四　ヒンドゥー教の主な聖典は『バガヴァッド・ギーター』なのか、なぜ『ウッタラ・ギーター』ではないのか。〔ヒンドゥー教の聖典〕

『バガヴァッド・ギーター』はクリシュナ神の教えと哲学を、より包括的で詳細に記述している。ヒンドゥー聖典の中でも、その内容と領域において最高傑作である。『ウッタラ・ギーター』はやはりクリシュナ神の教えであるが、『バガヴァッド・ギーター』ほどではない。ご存じだろうが、他にも多くのギーターがある。それらすべては精神的求道者にとっては助けになる。しかし、マイナー、メジャーを含めて何十もあるギーターの中でも、最も重要で、統合され、包括的で最高の経典は『バガヴァッド・ギーター』である。

二六五　求道者は低いレベルのサマディー（三昧）を最高だと勘違いする。これはいかに防げるか。［サマディー（三昧）の勘違い］

霊的求道者が真のサマディー（三昧）に達したら、これが低いか高いか最高かなどと疑うような間違いはしない。「これだ」と、自然に、疑う余地もなくわかるものである。勘違いするのは本物ではない証拠である。

二六六　霊的向上の証しを見たい。どうすれば人の精神性の高さを知ることができるか。［霊的向上の証しをみる］

霊的（スピリチュアル）向上の現れは、心の平和、陽気さ、満足、冷静さ、あらゆる状況下でも恐れを知らず、平静である、などでわかる。精神的成長、霊性の高さはサイキックパワー（超能力）の有無では推し量れない。霊的向上の度合は、瞑想の時の至福感の深さでわかるものだ。次の項目を自問自答してみよう。

・日々、内なる霊的修行と肉体的修行に興味が深まってきたか。
・あなたの意識は、世俗の楽しみより精神生活の方向に大きな喜びを感じ始めたか。
・求道者でないと得られないような、心の安らぎや力強さを得たと感じ取れるか。

・真理を識別する力が徐々に増したと感じられるか。
・自分の力を超えた、全知全能の神の意志と知性の働きを感じ取れるか。
・日々違った視点から物が見られるようになったか。しっかり地に足が着いたと感じるか。
・永遠不滅の神との密接な繋がりを確信できるか。
「はい」の答えが一つでもあれば、あなたは着実に霊的な向上の一途を辿っている証しだ。

二六七　個我が肉体を離れて次の生まれ変わりの形を取っていても、弔いの儀式（シュラーダ）を行う必要はあるのか。魂はすでに来生に生まれ変わっている。お供物は誰に向けられるのか。［弔いの儀式（シュラーダ）の意義］

亡くなった魂はピトリ・ローカ、チャンドラ・ローカ（祖先の聖なる魂の世界）に長く留まる。シュラーダの儀式によって、天国の魂の歓びは強くなり、天国以外の界にいった魂もその苦しみが和らげられる。どちらの場合も大いに役に立つ。稀だが、すぐに次の生まれ変わりをした魂も、生まれ変わり先で恩恵を受ける。亡き両親や祖先を偲ぶことは子孫の義務である。命ある限り、信愛を込めてシュラーダの儀式を行うべきである。聖典によるとこの儀式は心の浄化をも行う。祖先を祈ることで祖先が歓び、その善意と祝福が地上の我々の心の向上を助ける。

二六八　クンダリーニを覚醒させるためには、シルシ・アーサナ（頭立）、パッシモッタ・アーサナ（坐位前屈）、クンバカ（保息）、マハー・ムドラ（締め付け）をどれだけの期間実践するべきか。どの教本にも書かれていないが、知りたい。［クンダリーニの覚醒をしたい］

あなたが達した浄化の具合、魂の進化の段階、ナーディ（プラーナが流れる道）とプラーナマヤ・コーシャ（プラーナからなる鞘）の発達の度合、ヴァイラーギャ（離欲）の程度、解脱を望む熱意の強さなどによって人それぞれ、ケースバイケースである。

求道者の現生でのサダナ（霊的修行）は、前生でその魂が肉体を離れた段階からスタートする。中には、過去生において必要な修行、解脱の必須事項をすでに成し遂げており、すでに浄化が進んだ段階で生まれる魂もある。いわゆる生まれながらにして悟った人である。グル・ナナク、アランディのニャーナ・デヴ、ヴァマ・デヴァ、アシュタヴァクラなどは少年時代から霊性の高い人物であった。グル・ナナクは少年時代、学校の先生にオーム「ＯＭ」の重要性を尋ねた。ヴァマ・デヴァは母親の胎内にいる時、すでにヴェーダーンタの講義をしたと言われる。

二六九　わたしはシバ神の帰依者である。ヴィシュヌ神や女神デヴィが祀られる寺にも参拝す

べきか。その場合、いかに礼拝すればよいか。［どの神様に参拝すべきか］

お寺に参る機会があれば、どの神様でも参拝すべきである。ヴィシュヌ神や女神デヴィのお寺でも、シバ神を礼拝すればよい。参拝するお寺の神が、シバ神の別の姿だと思えばよい。あなたの父親が、判事の制服であったり、ドラマの衣装姿だったり、女装で現れたら、あなたは顔を背けるだろうか。究極の神はただ一つである。異なった名前、形で人々に礼拝されているだけだと思えば良い。

二七〇　インドでは、グルが大変崇拝されている。弟子はグルに対して奴隷のような関係になるのか。［グルと弟子は主従関係か］

あなたは、何かの形で支え、助けてくれた人に感謝しないだろうか。必ず感謝の意を表したいと思うものだ。物質界で少し助けてくれた人にも応分に感謝する。まして新たな霊的生き方、永遠の至福の悟りを与えてくれたグルには、最高の感謝の意を表したいと思うだろう。

神の叡知という貴重な宝を授けてくれたグルへ、最高のお礼を表現する。それがグル崇拝であり、弟子は自分自身を完全にグルにゆだねるのである。これは、奴隷関係などでは全くない。真のグルは、むしろ求道者に誠心誠意仕える側だ。真のグルは霊的求道者を最高の愛で受け入れる。真の弟子もグルを心から受け入れて教えを忠実に守り、ひたすら実践する。両者は一心同体となり霊的修行に邁進する。この関係は、神聖な愛によるつながりであって、主従関係とは全く異なる。

二七一　長くマイナス思考だった人間がどうしたらプラス思考になれるかご指導頂きたい。

［プラス思考になる秘訣］

プラス思考ができるように、おまじないの処方箋をアドバイスしておく。

「わたしは壮健で心豊かだ」

「わたしはしごく健康だ」

「わたしはどこもおかしくない」

「自分の才能と能力を誤解していた」

「今や自分の真の本質に気がついた」

これを繰り返す時は、熟練したヨーガの指導者か、信仰篤い人が一緒にいるとなおよい。おまじないの言葉の前に、まずお祈りから始める。祈ることが日課の一部になるまで続ける。日々祈らないと物足りなくなるまで行う。この時マイナス思考はやみ、全く健全な人になる。プラス思考が始まる。

二七二　常にキルタン（神への賛歌）を唄う目的が知りたい。［キルタンの持つ神秘的なパワー」

キルタンを唱えると、聖なる波動を自分の内に作り出す。その波動は次第に強くなり、外のものにも影響を及ぼす。対象に引かれて取り乱す心を内に引き戻す。そして個々人の心の平安と幸せをもたらす。神の名には神秘的なパワーが潜んでいる。唱えることによって、心とハートが浄化され、キルタニストは自然に神の意識に目覚める。声で唱え、心で唱えなさい。体と心が幸せで平和に満ちあふれる。

ガンガーの聖地巡礼とその叡智――訳者あとがき

ヒマラヤの高地、アシュラムの部屋には必ずローソク二、三本とマッチが未だに備え付けられています。電気がとまればローソクがあるよ。これがインド流生き方です。懐中電灯よりローソクの方が長持ちするとのこと。ゆれる炎は闇の中で一点を照らしだし、雑念を消し去ってくれます。暗闇で光の恩恵を痛感するうちに、自家発電が作動し始めました。

二〇一一年の九月から十月、久しぶりにインドへ少し長い旅をしました。ニューデリーからヒマラヤ山脈のふもとのリシケシまで車で八時間。リシケシから標高三〇〇〇メートルの聖地バドリナートへ車で二日がかり十六時間。再びリシケシに立ち戻って北のウッタラカシ村へ九時間、ウッタラカシから聖地ガンゴートリまで四時間。シートベルトもない車に揺られました。インドの巡礼地は高地でもジープなど車でアクセスが可能です。しかし屈指の悪路ぶりです。それぞれの聖地ではゆっくりアシュラムに宿泊、スワミジや土地の人々と暖かい交流がありました。肉体的には相当難儀なガタガタ、デコボコの道中。落石、地滑りあまたあり。山麓と頂上の寒暖の差に身震い。天候に一喜一憂。それでも元気にサバイバルです。「お前がヒマラヤの奥地ウッタラカンド地方に辿りついたのは神の恩寵だ」とスワミ・シバナンダの声が聞こえた気がしました。

帰国して一番驚いたことは、自分の顔の変化です。四週間近い簡素なアシュラム生活では完全菜食。日頃の雑食やアルコールとは一切無縁。懐石料理やフレンチのリッチさは影も形もなし。それなのに、四週間後の私はスワミ・プレマナンダとの写真の中で、とびきり明るく純粋にみえるのです。

今思い出すと、車が崖から落ちないかひやひやし、地滑りの地点を通過するとほっと胸をなで下ろし、アシュラムでは床に坐って食事を頂き、サットサンガではうろ覚えのキルタンを一生懸命に唄い、一日が言葉少なく、あれこれ考える暇もなく過ぎ去りました。聖地リシケシ、ハリドワール、バドリナート、ガンゴートリで頂いた天からのパワーは強く、私自身はひたすらシンプルに、必死に生きた毎日でした。

本書に立ち返って、著者スワミ・シバナンダ（一八八七―一九六三）の教えの奥義は、簡素に（シンプル）、つつましく（ハンブル）、気高く（ノーブル）生きることでありました。

星の王子さまも言っています。「大人たちは急いで特急列車に乗り込もうとするけれど、一体自分が何を求めてそうしているのかわかってないんだ。だから、じっとしていられなくて、ただただ動き回る」。さらにつぶやいた「そんなことする必要もないのにさ」（『星の王子さま』伊藤緋紗子訳）。著者はサンテグジュペリ（一八九〇―一九四四）です。彼とスワミ・シバナンダの双方は、ほぼ同年代の偉人でした。

過去が現在を作り、現在が未来を作ります。今日ベストを尽くして生きれば、明日になって後悔することが少なくなります。無心になれば現れるという「すばらしい本当の自分」を求めながら、未だに私も出逢えていません。人生そろそろ終盤戦なのですが。

シバナンダのアドバイスに満ちたこの一冊が、皆さまを人生の真のゴールへ導いてくれれば、わたしの暗中模索の翻訳作業も充分に報われたと思います。

これまで「いのちの科学」「からだの科学」「こころの科学」を訳してきましたが、今回の「空の科学」で、ヨーガ修行の日頃の疑問が殆ど解け、今の自分が一番満ち足りています。

文中の難解な百年前の英語やサンスクリット語の山。その読み方、解釈、インドの哲学的背景、当時のインドの習慣、内容の検証などに大変ご協力頂いた、信子ナルマダー（木村）、熊谷直一、高垣尚起、ユングハイム・マキ＆グループ、谷本由生枝、スワミ・ヨーガスワルパナンダ、スワミ・プレマナンダの諸氏、ならびに編集の小坂恵美子氏に心から感謝申し上げます。

二〇一二年七月

永遠に輝くその存在へ　ハリオーム　タット　サット

小山芙美子

用語解説

〔ア〕

アーサナ　Asana　ヨーガのポーズ
アーチャリャ　Acarya　学問の教師、阿舎利
アートマ・ヴィチャーラ　Atma Vichara　ブラフマン探究
アートマ・バーヴァ　Atma Bhava　あらゆるものに神を観る
アートマン　Atman　真我と呼ぶ。ブラフマンと同一
　パラ（マ）・アートマン　Para（ma）Atman　真我、至高の神
　ジヴァ・アートマン　Jiva Atman　個我と呼ぶ。人間に内在する魂を指す
アーナンダ　Ananda　歓喜
アーユルヴェーダ　Ayurveda　インド古来の医学、薬草。日常生活の送りかた
アヴァターラ　Avatara　化身、アバター（英語）
アヴァラナ　Avarana　無知、無知のベール
アヴィディヤ　Avidya　無知、無明
アヴィラーティ　Avirati　執念
アカーシャ　Akasa　エーテル、宇宙空間、アカシック・レコード
アシュタンガ・ヨーガ　Astanga Yoga　ヨーガの八支則または八段階、パタンジャリ編纂と言われる
　ヤマ　Yama　禁戒、外部との調和、道徳心。第一段階
　ニヤマ　Niyama　勧戒、自分の中の調和、心の浄化。第二段階
　アーサナ　Asana　ヨーガのポーズ。体のコントロール。第三段階
　プラーナヤマ　Pranayama　調気法、呼吸のコントロール。第四段階
　プラティヤーハラ　Pratyahara　制感、五感の制御。第五段階
　ダーラナ　Dharana　凝念、一点集中。第六段階
　ディヤーナ　Dhyana　静慮、一点集中の持続、瞑想。第七段階
　サマディー　Samadhi　三昧、悟り。第八段階
アシュラ　Asuras　悪魔、阿修羅

アシュラマ　Ashrama　四住期。ヒンドゥー教独特の理念的な人生区分。四つの住期に分け、段階ごとに目標と義務を定める。

学生期（ブラフマチャリャ）：師についてベーダを学ぶ時期

家住期（グリハスタ）：家庭にあって子をもうけ、一家の祭祀を行う

林住期（バーナプラスタ）：荒野や林に隠棲し、修行する

遊行期（サンニャーシン）：遍歴行者となって放浪し、解脱を目指す

アシュラム　Ashram　ヨーガの精神的修行道場、僧院

アスティ・バーティ・プリヤ　Asti bhati priya　永遠不滅の存在

アストラル・ボディ　astral body　アストラル体、幽体

アセイスト　atheist　無神論者

アタッチメント　attachment　執着

アダルマ　Adharma　ダルマの法と正義に反すること

アドヴァイタ　Advaita　ヴェーダーンタ哲学、不二一元論

アナハタ・チャクラ　Anahata Chakra　心臓あたりに位置するチャクラ

アパーナ　Apana　下げる働き。へそから足の裏までの働き

アハーン・ブラフマ・アスミ　Aham Brahma asmi　我はブラフマンなり、梵我一如

アハーンカーラ　Aahamkara　エゴ

アビヤーサ　Abhyasa　修習、繰り返し習得する

アブヒマナ　Abhimana　肉体との一体化、エゴ

アマラキ・オイル　Amalaka oil　アマラカの実とココナッツ油、アーユルヴェーダ医学

アラティー　Arati　献火の儀式。樟脳を燃やす。川辺で行う。

アルジュナ　Arjuna　バガヴァッド・ギーターの主人公

アロパシー　allopathy　逆症療法、病状と別物で消失させる、正規療法

アンターカラナ　Antahkarana　内的心理器官

〔イ〕

イシュワラ　Isvara　至高神、自在神

イスラム　Islam　イスラム教、回教
イッチャー・シャクティ　Iccha Sakti　意志の力
イニシエーション　initiation　グルによる修行,奥義伝授式
インテグラル　integral　統合
インテレクト　intellect　知性
インドリア　Indriya　知覚と活動の器官
　カルマ・インドリア　Karma Indriya　発声、手、足、肛門、生殖器
　ニャーナ・インドリア　Jnana Indriya　目、耳、鼻、舌、皮膚

〔ウ〕

ヴァーサナ　Vasana　潜在欲望。無数の過去から転生の積み重ね。来生まで引きつぐ
ヴァールミキ　Valmiki　ラーマーヤナの作者とされる
ヴァイラーギャ　Vairagya　離欲、禁欲的
ヴァシスタ　Vasishtha　ヨーガ・ヴァシスタの著者、聖者ヴァシスタ
ヴィーナ　Vina　インドの楽器、日本でいう琵琶のこと
ヴィーパカ　Vipaka　業報、過去生の善悪の行為が今生で現れること
ヴィーリャ　Veerya　精力、生命エネルギー
ヴィヴェーカ　Viveka　識別智
ヴィカルパ　Vikalpa　分別、心の働きの中の一つ
ヴィクシェーパ　Vikshepa　心の動揺
ヴィシュヌ　Vishnu　ヴィシュヌ神、維持の神
ヴィチャーラ　Vichara　アートマ・ヴィチャーラと同。ブラフマン探求
ヴィパリタカラニ・ムドラ　Viparitakaranimudra　逆転のポーズ
ヴィブーティ　Vibhuti　聖なる灰、神の栄光の顕現
ヴィマーラ　Vimala　清浄、浄化
ウィル・パワー　will power　意志の力
ヴェーダ・マントラ　Veda Mantra　ヴェーダ教典（インド最古の経典）の中にあるマントラ、シャンティ・マントラなど

ヴェーダーンタ　Vedanta　ヴェーダ教典の終りを意味する。別名ウパニシャッド、ブラフマ・スートラ

ウッタラカシ　Uttarkashi　ガンゴートリの麓、ウッタラカンド地方の地名

ウパニシャッド　Upanisad　経典、別名ヴェーダーンタ

ヴラタス　Vratas　特別の誓い

ヴリッティ　Vritti　作用、思考の波

〔エ〕

エーテル・ボディ　ether body　エーテル体、生気体、空間に存在する

エカダシ　Ekadasi　満月と新月から11日目、月に二回ある断食に相応しい日

〔オ〕

オージャス　Ojas　活力、能力

オードゥヴァ・パドマ・アーサナ　Oordhva Padmasan　逆転蓮華坐

オーム　OM, AUM　ブラフマンを表すシンボル、宇宙のすべてを表す聖音

オーム・タット・サット　OM Tat Sat　永遠不滅の存在

オーラ　Aura　霊気、オーラ

オーロビンド・ゴーシュ　Aurobindo Ghose　哲学者、詩人、ヨーガ指導者（1872 － 1950 年）

オムニプレゼント　omnipresent　遍在する。あまねくゆきわたる

〔カ〕

ガート　Ghat　沐浴用に設けられた階段。聖地には必ずある

カーマ　Kama　欲望、快楽

カーラ　Kala　時間、黒

カーリー　Kali　黒い女神、ドゥルガー女神の化身

カイヴァリヤ　Kaivalya　解脱、完全な自由解放
ガネーシャ　Ganesa　学問や商売繁盛の神。聖天。人間の体に象の顔
カラナ　Karana　原因
カリ・ユガ　Kali Yuga　四つの時代周期の一つ、暗い時代、現代
ガルーダ　Garuda　ヴィシュヌ神の乗り物、人間の体、顔と翼は鷲
カルパナス　Kalpanas　心の幻影が作ったもの
カルマ・インドリア　Karma Indriya　外に向かって行動する器官。発声、手、足、肛門、生殖器
ガンガー　Ganga　ガンジス河。ヒマラヤ山中のゴーモクで氷河から流れ出し、大河となってベンガル湾に注ぐ
ガンガーラニ　Gangarani　ガンジス河の女神
ガンゴートリ　Gangotri　四大巡礼聖地のひとつ

〔キ〕

キャンファー　Camphor　樟脳、アラティーに必ず用いる
ギーター　Gita　バガヴァッド・ギーターを指す
キルタン　Kirtan　楽器や音声で繰り返し神の栄光を唄う、賛美歌

〔ク〕

クシャナ　Ksana　刹那、せつな
グナ　Guna　すべてのものにある三つの特性、性質のこと
　サットヴァ　Sattova　純粋、明るい要素
　ラジャス　Rajas　活動的な、落ち着きのない要素
　タマス　Tamas　鈍い、暗い要素。不活発
クリアボアイアンス　clairvoyance　透視能力
クリヤ・ヨーガ　Kriya Yoga　浄化法、密教の奥義
グリハスタ　Grihastha　四住期の中の家住期、在家
グル　Guru　暗闇を照らす人、導師
　ディクシャー・グル　Dikusa Guru　真のグル。一人だけ

シクシャー・グル　Sikusa Guru　ヨーガの知識やテクニックを授けるグル。複数可能

グルデヴ　Gurudev　偉大なグル。スワミ・シバナンダなどのヨーガ聖者の尊称

グル・ナナック　Guru Nanak　シーク教開祖

グル・プージャ　Guru Puja　グルを称える儀式

クンダリーニ　Kundalini　尾てい骨の下にある丸まったエネルギー。修行で覚醒できる。ムーラダーラ・チャクラに眠る

クンダリーニ・ヨーガ　Kundalini Yoga　密教ヨーガ。クンダリーニを上昇させる

クンバカ　Kumbhaka　保息、息を止めること

〔ケ〕

ケーヴァラ・クンバカ　Kevala Kumbhak　自然に生じるクンバカ。深い瞑想状態

ケチャリ・ムドラ　Kecari Mudra　舌の裏の筋を切り、舌を延長してアムリタを受ける

ケダルナート　Kedarnath　四大巡礼聖地の一つ

〔コ〕

コーシャ　Kosa　鞘（さや）、層とも言う、五つの鞘からなる

アンナマヤ・コーシャ　Annamaya Kosa　食物からなる鞘、一番外側の低次元の層、粗雑

プラーナマヤ・コーシャ　Pranamaya Kosa　プラーナからなる鞘、外から二番目

マノーマヤ・コーシャ　Manomaya Kosa　意識・心の鞘、三番目

ニャーナマヤ・コーシャ　Jnanamaya Kosa　知識の鞘、四番目

アーナンダマヤ・コーシャ　Anandamaya Kosa　歓喜の鞘、五番目、最も精妙、微細な層、高次元

ゴーヴィンダ　Govinda　牛飼い、クリシュナ神の別名
ゴーモク　Gomukh　牛の口を意味する。ガンジス河の源流の地。氷河の下から青水が吹き出す
コンテントメント　contentment　知足、満足

〔サ〕

サーンキャ　Sankya　数字、二元論、プルシャ・プラクリティ
サイババ　Sai-baba, Srdi　シルディ（− 1918 年）、一代目
サイババ、サティア　Sai-baba, Satia　サティア（1926 − 2011）, シルディの生まれ変わりとされる
サクーシ　Sakshi　見る人、証言、観察者、ウィットネス
サグナ　Saguna　属性を持つ、有形、絶対なる存在
サダナ　Sadhana　霊的修行
サダナ・チャトゥーシュタヤ　Sadhana Catusutaya　グル入門前の四つの修行
サットヴァ　Sattova　純粋、明るい要素
サット・チット・アーナンダ　Sat cit ananda　純粋意識、歓喜
サットグル　Satguru　真のグル、グルの中のグル
サットサンガ　Satsanga　清い人々の集い
サットサンカルパ　Satsankalpa　純粋な思考、決意
サドゥー　Sadhu　行者、遊興者
サトル・ボディ　subtle body　微細身、サトル体
サマ　Sama　平静、心の平安、心のコントロール
サマディー　Samadhi　三昧
サムサーラ　Samsara　輪廻転生
サムスカーラ　Samskara　潜在印象、残存印象
サムパット　Sampat　完全、富、徳
サラスヴァティ　Sarasvati　学問、芸術の女神、弁才天
サラバ・アーサナ　Salabhasan　バッタのポーズ

サルヴァンガ・アーサナ　Sarvangasan　肩立ちのポーズ
サン・キルタン　Sam Kirtan　キルタンと同じ、音楽的要素が強い
サンカルパ　Sankalpa　思考、決意、願望
サントーシャ　Samtosa　知足、勧戒の一つ。
サンニャーシン　Sanyasin　出家者

〔シ〕

ジヴァ　Jiva/jiva　真我／個我
ジヴァムクタ　Jivanmukta　生前解脱
シバ　Siva　シバ神、破壊の神、ヒンドゥー教三大神の一つ
シバリンガ／ヨーニ　Siva Linga / Yoni　ヒンドゥー教シバ寺院ではシバリンガを礼拝対象のシンボルとしてまつる。女性器、男性器の合体。ここから世界は始まったと説く
シッディ　Siddhi　超能力、サイキック・パワー、完成
シバナンダ、スワミ　Sivananda, Swami　シバナンダ・アシュラム創設者（1887 － 1963）
シャーストラ　Sastra　聖典、経典
シャンティ　Shanti　平和、調和
ジャガット　Jagat　この世
シャクティ　Sakti　力、エネルギー、性的なエネルギー
シャクティ・パット　Sakti Pat　グルが自分の霊能力を弟子に授ける
シャットシャンパット　Shatshampat　六つの徳行
ジャパ　Japa　マントラを繰り返し唱える
シャバ・アーサナ　Sava Asana　くつろぎのポーズ、屍のポーズ
シャリーラ　Sarira　体
シャンカラチャリア　Sankaracharya　ヴェーダーンタ哲学者（700 － 750 年頃）
シューニャ　Sunya　空、無、ゼロ、すべてがある
シュルティ　Sruti　四つのヴェーダ文献の総称をいう

シュローカ　Sloka　四文字からなる賞讃の詩
シルシ・アーサナ　Sirsasana　頭立のポーズ

〔ス〕

スヴァスティカ　Svastika　卍のしるし、吉兆のしるし
スヴァタントラ　Svatantra　独立
スヴァディヤーヤ　Svadhyaya　自己学習、聖典、教典の学習
スヴァバーヴァ　Svabhava　人格、可能性
スヴァルーパ　Svarupa　ブラフマンの本質、実在、エッセンス
スートラ　Sutra　糸、基本的な教え
スープラフィジカル・フェノメナ　supraphysical phenomena　超常現象
スーリャ・ナマスカーラ　Surya Namaskara　太陽礼拝
スナーナ　Snana　沐浴
スピリチュアル　spiritual　霊的な、精神の
スピリット　spirit　魂
スプリーム・ソウル　Supreme Soul　至高の真我
スムリティ　Smrti　聖伝文学、マハーバーラタ、ラーマーヤナなど
スワミ（ジ）　Swamiji　出家者、僧侶、「ジ」は敬称
スワダルマ　Svadharma　この世でやるべきこと

〔セ〕

セヴァ　Seva　奉仕、世話
セクルージョン　seclusion　隠遁生活、人里離れた独居
セルフ　Self/self　真我と個我（大文字と小文字で表すことあり）
セルフ・リアライゼーション　self realization　自己実現。神認識に至る

〔ソ〕

ソート・パワー　thought power　思考の力

ソーハム　Soham　マントラ、私はブラフマン、ソー（吸）ハム（吐）
ソカ　Soka　苦悩

〔タ〕

ダーナ　Dana　お布施、与えること
ダイナミック・フォース　dynamic force　動的な生体エネルギー
ダッタトレーヤ　Datatreya　ブラフマー、ヴィシュヌ、シバの三神が一体化した三つの頭と六本の腕を持つ神
タット・サット　Tat sat　絶対純粋意識、あの存在
タット・トヴァン・アシ　Tat tvam asi　汝はそれなり。ウパニシャッドの名文句
タットヴァ　Tattva　実在、真実
タパス　Tapas　浄化修行、苦行
ダマ　Dama　感覚器官の制御, 外部五感のコントロール
タマス　Tamas　鈍い、暗い要素
ダルシャン　Darshan　神の祝福、会見
ダルマ　Dharma　本質、法則、道徳的生き方
タントラ　Tantra　密教、たて糸

〔チ〕

チッタ　Citta　心
チッタ・ヴリッティ・ニローダ　Citta Vritti Nirodha　心の波を鎮めること
チッタ・シュッディ　Citta suddhi　心の浄化
チャールダーム・ヤットラ　Chardham Yatra　四カ所巡礼、ガンゴートリ、バドリナート、ケダルナート、ヤムナートリ
チャヴァナプラッシュ　Chyavanaprash　アーユルヴェーダ、蜂蜜その他ハーブ入りのペースト
チャクラ　Chakra　輪、円、エネルギーの凝集センター

チャンドラ　Chandra　月、月の女神

チン・ムドラ　Chin Mudara　親指と人差し指輪を作るムドラ（印）

〔テ〕

ディワーリ　Diwali　灯火の祭り

ディバイン　divine　崇高な、神聖な、霊的な

ディボーティー　devotee　帰依する人、神を慕う人

ティヤーガ　Tyaga　世俗の放棄、出家

ティルタ　Tirtha　聖なる川、霊場、聖地

デーヴァ　Deva　神、デヴィは女神

テージャス　Tejas　輝き、光明、オーラ

デザイア　desire　欲望

デューティ　duty　やるべきこと

〔ト〕

ドヴァイタ　Dvaita　二元性論

ドゥー・グッド　do good　良い行いをする

トゥーリャ　Turiya　超越意識、覚醒・夢・深い眠りを超えた四番目の状態

トゥルシー・マラ　Tulasi Maala　トゥルシーはハーブの名前、ヴィシュヌ神の帰依者のマラ

ドゥルガー　Durga　シバ神の妃のパールバティの化身、破壊の女神

ドーシャ　Dosa　三つの性質、体質

　ヴァータ　Vata　素早さ、変わりやすさを示す性質（風の気質）

　ピッタ　Pitta　熱、鋭さを示す性質（火の気質）

　カパ　Kapha　緩慢さ、動きのなさを示す性質（水の気質）

トランスセンデンタル　transcendental　超越的な

トリクタ　Trikuta　眉間の座

〔ナ〕

ナーダ・ヨーガ　Nada Yoga　秘音ヨーガ、耳を閉じて聞く
ナーディ　Nadi　プラーナの流れる管、スシュムナー、イダー、ピンガラーが重要
ナーディ・シュッディ　Nadi Suddhi　ナーディの浄化
ナーラーヤナ　Narayana　ナーラーヤナ神、ビシュヌ神の化身の一つ
ナマ・スマラン　Nama-smaran　神の名を繰り返し唱える
ナマステー　Namaste　挨拶の言葉。あなたに礼拝しますの意味

〔ニ〕

ニヴリッティ・マルガ　Nivritti Marga　自己放棄、修行の道
ニシュカマ・カルマ　Nishkama Karma　成果を期待しない労働、奉仕
ニミッタ・バーヴァナ　Nimitta bhavana　自分を神の道具と思って行動する
ニャーナ　Jnana　知識、智慧、哲学
ニャーナ・インドリア　Jnana Indriya　外からの情報を知覚する器官。目、耳、鼻、舌、皮膚
ニヤマ　Niyama　勧戒、五つの項目からなる。すすんで行う
　シャウチャ　Sauca　清潔、清純
　サントーシャ　Santosa　満足、知足
　タパス　Tapas　苦行、勤行
　スヴァーディヤーヤ　Svadhyaya　自己学習、聖典の自習
　イシュワラ・プラニダーナ　Isvara Pranidhana　神への献身、祈願
ニラカラ　Nirakara　純粋意識、形のない、大いなる神
ニルヴァーナ　Nirvana　解脱、解放
ニルヴィカルパ・サマディー　Nirvikalpa Samadhi　無分別三昧、超越意識
ニルグナ　Nirguna　属性を持たない、無形

ニローダ　Niroda　止滅する

〔ネ〕

ネーティ　Neti　鼻の洗浄
ネガティブ・シンキング　negative thinking　否定的な思考
ネクター　nectar　甘露、神酒

〔ハ〕

バーヴァ　Bhava　神への態度
バーヴァ・サマディー　Bhava Samadhi　超越意識、解脱
パーヒマン　Perhiman　お守りください
バーヤ　Bhaya　恐れ
パーラ・シャクティ　Para sakti　超常能力
バガヴァーン　Bhagavan　神さま
バガヴァッド・ギーター　Bhagavad Gita　インド叙事詩、マハーバーラタの第6巻、ヴィヤーサ著
バジャン　Bhajan　聖歌、神の栄光を讃える歌
バジュラ・アーサナ　Vajra Asana　正坐、金剛坐
バストリカ・プラーナヤマ　Bastrika Pranayama　ふいごの呼吸法
パダハスタ・アーサナ　Padahastasan　立位で前屈のポーズ
パダ・プージャ　Pada Puja　グルの足崇拝の儀式
バックグラウンド　background　背景、生き方の基礎となる考え方
パッシモッタ・アーサナ　Paschimottanasan　坐位で前屈のポーズ
パドゥーカ・プージャ　Paduka Puja　グルのサンダルを礼拝する儀式。サンダル・プージャともいう
パドマ・アーサナ　Padmasan　蓮華坐
バドリナート　Badrinath　四大巡礼聖地の一つ。アラクナンダー川の源流
ハラ・アーサナ　Halasan　鋤のポーズ

バラタ・ヴァルシャ　Bharata Varsha　バラタの土地、インドのこと
ハリオーム・タット・サット　Hari OM Tat Sat　大いなる神よ、あなただけが実在です
ハリドワール　Haridwar　聖地、クンバメーラ祭りの開催地、ヒマラヤ地方
バンダ　Bandha　締め付ける
パンダヴァ　Pandava　パンドゥー族。アルジュナは五人の息子の三番目
パンチャ　Panca　五根、五大、
パンチャ・カルマ・インドリヤ　Panca Karma Indriya　五つの運動器官（発声、手、足、排泄、生殖）
パンチャ・タンマートラ　Panca Tanmatra　五つの微細元素（色、声、香、味、蝕）
パンチャ・ブータ　Panca Bhuta　五つの元素（地、水、火、風、空）
パンチャ・ニャーナ・インドリヤ　Panca Jnana Indriya　五つの感覚器官（眼、耳、鼻、舌、身）
パンチャ・プラーナ　Panca prana　五つの気（アパーナ、サマーナ、プラーナ、ウダーナ、ヴィヤーナ）
パンディット　Pandita　学問のある人、祭官

〔ヒ〕

ビー・グッド　be good　良い人でいる
ビージャ　Bija　種
ビクシャ　Bhiksha　托鉢、施し
ピトリ・ローカ　Pitri loka　祖先の魂の世界

〔フ〕

ファキール　faqir　イスラム教の修行者
フィジカル・ボディ　physical body　肉体

プージャ　Puja　大いなる神の崇拝、供養の儀式
フェイス　faith　信仰
ブジャンガ・アーサナ　Bhujangasan　コブラのポーズ
ブッディ　Buddhi　覚、悟り、智、知性
プラーナ　Purana　プラーナ文献（320～6世紀）
プラーナ　Prana　生命エネルギー
プラーナヤマ　Pranayama　調気法、呼吸法。プラーナ Prana（生命エネルギー）＋アヤマ Ayama（空間に伸びる）
プラクリティ　Prakrti　現象世界に転変する、根本原理、または自性。サーンキャ哲学の二元論のプルシャに相対する存在。女性原理
プラシャード　Prasad　神様からの贈り物、お下がり
プラナヴァ　Pranava OM　聖音オームのこと
ブラフマ・アートマ・アイキャ　Brafma atoma aikhya　梵我一如
ブラフマ・スートラ　Brahma sutra　経典、ヴェーダーンタ教典と同じ
ブラフマー　Brahma　創造の神、梵天、ブラフマンの神格化。水鳥ハンサに乗った老人の姿
ブラフマチャリャ　Brahmacharya　禁欲、純潔
ブラフマ・ムルタ　Brahma Muhurta　朝4時の時間帯
ブラフマン　Brahman　大いなる神、純粋意識、永遠不滅の存在
プララブーダ・カルマ　Prarabdha Karma　前生で作られ、現生を決めるカルマ
プルシャ　Purusa　真我、神我。サーンキャ哲学の二元論のプラクリティと相対する存在、男性原理
プルシャッタ　Purushartha　自助努力
プレム　Prem　神の愛

〔ホ〕

ポジティブ・シンキング　positive thinking　積極的、前向きな思考
ホメオパシー　homeopathy　同毒療法、類似療法、少量の同じ毒で治

療する

〔マ〕

マートリ　Matri, Mata　マータ、母の意味
マーヤ　Maya　幻影
マウナ　Mouna　沈黙、沈黙の行
マッチャ・アーサナ　Matsyasan　魚のポーズ
マデューリャ　Madhurya　神への純愛
マナス　Manas　心、思考器官、意
マヌ・スムリッテイ　Manu Smriti　マヌ法典、人類最初のダルマを説いた法といわれる。四住期など
マヌーシャ　Manusa　人間
マノマットラム・ジャガート　Manomatram Jagat　宇宙は心のみなり
マハーバーラタ　Mahabharata　インド二大叙事詩の一つ
マハトマ　Mahatma（sage）　偉人、聖人
マハラジャ　Maharaj　王様
マラ　Maala　108個の玉の数珠
マラ　Mala　心の汚れ
マルガ　Marga　道
マンダラ　Mandala　曼荼羅。円
マントラ　Mantra　真言。大いなる神を讃え、心や体に良い波動
マントラ・ディクシャ　Mantra Diksa　グルが直接弟子に授けるマントラ。他人に明かさない

〔ミ〕

ミタハラ　Mitahara　節食

〔ム〕

ムーラダーラ・チャクラ　Muladhara Chakra　背骨の根、尾てい骨の

近くにあると言われるチャクラ
ムールティ　Murti　神像、偶像
ムドラ　Mudra　印、シンボル、テクニック、祈りの手の形
ムラリー　Murali　ムラリーの調べ。神の、ガヤトラ・マントラを唄う

〔メ〕

メディテーション　meditation　瞑想
メンタル　mental　精神的

〔モ〕

モクシャ　Moksha　解脱、悟り、魂の自由解放
モハ　Moha　妄想、迷い

〔ヤ〕

ヤージュニャヴァルキャ　Yajnavalkya　BC650年の哲学者、否、否（ネーティ、ネーティ）説の人
ヤマ　Yama　禁戒、五つの諌めあり。八支則の一番目、いましめ
　アヒムサー　Ahimsa　非暴力、不殺生
　サティア　Satya　真理、誠実
　アスティーヤ　Asteya　盗まない、欲しがらない
　ブラフマチャリャ　Brahmacarya　禁欲、純潔
　アパリグラハ　Aparigraha　必要以上に持たない、貪らない、知足
ヤットラ　Yatra　旅、聖地巡礼
ヤッギャ　Yajna　犠牲祭式、デヴァ（神々へ）、リシ（グルへ）、ピトリ（祖先へ）、マヌーシャ（客人）、ブータ（生き物）へ
ヤムナー　Yamna　聖なる河、クリシュナゆかりの河
ヤムナートリ　Yamnatri　四大巡礼聖地の一つ
ヤントラ　Yantra　瞑想に用いる特殊な図形、宇宙観

〔ユ〕

ユガ　Yuga　四つの時代周期、(クリタ、トレータ、ドヴァーパラ、カリ)

〔ヨ〕

ヨーガ　Yoga　語源は繋ぐ。体、心、霊魂の調和を目指す。

　ラージャ・ヨーガ　Raja Yoga　王のヨーガ、深い瞑想へ

　ニャーナ・ヨーガ　Jnana Yoga　神知識によるヨーガ、自己の内面探求

　カルマ・ヨーガ　Karma Yoga　奉仕の行為を通して修行するヨーガ

　バクティ・ヨーガ　Bhakti Yoga　神への信愛を通して悟る

　ハタ・ヨーガ　Hatha Yoga　身体を通して解脱を目指す

　マントラ / ジャパ・ヨーガ　Mantra/Japa Yoga　マントラを繰り返す

ヨーガ・ヴァシスタ　Yoga Vasistha　聖典。聖仙ヴァシスタによるラーマ王子への教え（11 ～ 14 世紀）

ヨーガ・スートラ　Yoga Sutra　経典、パタンジャリ著

ヨーガ・ムドラ　Yoga Mudra　印、意識の集中

ヨーニ・ムドラ　Yoni Mudra　耳を親指で、目を人差指、中指で鼻、薬指と小指で口を塞ぐ

〔ラ〕

ラーガ　Raga　執着、欲望

ラーマ　Rama　インドの叙事詩のラーマーヤナの主人公

ラーマーヤナ　Ramayana　インドの古典叙事詩、ヴァールミキ（Valmiki）著

ラーヴァナ　Ravana　ラーマーヤナのランカ島の魔王

ラクシュミー　Lakshmi　富と繁栄の女神。吉祥天。ヴィシュヌ神の妃

ラジャス　Rajas　活動的な、落ち着きのない要素

〔リ〕

リシ　Rishi　ヴェーダ讃歌の詩人、仙人
リシケシ　Risikesh　シバナンダ・アシュラムの所在地、ヒマラヤ地方

〔ル〕

ルードラクシャ・マラ　Rudraksa Maala　菩提樹の実のマラ、シバ神帰依者が使用

〔レ〕

レーチャカ　Recaka　吐息、息を吐くこと

〔ロ〕

ローカ　Loka　世界、この世
ローカサングラハ　Lokasangraha　無私の奉仕で社会還元、良いカルマの循環

〔ワ〕

ワンネス　oneness　すべてのものがひとつ。「空」のこと

[訳・編者略歴]
小山芙美子（おやま　ふみこ）
大津市膳所高校出身
同志社大学文学部英文科卒業
ミシガン大学，ケルン大学在籍
現在，英語，ドイツ語同時通訳者として活躍中。
語学を通して，ヨーガに奉仕している。
現住所　東京都渋谷区広尾4-1-18-606　〒150-0012
E-mail:oyama.f@gmail.com

The Divine Life Society（ディバインライフ・ソサエティ）
P.O.Shivanandanagar, Distt. Tehri-Garhwal,
U.P., Himalayas, India

ヨーガと空《くう》の科学　スワミは答える――幸せは心の内に

2019年11月20日　初版第2刷発行

著者……………………………スワミ・シバナンダ
訳・編者………………………小山芙美子
発行者…………………………田邊紀美恵
発行所…………………………有限会社 東宣出版
〒102-0073　東京都千代田区九段北 1-7-8
TEL 03(3263)0997　FAX 03(3263)4892
DTP……………………………(株)富士デザイン
印刷・製本……………………亜細亜印刷(株)

ISBN978-4-88588-076-6 C0010

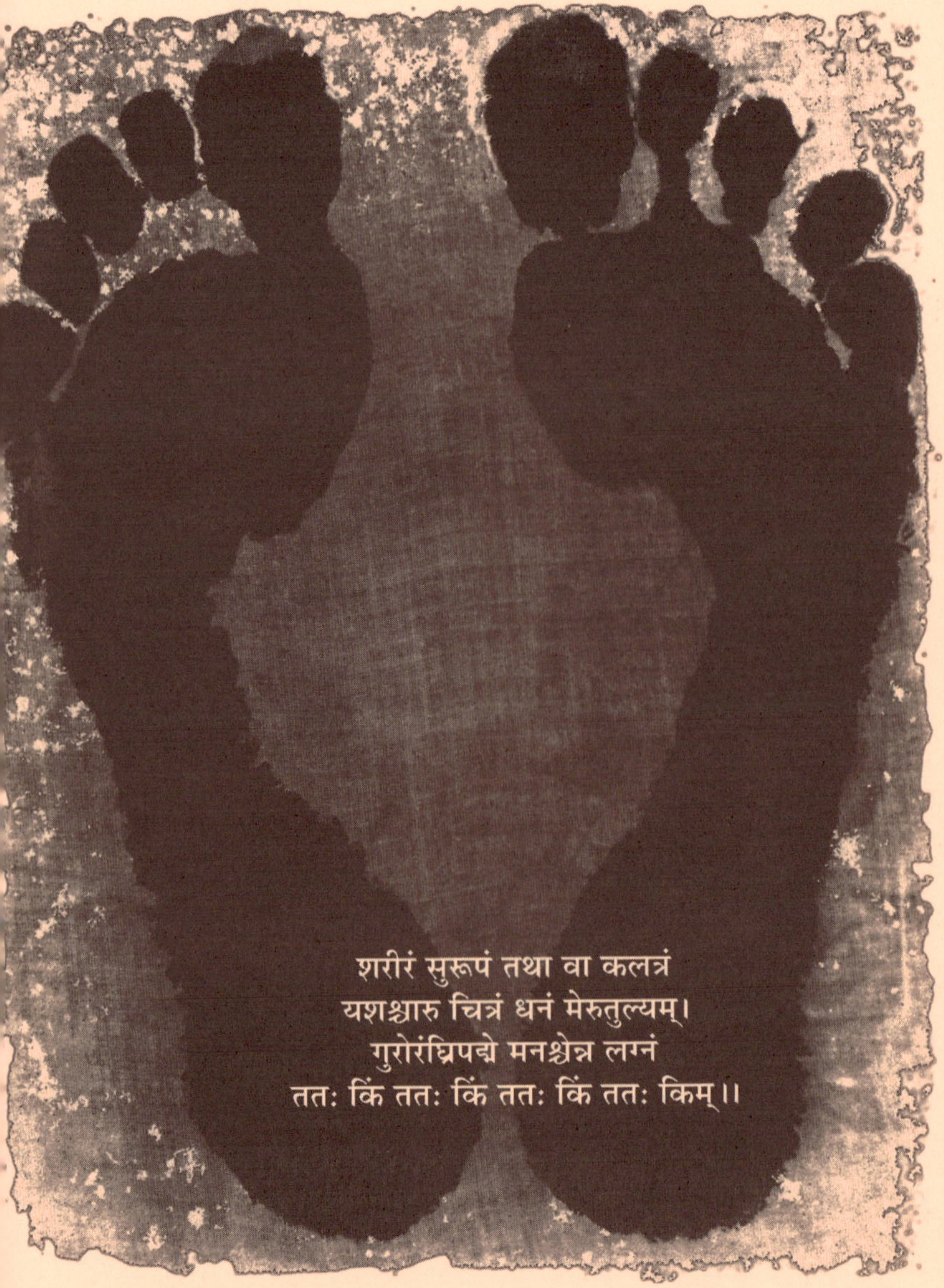
शरीरं सुरूपं तथा वा कलत्रं
यशश्चारु चित्रं धनं मेरुतुल्यम्।
गुरोरंघ्रिपद्मे मनश्चेन्न लग्नं
ततः किं ततः किं ततः किं ततः किम्।।